Liebe Leserin, lieber Leser

Ein wesentliches Kennzeichen Deutschlands in der Zeit um 1800, so meinen Historiker, sei die „Gleichzeitigkeit des Ungleichzeitigen" – also das Nebeneinander von tiefgreifender gesellschaftlicher Modernisierung auf der einen und zäh sich haltender Tradition auf der anderen Seite.

Und in der Tat treffen in jenen 50 Jahren zwischen 1770 und 1820, die das Thema der vorliegenden Ausgabe sind, Mittelalter und Moderne in Deutschland oft direkt aufeinander. Etwa in der Wirtschaft: Mit den ersten Dampfmaschinen (freilich entwickelt in England), die im Harz Wasser aus Bergwerken pumpen, beginnt bereits ein frühes Stadium der Industriellen Revolution, während auf den Gütern Ostelbiens nach wie vor der Feudalismus regiert; dort müssen Leibeigene noch immer Frondienste für die Junker leisten.

Aber auch die meisten Stadtbewohner verharren in einer vormodernen Welt, in der Zünfte regeln, wer welches Handwerk ausüben darf. Es ist ein Leben hinter altertümlichen Wehrmauern – und im Schatten der Kirchtürme: So wird im Fürststift Kempten im Jahr 1775 einer Frau wegen angeblicher Buhlschaft mit dem Teufel der Prozess gemacht, die vermeintliche Hexe zum Tode verurteilt. Und in der scheinbar weltoffenen Handelsmetropole Frankfurt am Main besteht weiterhin das 1462 eingerichtete Judenghetto.

Zugleich lehren Aufklärer wie der Königsberger Philosoph Immanuel Kant, sich unvoreingenommen des eigenen Verstandes zu bedienen; kritisieren Dichter wie Johann Wolfgang von Goethe und Friedrich Schiller die althergebrachten gesellschaftlichen Konventionen; fordern junge politische Aktivisten Reformen sowie ein Ende der uneingeschränkten Fürstenherrschaft.

Denn die Deutschen leben um 1800 noch immer im Heiligen Römischen Reich, begründet im frühen Mittelalter – einem anachronistischen Gebilde, das so gar nichts mit dem Nationalstaat zu tun hat, den Franzosen und Engländer als die zeitgemäße politische Organisation empfinden.

All das, was ein moderner Staat braucht, fehlt dem Reich. Es hat weder ein schlagkräftiges Heer noch eine Zentralbürokratie oder Finanzverwaltung. Gegen einen entschlossenen Feind muss dieses Konstrukt hoffnungslos unterlegen sein.

Kernteam
Johannes Schneider (Konzept) und Lenka Brandt (Verifikation) koordinierten die Produktion dieser Ausgabe

Einen Feind etwa wie den, der 1799 in Paris die Macht ergreift: Napoleon Bonaparte. Der erfolgreiche Feldherr, der die gesamte Stärke einer geeinten Nation hinter sich hat, besiegt nach und nach alle deutschen Herrscher oder zwingt sie an seine Seite. Und wird so in den deutschen Landen zu einem Katalysator des Wandels.

Denn unter dem Druck des französischen Vormarsches bricht das Heilige Römische Reich zusammen, werden Hunderte Kleinstherrschaften (zum Beispiel die der Reichsritter) ebenso abgeschafft wie die geistlichen Fürstentümer; aus einst mehr als 1000 selbstständigen Territorien werden weniger als 40.

Die Demütigungen durch Napoleon provozieren eine massive Gegenreaktion. Zum ersten Mal in der Geschichte herrscht ein gesamtdeutsches Nationalgefühl: ein Patriotismus, wie ihn der Dichter Ernst Moritz Arndt in Verse fasst (siehe links). Nicht zuletzt machen die Niederlagen den Weg für Reformen frei. Leibeigenschaft und Zunftzwang enden; Juden erhalten in vielen Staaten ein nahezu gleiches Bürgerrecht, das Frankfurter Ghetto wird aufgelöst; Preußen führt die allgemeine Wehrpflicht ein und öffnet die Offizierslaufbahn auch für Männer nicht adeliger Geburt; überall entstehen effiziente Verwaltungen.

Und auch wenn die deutschen Fürsten nach dem Sieg über Napoleon 1815 so manche Reform zurücknehmen, die sie in Zeiten höchster Not ihren Untertanen gewährt hatten: Deutschland ist am Ende jener fünf Jahrzehnte ein anderes Land – und nun ganz eindeutig auf dem Weg in die Moderne.

Lesetipp
Diese beiden älteren Ausgaben ergänzen das vorliegende Heft

Herzlich Ihr

Michael Schaper

Michael Schaper

LANDLEBEN Der bäuerliche Alltag folgt um 1800 noch immer dem seit Jahrhunderten gleichen Rhythmus. Und mancherorts herrschen die Großgrundbesitzer noch über Leibeigene.

ALLTAG An der Wende zum 19. Jahrhundert leben die rund 25 Millionen Deutschen in unterschiedlichen Welten: Während gebildete Bürger in den Städten (hier Berlin) über Menschenrechte und Freiheit diskutieren, muss die große Mehrheit Armut und Abhängigkeit erdulden.

WEIMAR In der Provinzstadt siedeln sich bedeutende Dichter und Denker an, darunter Johann Wolfgang von Goethe. Sie machen Weimar zum geistigen Mittelpunkt Deutschlands.

FRANZOSENZEIT Ab 1805 bringt Napoleon Bonaparte ganz Deutschland unter seine Kontrolle.

AUFSTIEG Eine neue gesellschaftliche Klasse fordert um 1800 die Dominanz des Adels heraus: das Bürgertum.

WIEN Der Kongress 1814 nach dem Sieg über Napoleon ist ein politisches Jahrhundertereignis – und ein immerwährendes Fest.

EINHEIT Hunderte patriotische Studenten fordern 1817 auf der Wartburg einen deutschen Nationalstaat – gegen den Willen der Fürsten.

INHALT # 79

Digitale Versionen: Diese Ausgabe von GEO*EPOCHE* ist auch als eMagazine für iPad und Android-Tablets erhältlich. Sie erreichen die Redaktion online auf Facebook oder unter www.geo-epoche.de

Titelbild: „Der Marktplatz zu Pirna", Gemälde des italienischen Künstlers Bernardo Bellotto, genannt Canaletto (1722–1780). Alle **Fakten**, Daten und Karten in dieser Ausgabe sind vom GEO*EPOCHE*-Verifikationsteam auf ihre Richtigkeit überprüft worden. Kürzungen in **Zitaten** sind nicht kenntlich gemacht. **Redaktionsschluss**: 26. Mai 2016.

Immer wieder schreiben wir in dieser Ausgabe über „Deutschland". Doch in den bewegten Jahren zwischen 1770 und 1820 bedeutet dieser Begriff nicht stets das Gleiche: So führt das bis 1806 bestehende Heilige Römische Reich zwar das Attribut „deutscher Nation" im Namen, umfasst aber auch Gebiete wie das mehrheitlich von Tschechen besiedelte Mähren; andererseits gehören deutsche Landschaften wie das spätere Ostpreußen nicht zum Reich. Ebenso verhält es sich beim 1815 begründeten Deutschen Bund. Die Patrioten der Nationalbewegung hingegen verstehen unter Deutschland alle von Deutschen besiedelten Territorien. Dieser Definition, die die aus einer sehr komplizierten Vorgeschichte resultierenden politischen Grenzen sowie deren häufige Veränderung unbeachtet lässt, folgen auch wir.

LAND zwischen den ZEITEN

Dresden ist weder die größte noch die bedeutendste Stadt im Heiligen Römischen Reich, aber die Kunstliebe der sächsischen Kurfürsten

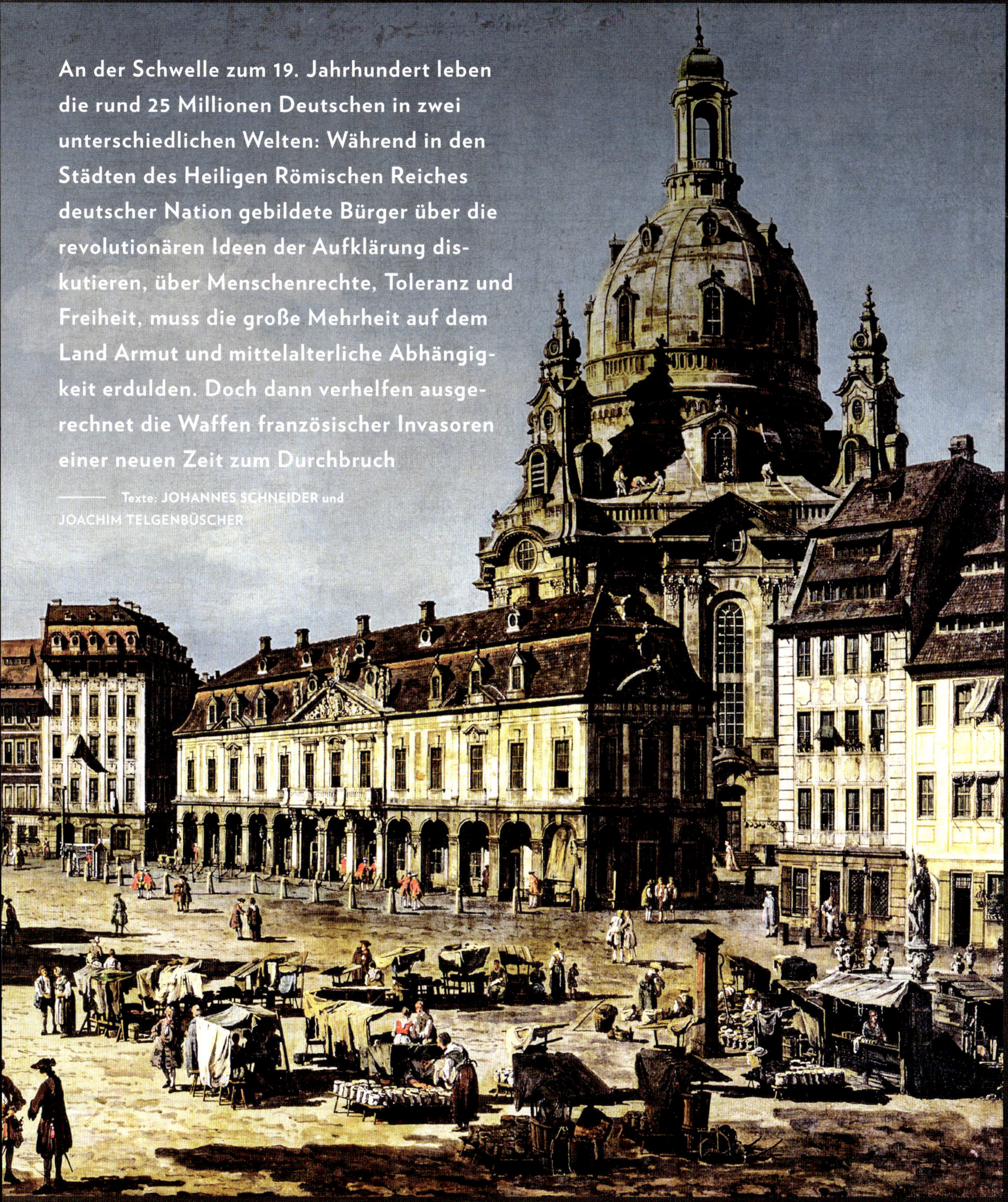

macht sie im 18. Jahrhundert zur wohl schönsten – zu einer Kapitale des Barock (Blick auf den Neumarkt mit der Kuppel der Frauenkirche)

NACH SITTE DER VORVÄTER

Der Alltag der Deutschen folgt im 18. Jahrhundert noch immer mittelalterlichen Regeln: Handwerker müssen sich den Gesetzen der Zünfte beugen, die Bauern ihren Grundherren Abgaben leisten und die Untertanen den Fürsten gehorchen. Am schlimmsten aber ergeht es den zahllosen Leibeigenen, die nicht einmal frei entscheiden dürfen, wo sie leben wollen

In den deutschen Staaten gibt es wenige gut ausgebaute Straßen, oft führen nur unbefestigte Sandpisten von Stadt zu Stadt, die sich nach Regengüssen in tiefen Morast verwandeln. Selbst kurze Reisen dauern mehrere Tage. So sind die großen Flüsse die Lebensadern des Landes. Auf ihnen transportieren Schiffer und Händler ihre Waren – wie hier auf der Elbe bei Pirna

Im Jahr 1753 malt der Italiener Bernardo Bellotto, genannt »Canaletto«, den Marktplatz von Pirna. Ihren Wohlstand verdankt die sächsische Stadt, in der rund 3000 Menschen leben, einem mittelalterlichen Privileg: dem Stapelrecht. Händler, die den Ort passieren, müssen ihre Waren dort drei Tage lang lagern und zum Kauf anbieten. So steigt Pirna schnell zum Handelszentrum auf

IM SCHATTEN DER KIRCHTÜRME

Etwa 4000 Städte gibt es um 1800 in Deutschland, doch die meisten von ihnen sind kaum größer als Dörfer. Im Durchschnitt leben dort nur 2000 Einwohner, von denen viele noch Ackerbau betreiben, um sich zu ernähren. Einzig Hamburg, Berlin und Wien zählen mehr als 100 000 Menschen, selbst sie können sich aber mit den großen Metropolen des Auslands nicht messen

Das Leben in den Dörfern hat sich seit Jahrhunderten kaum verändert. Nach mittelalterlicher Art bewirtschaften die meisten Bauern ein Stück Land, säen Roggen, Gerste, Hafer oder Weizen, pflanzen Kohl, Möhren und Kartoffeln. Oft sind sie einem Grundherrn zu Diensten verpflichtet – müssen etwa mehrere Tage in der Woche auf dessen Feldern schuften

LAND DER ÄCKER, WÄLDER UND SEEN

Drei von vier Deutschen leben auf dem Land, und die meisten von ihnen erwirtschaften gerade genug, um die eigene Familie durchzubringen. Vor allem in Regionen mit kargen Böden gehört der Mangel zum Leben, etwa in den höheren Lagen der Mittelgebirge, wo sandiger Untergrund den Ackerbau erschwert

Das Idyll vor den Mauern: Noch haben die meisten deutschen Städte ihre mittelalterlichen Befestigungsanlagen nicht geschleift – hier das österreichische Tulln. Bei Anbruch der Nacht werden die Tore durch eiserne Gitter verschlossen. Nur wer eine Gebühr zahlt, das Sperrgeld, darf dann noch hinein

DIE JAHRE VOR DEM BRUCH

Mitte des 18. Jahrhunderts ist Deutschland eine rückständige Region: Zersplittert in mehr als 1000 Herrschaftsgebiete, wirtschaftlich unterentwickelt, geprägt von einer starren Ständeordnung. Doch die Kräfte, die in Frankreich und England gerade beginnen, den Alltag der Bürger zu revolutionieren, werden auch bald die Deutschen erreichen

Fast 100 Meter ragen die Zwiebeltürme der Münchner Frauenkirche in den Himmel über der bayerischen Hauptstadt. Die Ideale der Französischen Revolution, etwa der Gleichheitsgedanke, verändern auch das Leben in dem süddeutschen Kurfürstentum, später einer der wichtigsten Verbündeten Napoleon Bonapartes. So erhalten im Jahr 1803 Protestanten die gleichen Rechte wie die katholische Mehrheit

Das ziellose Flanieren (hier Unter den Linden in Berlin) gehört zum Lebensstil des Bürgertums. Es ist Ausdruck seiner neuen wirtschaftlichen Stärke, die Zeit zur Muße erlaubt. Politisch begeistert sich diese aufstrebende Klasse für die Ideen der Aufklärung, jener Geistesbewegung, die die Gleichheit aller Menschen propagiert und die vermeintlich gottgegebene Macht des Adels anzweifelt

Vor Dresden erringt Napoleon Bonaparte Ende August 1813 seinen letzten Sieg auf deutschem Boden. Doch schon wenige Wochen später fügen ihm seine Gegner in der Völkerschlacht bei Leipzig eine entscheidende Niederlage zu. Seine Herrschaft in Deutschland zerbricht (Panorama vom rechten Elbufer aus, Canaletto, 1748)

FREI – UND DOCH NICHT FREI

Im Frühjahr 1813 erheben sich die Deutschen endlich gegen die napoleonische Fremdherrschaft – und treiben die Besatzer über den Rhein zurück. Doch die Befreiungskriege wecken Hoffnungen, die sich nicht erfüllen: Statt einen liberalen Nationalstaat zu schaffen, wie es sich viele Bürger wünschen, stellen die deutschen Fürsten die alte Ordnung wieder her

Im Rausch der Veränderung

Rasanter als je zuvor wandelt sich Deutschland zwischen 1770 und 1820: Aufklärung, Französische Revolution sowie der Kampf gegen Napoleon erschüttern die überkommene Ordnung. Und so werden drei aufeinanderfolgende deutsche Generationen in ganz unterschiedlichen Lebenswelten groß

Text: JOHANNES SCHNEIDER

Es sind die zwei Meister der deutschen Sprache, die den Sog der Ereignisse an der Wende zum 19. Jahrhundert in treffende Worte fassen: „Die alten Formen stürzen ein", schreibt Friedrich Schiller 1801, und Johann Wolfgang von Goethe notiert später, eine „neue Epoche der Weltgeschichte" habe begonnen.

Untergang auf der einen, Neuaufbau auf der anderen Seite: Zwischen diesen beiden Polen taumelt Deutschland zwischen 1770 und 1820. Denn in jenen 50 Jahren wandelt sich die deutsche Gesellschaft grundlegender als in Jahrhunderten zuvor, kommen bahnbrechende Ideen auf – und geraten die deutschen Staaten in die Wirren der Napoleonischen Kriege: Viele werden innerhalb kurzer Zeit besetzt und neu aufgeteilt, am Ende alle befreit.

In derart rascher Folge erfassen historische Umwälzungen das Land, dass Menschen, die nur wenige Jahrzehnte trennen, in Lebenswelten groß werden, die aus verschiedenen Epochen stammen. Drei Generationen werden so von den Ereignissen auf ganz unterschiedliche Weise geprägt.

Diejenigen Deutschen, die vor 1750 zur Welt gekommen sind, wachsen auf in einem Staatenverbund mit einem fest verankerten und althergebrachten politischen Gefüge: Das Heilige Römische Reich deutscher Nation funktioniert nach Regeln, die sich seit Jahrhunderten kaum verändert haben.

An der Spitze steht der Kaiser, gewählt von den Kurfürsten; seit 1438 stammt das Staatsoberhaupt fast immer aus dem Haus Habsburg. Der Kaiser besitzt allerdings wenige Machtbefugnisse, die meisten Entscheidungen fällen die Landesherren der mehr als 1000 Territorien weitgehend autonom – viele davon absolutistische Monarchen, nahezu uneingeschränkte Herrscher über ihre Untertanen. Die mit Abstand bedeutendste Macht im Verbund ist Österreich, dem jedoch mit Preußen ein immer stärkerer Rivale erwächst; ihre Konkurrenz (die sogar zu Kriegen zwischen ihnen führt) prägt das Reich seit Jahrzehnten.

Alle wichtigen Positionen in der Verwaltung und im Militär der deutschen Staaten besetzen Aristokraten: Im Heiligen Römischen Reich bestimmt die Herkunft den Werdegang. Zwar wird das Bürgertum nach und nach wichtiger durch Handel und Gewerbe, aber der wirtschaftliche Erfolg bringt noch kaum politische Mitsprache.

Erst recht keine Stimme haben die Armen in den Städten und auf dem Land, wo drei von vier Deutschen leben. Die meisten schlagen sich von Ernte zu Ernte gerade so durch, und viele müssen wie seit Jahrhunderten als Leibeigene für ihre adeligen Herren schuften – kaum besser gestellt als Sklaven.

Die gesellschaftliche Ordnung, sie scheint zementiert.

Und doch kommen gerade unter den gebildeten Deutschen erste Zweifel auf, an der politischen Verfassung des Landes und an der Hierarchie der Stände: Propagiert nicht die Aufklärung – jene geistige Bewegung, die vor allem von Frankreich aus in ganz Europa immer mehr Anhänger gewinnt – die Gleichheit aller Menschen; verdammen die Philosophen nicht religiöse Vorurteile und stellen die vermeintlich gottgegebene Dominanz des Adels infrage?

Es sind Zweifel, die rasch lauter werden – und die dazu beitragen, dass jene Deutschen, die um 1770 geboren werden, ein sich veränderndes Land erleben.

Gerade in den größeren Städten entsteht eine kritische Öffentlichkeit, die es so zuvor nicht gab: In Lesezirkeln diskutieren aufklärerisch gesinnte Bürger, Zeitschriften analysieren die Schwächen der alten Ordnung. Mehr als 1000 Magazine, viele zu Politik, Philosophie und Kultur, erscheinen Ende der 1780er Jahre in Deutschland; die Zahl der Schriftsteller verdoppelt sich zwischen 1773 und 1787 auf 6000.

Doch der Adel verteidigt verbissen seine Privilegien; auch Monarchen, die sich selbst als aufgeklärt bezeichnen, wollen nichts von ihrer Macht abgeben. Und so empfinden es viele Deutsche als Befreiung, als 1789 die Revolution in Frankreich losbricht. Die Ideen von Freiheit, Gleichheit, Brüderlichkeit werden zumal im Bürgertum oft begeistert begrüßt. Als Revolutionstruppen ab 1792 Teile Westdeutschlands besetzen, jubeln die Menschen ihnen vielerorts zu.

Die deutschen Fürsten können den Siegeszug der französischen Truppen nicht verhindern – die Soldaten der Revolution sind patriotisch entflammt,

Wie kaum jemand sonst stehen Johann Wolfgang von Goethe und Friedrich Schiller für das Deutschland um 1800. Auch in den Werken der beiden Dichter spiegeln sich die gewaltigen Umwälzungen, die das Land in dieser Zeit erfassen

Frankreichs Armeen können ihre Verluste aufgrund der allgemeinen Wehrpflicht immer wieder ausgleichen. In Friedensverträgen müssen die deutschen Herrscher bis 1801 alle linksrheinischen Gebiete abtreten.

Mit dem Aufstieg Napoleons nimmt der Druck unterdessen weiter zu. 1805 besiegt der Franzose die österreichischen Truppen, zwingt ein gutes halbes Jahr später 16 deutsche Staaten, darunter Bayern, Baden und Württemberg, dazu, aus dem Reich auszutreten und eine Allianz unter seiner Führung zu bilden.

Daraufhin legt Kaiser Franz II. am 6. August 1806 – nach einem Ultimatum Napoleons – die Krone nieder; und das mehr als 800 Jahre zuvor begründete Heilige Römische Reich erlischt endgültig.

Zwei Monate später unterwirft der französische Herrscher auch Preußen; der militärisch einst stärkste deutsche Staat wird zunächst besetzt und verliert die Hälfte seines Gebietes.

Von nun an wandelt sich das frühere innerdeutsche Ringen um die Ideen der Revolution immer mehr zu einer Abwehrschlacht der Deutschen gegen die Fremdherrschaft der Franzosen.

Der Freiheitskampf bestimmt das Grundgefühl vieler junger, um 1790 geborener Deutscher – die sich nun, vereint im Hass auf den Eroberer, stärker als je zuvor als Angehörige einer gemeinsamen Nation zu fühlen beginnen. Die Bewohner der Lande zwischen Ostsee und Alpen hatten sich zuvor meist erst als Franken, Sachsen oder Schwaben verstanden.

Und wer sich mit seinem Land identifiziert, wer bereit ist, dafür zu kämpfen, so der Umkehrschluss der neuen Patrioten, der hat auch Rechte. Der darf Mitsprache fordern, Gleichheit vor dem Gesetz, Pressefreiheit und eine Verfassung, welche die absolutistische Willkürherrschaft endlich beendet.

In dem Vertrauen, ihr Opfer würde belohnt, melden sich junge Männer zu Tausenden freiwillig, ziehen ab 1813 in den Krieg gegen Frankreich, tragen dazu bei, dessen Herrschaft zu beenden. Und werden dann bitter enttäuscht.

Denn die deutschen Fürsten sehen nach Napoleons Ende keinen Anlass, auf die Wünsche der Vaterlandsfreunde einzugehen. Sie sind allein am eigenen Machterhalt interessiert. Und so gibt es weder ein geeintes Deutschland noch eine Verfassung. Stattdessen wird die alte Ordnung wiederhergestellt: An die Stelle des Heiligen Römischen Reiches tritt nun der Deutsche Bund, ohne gemeinsamen Kaiser zwar – aber noch immer mit der Allmacht der Fürsten.

Die Herrscher unterdrücken die liberalen Patrioten bald durch strikte Zensur, einen wachsenden Polizei- und Geheimdienstapparat: Die Restauration macht das Leben in Deutschland in dieser Hinsicht noch unfreier als in den Jahren des Ancien Régime um 1770.

Drei deutsche Generationen, unterschiedlich geprägt durch die alte Ordnung, die Revolution, den Freiheitskampf – und nun ziehen sich viele aus der jüngsten dieser Altersklassen, ihrer Hoffnungen beraubt und scheinbar gescheitert, frustriert ins Private zurück.

Ihre Ideale aber bleiben lebendig. Nachfolgende Generationen werden sie aufgreifen – und Deutschland in der zweiten Hälfte des 19. Jahrhunderts zu einer Nation formen, wie es sich die um 1790 Geborenen erträumt hatten: politisch geeint, mit einer Verfassung, die die Rechte der Fürsten einschränkt und allen (allerdings nur männlichen) Bürgern ein gleiches Wahlrecht gibt.

Johannes Schneider, *Jg. 1981, ist Textredakteur im Team von* GEO*EPOCHE.*

Im späten 18. Jahrhundert ist die deutsche Wirtschaft rückständig – auch weil das Heilige Römische Reich deutscher Nation aus mehr als 1000 Herrschaften zusammengesetzt ist. Immer wieder müssen Reisende an den Grenzen der Territorien, hier die Hauptstadt eines kleinen thüringischen Fürstentums, Zölle und Mauten bezahlen

SPIONE für den FORT-SCHRITT

Dampfmaschinen werden lange Zeit nur in britischen Fabriken hergestellt (o.). Den Deutschen fehlt dazu das Know-how

Mehr als drei Viertel der Deutschen leben auf dem Land, mittelalterliche Gesetze regeln das Handwerk, Industrie gibt es noch nicht: Deutschland kann um 1770 nicht mit dem fortschrittlichen Großbritannien mithalten. Und so reisen 1779 zwei Männer aus Preußen auf die Insel, um dem Erfinder James Watt das Geheimnis seiner jüngsten Entwicklung zu entlocken: der Dampfmaschine

——— Text: RALF BERHORST und FRANK OTTO

Der Pionier der neuen Zeit arbeitet irgendwo auf diesem Gelände in seiner Werkstatt. Dort wollen die beiden Besucher aus Deutschland ihn treffen. Und ihm sein Geheimnis abjagen.

Januar 1779. Nordwestlich von Birmingham hat der englische Unternehmer Matthew Boulton auf einer Wiese eine der größten Fabriken der Welt errichtet, die Soho Manufactory. Allein die Front des dreigeschossigen Hauptgebäudes erstreckt sich über eine Breite von 55 Metern, ein achteckiger Uhrenturm krönt das herrschaftliche Eingangsportal, und so ähnelt der Ziegelbau von Weitem eher dem Landsitz eines Herzogs.

Doch im Innern produzieren mehrere Hundert Metallarbeiter vergoldete Knöpfe und Gürtelschnallen, fertigen Schnupftabakdosen und Silbergeschirr, setzen prachtvolle Uhren zusammen, ziselieren Schwertgriffe für den englischen Markt und den Export.

Jeden Tag kommen Neugierige aus ganz Europa, um Boultons Fabrik zu bestaunen. Der Unternehmer hat eigens ein Teezimmer für seine Gäste sowie mehrere Schauräume mit produzierten Musterstücken einrichten lassen. Gern führt er Besucher durch seine Manufaktur, gibt ihnen Auskunft, lädt sie oft sogar in seine Villa zum Essen ein.

Die bei Weitem interessantesten Räume der Soho Manufactory aber sind die Werkstätten von Boultons Kompagnon, dem Erfinder James Watt – und das Maschinenhaus. Dort steht die neuartige Dampfmaschine des Schotten, ein stampfendes und fauchendes Ungetüm: eine Apparatur, die die Welt verändern wird. Und die jene zwei Herren ausspionieren wollen, die an diesem Tag vorfahren und ein Empfehlungsschreiben präsentieren. Sie stellen sich als Barone vor, vermeintlich ein adeliges Brüderpaar aus Preußen. Wer wird schon Aristokraten verdächtigen?

Tatsächlich aber sind die beiden Spione, und sie wollen die Wirkweise der Dampfmaschine erkunden.

Der Bergbaubeamte Johann Philipp Freiherr Waitz von Eschen und sein Begleiter, ein 22-jähriger Ingenieur namens Karl Friedrich Bückling, treffen Watt und geben sich ihm gegenüber als Bildungsreisende aus, die an den Sensationen der modernen Zeit interessiert sind.

Tatsächlich werden die Gäste über das Fabrikgelände geführt. Sie betreten auch das Maschinenhaus. Hoch über ihnen neigt sich in regelmäßigen Abständen ein gewaltiger Holzbalken und pumpt bei der anschließenden von der Dampfmaschine angetriebenen Aufwärtsbewegung über eine angeschlossene Vorrichtung Wasser aus der Tiefe. Vor allem Bückling fragt James Watt immer wieder über Details seiner Erfindung aus.

Als der Schotte die beiden allein lässt, studieren sie jedes Detail der Maschine und machen sich eifrig Notizen. Bei seiner Rückkehr bemerkt Watt, was die beiden versuchen, und bekommt einen Wutanfall.

Wenig später reisen die Besucher ab. Das Spionageunternehmen der beiden Preußen ist ein Eingeständnis der Unterlegenheit. Denn deutsche Ingenieure sind nicht in der Lage, eine Maschine wie die von James Watt zu konstruieren. Das Land in der Mitte des Kontinents liegt technisch weit hinter Großbritannien zurück.

Dieser Mangel an Know-how ist Ausdruck einer allgemeinen gesellschaftlichen und wirtschaftlichen Rückständigkeit, und es werden mehr als 50 Jahre vergehen, bis Deutschland dieses Defizit aufgeholt haben wird.

Vielfältig sind die Ursachen der deutschen Unterentwicklung. So hat Preußen im 18. Jahrhundert immer wieder Krieg gegen Österreich geführt, den mächtigsten Staat des Heiligen Römischen Reiches deutscher Nation. Als 1763 endlich Frieden herrscht, sind weite Teile des Reiches verwüstet, Hunderte Dörfer unbewohnbar, Felder vernichtet; etwa eine halbe Million Soldaten und Zivilisten wurden getötet. Noch lange werden die Folgen spürbar sein.

Aber auch dort, wo die preußischen und österreichischen Armeen und die ihrer Verbündeten nicht marschierten, ist Deutschland um 1770 ein armes Land, in dem die Löhne niedrig und Nahrungsmittel teuer sind, denn viele Bauern können auf ihren kleinen Höfen keine Überschüsse erzeugen.

Dabei ist das Reich zutiefst agrarisch geprägt: Von den rund 22 Millionen Menschen, die zwischen Rostock und Triest, Lüttich und Wien siedeln, wohnen mehr als drei Viertel auf dem Land. Es gibt nur wenige Großstädte, einzig Hamburg, Berlin und Wien zählen mehr als 100 000 Einwohner, doch mit Paris oder

Bauern binden Garben, ein Hirte hütet Schafe: Auch in der Region um die kaiserliche Residenz Wien leben die meisten Menschen von der Landwirtschaft

Während Stoffe und Garne in Deutschland um 1780 noch mithilfe verhältnismäßig einfacher Geräte fabriziert werden (hier die Arbeitsschritte bei der Leinenherstellung), entwickeln britische Erfinder bereits Apparate, die eine maschinelle Textilproduktion ermöglichen

der Millionenmetropole London können auch sie sich nicht messen (obwohl in Großbritannien nicht einmal halb so viele Menschen leben wie im Heiligen Römischen Reich).

Die Dörfer und Weiler liegen wie seit Jahrhunderten inmitten von Wiesen, Feldern und Wäldern, umschlossen von Hecken oder Zäunen. In der Mitte jedes größeren Dorfes erhebt sich eine Kirche mit Pfarrhaus, stehen ein Amtsgebäude, ein Wirtshaus, das Waschhaus und ein Brunnen, darum reihen sich Gehöfte, die durch ungepflasterte Wege und Stege verbunden sind. Am Rand der Ansiedlung bietet oft ein Asyl Armen Zuflucht.

Die meisten Bauern bewirtschaften ein Stück Land in eigener Verantwortung, säen Roggen, Gerste, Hafer oder Weizen. Sie pflanzen in ihren Gärten Kohl, Spinat, Möhren und Kartoffeln, halten Rinder, Schweine, Gänse, Ziegen und manchmal Bienen, um mit dem Honig ihre Speisen zu süßen.

Aber wirklich frei sind sie nicht. Sie leben in verschiedenen Graden der Abhängigkeit von einem Grundherrn: ihrem Landesfürsten, einem Adeligen, einer Kirche oder einem Kloster.

Vor allem auf den großen Rittergütern östlich der Elbe sind die Landleute oft noch Leibeigene. An einer festgesetzten Anzahl von Tagen im Jahr müssen sie dem Gutsbesitzer Frondienste leisten: im Sommer das Getreide auf den Feldern ernten, im Winter Holz in den Wäldern schlagen, beim Bau von Wegen, Brücken oder Scheunen helfen, ihre Ochsen oder Pferde vor die Fuhrwerke der Post oder von durchziehendem Militär spannen.

In einigen Gegenden im Osten beträgt die Dienstpflicht gegenüber dem Gutsherrn sechs halbe Tage in der Woche – Arbeitszeit, die für die eigenen Felder fehlt. Manche Bauern müssen permanent einen Knecht, eine Magd oder ein Gespann an den Junker abstellen.

In Pommern darf ein Gutsbesitzer seinen Bauern verbieten wegzuziehen. In Mecklenburg können sie mitsamt dem Boden, auf dem sie leben, verkauft werden. In manchen Gegenden im Osten des Reiches besitzt ein Gutsherr zudem das Züchtigungsrecht, und seine Bauern müssen ihn vor der Heirat um Erlaubnis fragen (siehe Seite 54).

Westlich der Elbe, am Rhein, in Hessen, Baden oder Süddeutschland, genießen die Landbewohner etwas mehr Freiheit, sind die alten Frondienste zumeist in Abgaben gewandelt, die in Naturalien, in Getreide, Geflügel und Viehfutter, vor allem aber bar zu zahlen sind.

Doch auch hier schmälern die Abgaben die Erträge. Zudem ist die eingesetzte Agrartechnik oft noch primitiv. Wie ihre Vorväter bearbeiten die Landwirte ihre Äcker mit einfachen Pflügen, Haken und Eggen, düngen mit Viehmist und ernten mit Sense oder Sichel.

V

Viele Bauern können nur die eigene Familie durchbringen und erwirtschaften keine Überschüsse, die sich auf den Märkten verkaufen ließen, oft müssen sie auf ihren Höfen nebenbei handwerklich arbeiten, etwa Webarbeiten herstellen, um zu überleben. Und weil fast 80 Prozent der Höfe in Deutschland solche Kleinbetriebe sind, die nur ihre Besitzer

Streng überwachen die **ZÜNFTE** das Handwerk

ernähren, ist die Agrarwirtschaft wenig produktiv und liegen die Preise für Lebensmittel hoch.

So bleibt der Hungertod für die meisten Dorfbewohner eine reale Gefahr. Ein Hagelsturm kann die Ernte vernichten, anhaltender Regen im Sommer das Getreide verfaulen lassen. Die Tagelöhner, Mägde und Knechte, die keine eigenen Felder bewirtschaften, leben ohnehin stets am Rand des Existenzminimums. Ihr Dasein hat sich seit Generationen kaum gewandelt, ihr Alltag ähnelt dem längst verblichener Vorfahren.

Doch das gilt in Deutschland nicht nur auf dem Lande – auch das Bild der Städte hat sich in vielem seit dem Mittelalter kaum verändert.

Schon von Weitem sind die Spitzen von Kirchen und Wehrtürmen zu sehen: Größere Ansiedlungen schützen sich durch Vorwerke, Gräben und einen Mauerring gegen feindliche Belagerung in Kriegszeiten. Die meisten Städte im Reich zählen nicht mehr als 3000 Einwohner; in Offenburg, Ravensburg oder Schweinfurt etwa leben jeweils nur 500 Menschen. Kaum 500 Städte haben mehr als 4000 Bewohner.

An den Toren kontrollieren Wachen den Strom der Reisenden, nachts wird ein Gitter heruntergelassen und verschlossen. Wer dann noch Einlass begehrt, muss ein Sperrgeld zahlen.

Weil es innerhalb der Mauern an Platz fehlt, sind die Gassen eng und dunkel. Oft werden die Häuser über mehrere Stockwerke in die Höhe geführt, verbreitern sich manchmal oben noch und verschatten die Wege zusätzlich.

Überall liegt ein stechender Gestank in der Luft. Eimer voller Schlacht- und Küchenabfälle sowie Nachttöpfe werden auf die meist ungepflasterten Straßen entleert, damit der Regen sie durch eine Rinne in der Mitte fortspült.

Schweine und Hühner laufen durch die Gassen, in kleinen Landstädtchen liegen Misthaufen vor vielen Häusern. Der Ruß von Holzfeuern aus Öfen und Schmieden erschwert das Atmen.

Und es ist laut: Die Kirchturmglocken läuten, in ihren Werkstätten hämmern Schmiede an den Ambossen und fachen mit Blasebälgen die Glut an, Schuster klopfen und schmirgeln an Leisten, Drechsler fertigen an ihren Drehbänken Werkstücke, Hufgeklapper, Gesang, Geschrei und Gezänk.

Das Gewirr der Gassen öffnet sich erst am Markt, dem belebtesten Ort jeder Stadt: Hier ist etwas mehr Licht und Luft; hier erheben sich das Rathaus, die Gasthäuser und die zuweilen prachtvollen Fassaden der Patrizierhäuser sowie die Kontor- und Wohnhäuser der wohl-

habenden Kaufleute und die Versammlungshäuser von Gilden und Zünften.

Die Gesellschaft des Reiches ist in Stände geschieden. Ganz oben steht der Adel, der insgesamt etwa ein bis zwei Prozent der Bevölkerung ausmacht, gefolgt vom Klerus, der vom Erzbischof bis zum Dorfpriester alle adeligen katholischen Geistlichen umfasst.

Zu den Bürgern gehören in den deutschen Landen gut eine Million Menschen, doch der zahlenmäßig größte Stand ist der der Bauern. Und wer weder Land noch Bürgerrecht besitzt,

Die Meißener Porzellanmanufaktur, 1710 von Kurfürst August dem Starken in einem Schloss hoch über der Elbe eingerichtet, ist einer der wenigen deutschen Gewerbebetriebe, die erfolgreich für den europäischen Markt produzieren. Doch immer mehr Mitbewerber gelangen an die geheime Rezeptur für das gefragte Porzellan – und machen den Sachsen Konkurrenz

zählt zu der großen Gruppe der standlosen Unterschicht.

Von den höchstens fünf Millionen Deutschen, die in Städten leben, genießt nur etwa ein Viertel das Bürgerrecht. Diese Bürger können sich in den Rat der jeweiligen Stadt wählen lassen und dort über die Verwendung eines Teils der Steuergelder bestimmen.

Meist sind es jedoch nur wenige Honoratioren- und Patrizierfamilien, die in den Magistraten dominieren.

Unterhalb dieser Elite rangiert in den urbanen Zentren eine Mittelschicht aus Kaufleuten, Handwerksmeistern, Ärzten und Wirten.

Dienstboten, Heimgewerbetreibende, ledige Gesellen, Soldaten, Tagelöhner und Manufakturarbeiter haben keinen nennenswerten Besitz und auch kein politisches Mitspracherecht.

Ganz unten sammeln sich schließlich die randständigen Existenzen: Bettler, Scherenschleifer, Zahnbrecher, Prostituierte, Gaukler und anderes umherziehendes und heimatloses Volk.

Zwar sind die Grenzen zwischen den Ständen und Schichten etwas durchlässiger geworden. Denn ohne die Dienste der Stadtbürger in Justiz und Verwaltung kommen die Fürsten und adeligen Patrizier nicht mehr aus.

Doch in den Herrschaften des Reiches verdankt die bürgerliche Elite ihren Aufstieg nicht unternehmerischem Erfolg (wie in England) oder politischem

Einfluss (wie in Frankreich), sondern vor allem ihrer Bildung. Wer eine gute Schule besucht oder studiert hat, kann im Kirchendienst, einem Amt oder Ministerium auf eine Karriere hoffen. Auch werden bürgerliche Werte wie Fleiß, Ordnung und Sittlichkeit in der Gesellschaft immer wichtiger (siehe Seite 68).

Aber weiterhin existieren unsichtbare Grenzen, ist der Aufstieg gewöhnlich auf den eigenen Stand beschränkt: Der Sohn eines Kleinbauern kann es durch günstige Heirat oder geschickten Landerwerb zum Großbauern bringen (aber mehr eben auch nicht), ein Handwerksmeister kann zum vermögenden Verleger aufsteigen, der Nachkomme eines Pfarrers zum Professor oder Kanzler einer Universität.

Vom Geistesadel der bürgerlichen Aufsteiger in Deutschland wiederum fühlen sich oftmals die Mitglieder der alten Zünfte bedroht. Daher versuchen sie, ihre überkommenen Privilegien zu verteidigen.

Von den 1,2 Millionen deutschen Handwerkern und rund 50 000 Kaufleuten und Händlern sind viele in eigenen Verbänden zusammengeschlossen, die über großen Einfluss verfügen. Bäcker, Schneider, Tischler, Steinmetze und zahllose andere Professionen sind in Zünften organisiert (andere Handwerker wie Henker und Abdecker, mancherorts aber auch Müller, Gerber oder Leineweber gelten als unehrenhaft, ihnen ist dieses Vorrecht, das ermöglicht, das eigene Metier zu regulieren und Konkurrenz auszuschalten, versagt).

Die Verbände wachen seit einem halben Jahrtausend streng darüber, dass jeder Handwerker nur das ihm zugedachte Spezialgebiet seines Fachs ausübt, und daran soll sich auch nichts ändern.

Die Zünfte vermitteln Aufträge, sie prüfen die Qualität der Produkte und kontrollieren die Ausbildung der Gesellen, bestimmen über die Größe und Anzahl der Betriebe und wachen über den Lebenswandel ihrer Mitglieder: Wer Lehrling werden will, muss seine eheliche Geburt nachweisen können und ein ehrbares Leben führen.

In Braunschweig verweigert 1764 die Zunft der Posamentierer (die etwa Spitzen und Kordeln herstellen) einem

Der BERGBAU braucht neue Maschinen

Vier Pferde treiben ein Walzwerk an. Solch simple Maschinen sind in Deutschland schon seit über 1000 Jahren im Einsatz

Mit Händen und Füßen bedient dieser Weber sein Gerät – und arbeitet mit entsprechend geringer Produktivität

Mann die Aufnahme, weil er eine schwangere Frau geheiratet hat. In Augsburg legt die Zunftordnung der Goldschmiede fest, dass nicht mehr als sechs Gesellen im Jahr zu Meistern ernannt werden dürfen. Zuvor müssen sie zwölf Jahre lang ihr Handwerk erlernt haben.

Zeitgenössische Kritiker bemängeln, dass die Zünfte Wettbewerb verhindern und die wirtschaftliche Dynamik lähmen, weil sie nicht die unternehmerische Tatkraft des Einzelnen belohnen, sondern dazu dienen, alle Mitglieder zu versorgen und abzusichern.

Schon 1731 sollte eine Reichshandwerksordnung die Macht der mittelalterlichen Zünfte und der Gesellenvereinigungen einschränken. Aber letztlich wagt es keine Regierung, sie ganz aufzulösen.

Denn die Verbände sind gefürchtet: Mehr als 180 Mal streiken im 18. Jahrhundert allein Schreiner-, Schuster- und Schlossergesellen und können dabei auf die gefüllten Kassen ihrer Bruderschaften vertrauen.

Meist fordern die Gesellen bessere Arbeitsbedingungen oder höhere Löhne sowie die Achtung ihrer Rechte von den Handwerksmeistern. Bei manchen Auseinandersetzungen bekämpfen aber auch Meister und Gesellen gemeinsam Vorschriften eines Stadtrates oder unzünftige Gewerbetreibende – oder sie verteidigen etwa den „blauen Montag", das traditionelle Vorrecht der Handwerker auf einen arbeitsfreien Werktag.

Unter diesen Umständen ist es schon fast erstaunlich, dass trotz dieser mittelalterlichen Privilegien durchaus einige Regionen prosperieren. Die Deutschen verkaufen Leinen- und Wollstoffe, Holz, Getreide, Wein und Tabak an ihre Nachbarn und führen selbst Rohstoffe, Südfrüchte und Kolonialwaren ein.

Die Messestädte Frankfurt am Main und Leipzig, die eine alte Kaufmannsstraße miteinander verbindet, ziehen Geschäftsleute von weither an, die sächsische Metropole zumal dient als Umschlagplatz für die Ausfuhr nach Polen und Russland. Und Hamburg hat den drittgrößten Hafen Europas.

Im Vergleich mit Großbritannien ist der deutsche Außenhandel allerdings klein, er beträgt nur ein Drittel, trotz der mehr als doppelt so großen Einwohnerzahl. Denn die deutschen Staaten besitzen weder nennenswerte Kolonien noch eine bedeutende Handelsflotte.

Und den Warenaustausch innerhalb Deutschlands erschweren schlechte Verkehrswege. Die Binnenschifffahrt ist oft mühselig. Es gibt nur wenige Kanäle, und um etwa ein mit 3000 Zentnern beladenes Frachtschiff auf dem Rhein gegen die Strömung bergan zu ziehen, müssen sich auf den Treidelpfaden am Ufer ein Dutzend Pferde oder bis zu 90 Mann in die Seile stemmen.

In Großbritannien erleichtern die kürzeren Entfernungen zwischen den Küstenhäfen und den Städten im Inland den Transport. In Frankreich sind früh Flüsse begradigt und Kanäle gestochen worden.

Auch auf Deutschlands Straßen ist das Reisetempo gemächlich. Zwar verbinden in Hessen und Baden erste gut ausgebaute Chausseen einige Städte. Ihre geglättete Oberfläche ist zur Mitte hin leicht gewölbt, damit das Regenwasser in seitliche Gräben ablaufen kann.

Aber Preußen verfügt um 1770 noch über keine einzige solcher „Kunststraßen“. Sechs Tage dauert etwa die Reise von Berlin nach Königsberg per Postkutsche – und ist eine Tortur: Derart rumpelten die Karossen über die zerklüfteten Landstraßen, schreibt ein Künstler Anfang des 19. Jahrhunderts, „dass Leib und Seele Gefahr liefen, voneinander getrennt zu werden“. In England dagegen werden seit Jahrzehnten Hauptverkehrsstraßen gebaut und Brücken erneuert.

Die langen Reisezeiten in Deutschland machen den Transport teuer; zudem steigern überall Zölle die Preise der Fracht. Das Land ist in mehr als 1000 weltliche und geistliche Herrschaften zersplittert, vom Königreich Böhmen bis zur Fürstpropstei Berchtesgaden, von der Hansestadt Hamburg bis zum ebenso autonomen Reichsdorf Gochsheim in Unterfranken. Und jeder Herr erhebt an den Grenzen seines Landes Abgaben. Kaufleute müssen zudem Brücken-, Torgelder oder Stapelgebühren zahlen.

Am Main liegen um 1800 zwischen Bamberg und Mainz 33 Zollstationen, am Rhein sind es von Straßburg bis zur holländischen Grenze 32 – im englischen Königreich dagegen sind schon um das Jahr 1600 alle Binnenabgaben abgeschafft worden.

Nicht Dampfkraft, sondern ein Wasserrad bewegt diesen gewaltigen Hammer, mit dem sich eiserne Werkstücke formen lassen. Moderne Antriebsmaschinen werden in Deutschland erst ab 1800 eingesetzt

Zu leisten sind die deutschen Mauten und Zölle in den unterschiedlichsten Münzen: goldenen Friedrichsdor und Dukaten, silbernen Gulden, Reichs- und Konventionstalern. Dazu kursieren unzählige geringwertige Scheidemünzen aus Kupfer: Groschen und Pfennige, Heller, Kreuzer und Schillinge, aber auch wertvolle ausländische Geldstücke.

Wenn sich in diesem in Zersplitterung und Rückständigkeit beinahe erstarrten Land etwas bewegt und neue Formen des Wirtschaftens entstehen, sind nicht wie in Großbritannien private Unternehmer und Anleger die Antreiber. Deutschen Aristokraten verbietet ohnehin ein stillschweigender Ehrenkodex, offen als Händler oder Kaufmann zu arbeiten.

In England ist es für den Spross einer Adelsfamilie dagegen keine Schande, in einem Handelshaus sein Geld zu verdienen. Berufswechsel werden nicht durch Zünfte behindert: James Watt etwa war Instrumentenbauer, bevor er sich der Dampfmaschine widmete.

Auf der Insel investieren Unternehmerpioniere in neue Apparaturen und Erfindungen, so wie der ehemalige Perückenmacher Richard Arkwright, der die erste Spinnmaschine mit Wasserradantrieb konstruierte. Tuchverleger finanzieren mit ihrem Kapital Baumwollmanufakturen – und fördern so die Effizienz der Gesamtwirtschaft. Auch beim Nachbarn Frankreich versuchen Aristokraten, ihre Güter profitabler zu betreiben.

In Deutschland sind es allein die Regierungen, die die Ansiedlung von Manufakturen mit Geld und Privilegien unterstützen. Das soll höhere Staatseinnahmen bringen und jene Branchen etablieren, die aus Sicht der Herrschenden wichtig sind: zumeist die Produzenten von Rüstungs- und von Luxusgütern.

So finanziert der preußische Staat mit Zuschüssen die Gründung solcher Betriebe oder führt sie gleich ganz in eigener Regie. Vor allem im Textilgewerbe entstehen auf diese Weise neue Arbeitsplätze. Das Königliche Lagerhaus etwa, dem der Staat zur Gründung das Gebäude zur Verfügung stellt, fertigt Wolltuch, schneidert Uniformen für preußische Soldaten und gibt bereits 1738 fast 5000 Menschen Arbeit.

Mehr als 25 Manufakturen außerhalb der Hauptstadt weben Seiden- und Tuchstoffe. 200 Arbeiterinnen stellen in einem Betrieb künstliche Blumen her.

Doch meist werden Stoffe nicht in einem großen Betrieb gefertigt, sondern in ländlichen Regionen produziert, denn dorthin reicht die Macht der städtischen Zünfte nicht. Verleger verkaufen die Rohmaterialien an verarmte Bauern oder Dorfbewohner, die kein Feld besitzen und gezwungen sind, sich etwas Geld hinzuzuverdienen. Sie spinnen in Heimarbeit Wolle oder weben Stoffe. Zwischenhändler liefern die fertige Ware dann in den Städten ab.

Regelrechte Gewerbelandschaften bilden sich in manchen Regionen des Reiches: Textilmanufakturen um Elberfeld, Aachen und Krefeld weben Tuch und feine Seide, Schmieden in Solingen und Remscheid stellen Klingen und Waffen her, die auf der ganzen Welt begehrt sind. Doch eine anhaltende Modernisierung geht von ihnen nicht aus.

Zudem nimmt die Bevölkerungszahl jedes Jahr um etwa 100 000 Menschen zu, die zusätzlichen Esser verschärfen den Mangel an Nahrung.

Da Lebensmittel in Deutschland teuer sind und die Einkommen zugleich niedriger bleiben als etwa in England (wo mehr Arbeiter in Betrieben Beschäftigung finden), fehlt vielen Menschen schlicht das Geld, um Tücher, Messer oder Kunstblumen zu kaufen. Die Reallöhne sinken sogar. Daher entsteht kein ökonomisches Wachstum, das sich selbst trägt und verstärkt. Deutschland fällt gegenüber Frankreich und vor allem Großbritannien immer weiter zurück.

Auch im Bergbau – auf den Britischen Inseln neben dem Textilgewerbe ein Leitsektor des Fortschritts – geht es nicht recht voran. Preußen fördert zwar die Gewinnung von Bodenschätzen, um

Kraftvoll durchfließt die Weißeritz ihr Tal bei Dresden. Erst als Sachsen Jahrzehnte später zu einem Zentrum der Industriellen Revolution wird, entsteht auch in dieser Idylle ein moderner Gewerbebetrieb

Arbeit zu schaffen und sich von den Importen begehrter Metalle unabhängig zu machen; Kupfer vor allem ist wichtig, um bronzene Kanonen zu gießen.

Und schon 1768 hat Friedrich der Große eine eigene Behörde unter einem Fachminister für das Berg- und Hüttenwesen eingerichtet. Der Staat hat darüber hinaus mehrere Minen im Mansfelder Land zwischen Harz und Saale übernommen, die neben dem begehrten Kupfer auch Silber liefern.

Doch gerade die Lagerstätten des Kupferschiefers, aus dem später das reine Metall gewonnen wird, liegen sehr tief unter der Erde. In den Gruben verursacht das Abpumpen des Grundwassers mit im Kreis laufenden Pferden, die eine Mechanik antreiben, immense Kosten und macht die Stollen unrentabel. Eine Kommission soll Vorschläge unterbreiten, wie die Bergwerke auf Dauer wirtschaftlich zu betreiben wären. Ein Gutachter schlägt den Beamten vor, „Feuermaschinen" einzusetzen, wie sie in England genutzt werden, um die Schächte trocken zu halten.

Doch die bereits um 1712 von Thomas Newcomen in England erfundene Urversion der Dampfmaschine hat einen entscheidenden Nachteil: Sie verzehrt ungeheure Mengen an Energie. Und Holz, das in den Gruben als Brennstoff genutzt werden könnte, wird wegen der zunehmenden Nachfrage immer teurer, Kohle müsste umständlich herangeschafft werden.

Dennoch weist die Bergbaubehörde die preußische Staatsbank an (die über Agenten Kontakte zu Handelshäusern in

Großbritannien unterhält), Informationen über Dampfmaschinen einzuholen. Wahrscheinlich auf diesem Weg erfährt Berlin, dass es James Watt 1769 gelungen ist, einen Antrieb zu konstruieren, der die entscheidende Schwäche bisheriger Dampfmaschinen wettmacht: Er verbraucht bei gleicher Leistung nur ein Viertel der bis dahin benötigten Energie.

Der neue Bergbauminister Friedrich Anton von Heinitz, seit 1777 im Amt, sucht Kontakt zu James Watt und dessen Geschäftspartner und Finanzier Matthew Boulton in der Soho Manufactory bei Birmingham. Vier Dampfmaschinen wolle man kaufen.

Watt erklärt sich in einem Brief vom 24. März 1778 gern bereit, die Maschinen zu liefern. Allerdings bestehen er und sein Kompagnon darauf, dass Preußen ihnen im Gegenzug ein 14-jähriges Monopol gewährt. Das würde bedeuten, dass Berlin innerhalb dieser Frist nur bei Boulton & Watt neue Maschinen bestellen darf.

Diese Klausel aber widerspricht der Wirtschaftspolitik Preußens – dem Bestreben, sich von ausländischen Rohstoffen und Importen möglichst unabhängig zu machen. Heinitz lehnt die Offerte ab. Und entwickelt stattdessen einen verwegenen Plan: Die Preußen wollen Watts Dampfmaschine nachbauen.

Der Minister und seine Beamten wissen allerdings, dass sie dazu noch längst nicht genügend technisches Know-how besitzen.

Daher erhält Oberbergrat Waitz von Eschen, zuständig für die Kupferschieferminen im Mansfelder Land, im April 1778 den Auftrag, eine Spionagereise nach England vorzubereiten – zum Firmensitz von Boulton & Watt.

Als Waitz von Eschens Begleiter wird ein junger Mann ausgewählt, der als einer der Ersten an der kurz zuvor gegründeten Akademie für Berg- und Hüttenwesen im sächsischen Freiberg ausgebildet worden ist: Karl Friedrich Bückling, 1756 im brandenburgischen Neuruppin geboren und schon als Jüngling von allem Technischen fasziniert.

So entschied er sich beispielsweise, nicht den väterlichen Handel zu übernehmen, sondern absolvierte eine Ausbildung zum Brückenbauer, wechselte dann zum Montanwesen, das der preußische Staat förderte.

Waitz von Eschen und sein junger Adlatus bekommen die Order, in England die Konstruktion der Watt'schen Erfindung genau zu studieren. Bückling soll derart exakte Zeichnungen anfertigen, dass die Maschine in Preußen nachgebaut werden kann.

Wohl noch im Jahr 1778 brechen die beiden Männer zu ihrer Reise auf. Wo sie sich einschiffen, wann genau sie im Januar 1779 in Birmingham eintreffen, lässt sich heute nicht mehr sagen, denn der Bericht über ihre Spionagefahrt ist verloren gegangen.

Nach ihrer Besichtigung des Geländes und des Maschinenhauses erfährt Watt, dass Bückling einen Mitarbeiter bestochen hat, um Einzelteile der Maschine genauer untersuchen zu können. Empört berichtet er seinem Partner Boulton, der in London weilt, von den deutschen Spionen.

Die beiden Preußen aber haben in England genug Informationen beschafft: Denn Watts Erfindung kommt bereits in zwei Londoner Wasserwerken zum Einsatz. Und dort konnten die Deutschen bereits von den Maschinen einigermaßen präzise Zeichnungen anfertigen, die sie nun zusammen mit ihren Notizen nach Preußen bringen.

Doch da geschieht erst einmal nichts. Es ist, als wären die Beamten über die eigene Kühnheit erschrocken. Anscheinend scheut das Ministerium nun das Risiko und vor allem die Kosten eines Nachbaus. Bückling wird, vermutlich als Lohn für seine Verdienste, in Berlin zum Hüttenbauinspektor ernannt.

In Sachen Dampfmaschine geht es nun jahrelang nicht voran. Vergebens versucht Minister von Heinitz Friedrich II. dazu zu bringen, das nötige Budget freizugeben.

Währenddessen wird im Mansfelder Kupferrevier die Lage aufgrund einsickernden Wassers immer kritischer.

Im April 1782, gut drei Jahre nach seiner Englandreise, wird Bückling in eine Kommission berufen, die das Problem lösen soll. Eigentlich ist allen Fachleuten längst klar, dass nur eine Dampfmaschine helfen kann.

Und Bückling traut sich die schwierige Aufgabe noch immer zu: Er erklärt sich bereit, nach seinen Zeichnungen aus den Londoner Wasserwerken eine Kopie von Watts Erfindung zu bauen, und veranschlagt die Kosten.

Im Spätsommer 1782 lässt er einen Mechaniker ein Modell im Maßstab 1:6 anfertigen. Dass selbst die Miniatur-Dampfmaschine auch nach mehreren

Viel besser als traditionelle Pumpanlagen, die von Pferden – oder wie hier von Wasserrädern – bewegt werden, beseitigen dampfgetriebene Anlagen das in Bergwerksschächte eindringende Grundwasser. Der preußische Ingenieur Karl Friedrich Bückling versucht deshalb um 1780, eine Dampfmaschine nach britischem Vorbild zu konstruieren. Doch lange Zeit bleiben seine Bemühungen erfolglos

Nachbesserungen nie über längere Zeit einwandfrei läuft (sie erzeugt offenbar zu hohe Reibungsverluste), scheint niemanden zu irritieren.

Ein optimistischer Bericht des Ministers überwindet endlich die Zweifel des sparsamen Preußenkönigs: Friedrich II. gibt Gelder frei, damit Bückling nun die richtige Maschine bauen kann. In einem Jahr soll der junge Mann fertig sein – ein überaus ehrgeiziger Plan.

Und alle vertrauen darauf, dass er gelingt. Denn schon im Februar 1783 wurde in einem neuen, größeren Schacht bei Mansfeld die Kupferförderung aufgenommen, obwohl die Wasserprobleme nach wie vor ungelöst sind.

Bückling bestellt bei Hütten- und Hammerwerken die benötigten schweren Guss- und Schmiedeteile, wie er sie in England gesehen hat: etwa einen kupfernen Dampfkessel, Rohre, Kolbenstangen, Befestigungsbolzen.

Allein der fast drei Meter hohe Zylinder besteht aus 2226 Kilogramm schweren Messingplatten. In eigens eingerichteten Werkstätten werden die angelieferten Teile unter seiner Aufsicht bearbeitet und montiert, Kleinteile gegossen und geschmiedet.

Bückling lässt an dem Schacht bei laufendem Betrieb ein 17 Meter hohes Maschinenhaus errichten und einen Sockel für den Dampfzylinder mauern.

Unterdessen fördern die Grubenarbeiter aus der Tiefe immer mehr Kupferschiefer nach oben. Aber auch fast ein Kubikmeter Wasser dringt pro Minute ein. 22 Pferde müssen die Aufseher anspannen, um das Wasser hochzupumpen.

Schließlich brauchen sie 108 Gäule pro Tag, etliche verenden an Erschöpfung. Immer wieder bricht die zu stark beanspruchte Mechanik, und die Kosten werden untragbar: Im Mai 1784 lässt das zuständige Oberbergamt den Förderbetrieb einstellen, der Schacht läuft voll – noch bevor Bückling fertig ist.

E

Erst im September 1784 wird der Dampfkessel vollends eingemauert. Zwei Monate später berichtet Bückling seinen Vorgesetzten in Berlin über eine erste erfolgreiche Siedeprobe.

Rohrleitungen und Ventile werden montiert, der mehr als fünf Tonnen schwere und fast acht Meter lange Balancier aus Eichenholz eingehängt; seine Mitte liegt wie bei einer riesigen Balkenwaage auf einer Mauer und soll später das Auf und Ab des Kolbens auf das Pumpgestänge übertragen.

In den kommenden Wintermonaten treffen von Bückling keine Berichte mehr in der Hauptstadt ein. Offenbar gibt es Schwierigkeiten mit dem Ventilsystem, das die Zu- und Ableitung des Dampfes in den Zylinder regelt. Der Hüttenbauinspektor aber verschweigt seinen Vorgesetzten die Hindernisse. Schließlich fordert der Minister in einem Schreiben im März 1785 Auskunft.

Anfang Mai meldet Bückling endlich einen erfolgreichen Testlauf der Maschine.

Knapp vier Monate später reist Bergbauminister Heinitz aus Berlin in das Revier bei Mansfeld. Bis dahin hat der Bau der Maschine rund 15 000 Taler gekostet: das 125-fache Jahresgehalt eines Gymnasiallehrers (und fast doppelt so viel, wie von Bückling veranschlagt).

Heißer Dampf strömt aus dem Kessel über die Rohrleitungen in den Zylinder, drückt den Kolben herunter und setzt den mächtigen Balancier in Bewegung. Durchschnittlich 16-mal hebt und senkt sich das angeschlossene Pumpgestänge in einer Minute und pumpt in 40 Minuten über acht Meter Wasser aus dem vollgelaufenen Schacht. Nach dem Probelauf wird die Maschine wieder abgestellt.

Minister Heinitz ist zufrieden, stellt Bückling eine Beförderung und eine Gehaltserhöhung in Aussicht, will ihm sogar das Privileg gewähren, für eine bestimmte Zeit alle Dampfmaschinen in Preußen bauen zu dürfen.

Doch als der Vorgesetzte wieder abgereist ist, zeigen sich im Dauerbetrieb rasch die Schwächen der Maschine. Die Steuerung funktioniert noch immer nicht richtig: Die Ventile öffnen und schließen sich nicht schnell genug.

Bückling hatte von diesem zentralen Bauteil nur eine allzu flüchtige Zeichnung von seiner Spionagemission mitgebracht. Allein wird er es nicht schaffen – er braucht mehr Informationen aus England.

Im Februar 1786 segelt er abermals über den Kanal, diesmal allein. In Londons Stadtteil Chelsea lässt ihn ein Arbeiter gegen Geld die Steuerung einer Dampfmaschine im Detail studieren.

Erst nach zwölf Jahren gelingt die **KOPIE**

Und im Bergbaurevier in Cornwall wirbt er den 30-jährigen Maschinenwärter William Richards für ein Jahresgehalt von 300 Talern ab – das sechsfache Salär eines Arbeiters in der preußischen Porzellanmanufaktur.

Wieder zu Hause, erneuert Bückling die Steuerung der Maschine, und Richards stellt sie nach und nach perfekt ein. Dann aber zeigt sich, dass die Leistung der Dampfmaschine nicht ausreicht.

Der in Preußen gefertigte Zylinder ist zu klein. Ein größeres Ersatzexemplar aus Eisen wird bestellt – in England. Es dauert noch anderthalb Jahre, bis die Maschine einwandfrei läuft.

Und erst im Februar 1790 kann aus dem leer gepumpten Schacht wieder Kupferschiefer gefördert werden. 63 112 Taler hat die Entwicklung der Dampfmaschine bis dahin gekostet, nahezu das Achtfache des Geplanten.

Insgesamt haben die Preußen zwölf Jahre benötigt, um eine in England bereits eingeführte Technologie zu kopieren – fast so lange, wie das einst von Boulton & Watt geforderte Monopol bestanden hätte.

James Watt hat die Zeit genutzt und seine Dampfmaschine inzwischen wesentlich verbessert: Anders als bei seinem Vorläufer wird nun der Kolben im Zylinder nicht nur nach unten, sondern ebenso nach oben bewegt, zudem sein Auf und Ab durch einen Mechanismus mit Zahnrädern in eine Drehbewegung übersetzt.

Mit dem so entstandenen Universalmotor lassen sich neben Pumpen auch Web- und Spinnmaschinen, Sägewerke oder Getreidemühlen antreiben.

Fast 500 dieser Apparaturen liefern Watt & Boulton bis 1800 aus, zehn Jahre später arbeiten bereits 5000 moderne Dampfmaschinen in England und treiben die Industrielle Revolution voran – in Deutschland sind es zu jener Zeit gerade einmal 25 Maschinen.

Wieder sind die Briten einen entscheidenden Schritt voraus. Es wird Jahrzehnte dauern, bis die Deutschen aufholen werden. ⬢

Dr. Ralf Berhorst, *Jg. 1967, ist Autor in Berlin*, **Dr. Frank Otto**, *Jg. 1967, der Stellvertretende Chefredakteur von* GEO*EPOCHE*.

LITERATUREMPFEHLUNGEN: Georg Schmidt, *„Wandel durch Vernunft. Deutschland 1715–1806"*, C. H. Beck: sehr gute Darstellung der deutschen Verhältnisse im 18. Jahrhundert, übersichtlich, fundiert und faktenreich. Richard van Dülmen, *„Kultur und Alltag in der Frühen Neuzeit, Bd. 2: Dorf und Stadt"*, C. H. Beck: alltagsnahes Porträt des Reiches in allen Lebensbereichen.

DER HELD DER OHNMÄCHTIGEN

Millionen Deutsche ziehen um 1770 heimatlos und verarmt durchs Land, viele schließen sich in kriminellen Banden zusammen. Einer der bekanntesten Gauner ist Mathias Klostermayr in Schwaben. Er wildert, stiehlt und tötet – und wird trotzdem als Rebell verehrt

Text: SIMONE BERNARD

Mathias Klostermayr hat keine Chance mehr. Zwei seiner neun Kumpane sind tot, einer kauert im Kamin, andere verstecken sich im Backofen. Seit vier Stunden beschießen 300 Soldaten und Jäger das Wirtshaus im schwäbischen Osterzell, in dem sich die Bande verschanzt hat. Immer wieder sind sie ihren Verfolgern in den Jahren zuvor entkommen. Doch an diesem 14. Januar 1771 scheint die Flucht unmöglich. Der vermeintlich „kugelfeste" Klostermayr ergibt sich der Übermacht.

Gnade kann er nicht erwarten. Er hat gewildert, geraubt, getötet. Hat die Obrigkeit immer wieder genarrt. In einer Zeit großer Not aber macht ihn das für viele zum Helden.

Denn jeder zehnte Deutsche lebt um 1770 auf der Straße: zwei Millionen Menschen. Unter ihnen sind entlaufene Soldaten, verarmte Bürger, Bauern, die nach Missernten ihre Höfe aufgegeben haben – mitunter ziehen ganze Familien bereits seit Generationen durchs Land. Als Scherenschleifer, Korbflicker oder Bettler schlagen sie sich durch.

Werden sie aufgegriffen, lassen die Behörden sie oft prügeln oder ihnen die Ohren abschneiden. Erwischt man sie erneut, werden sie auf Rücken oder Gesicht gebrandmarkt oder gar exekutiert.

Tatsächlich stehlen viele, um zu überleben; oft schließen sie sich einer der umherziehenden Diebesbanden an.

Deutschland besteht zu dieser Zeit aus mehr als 1000 Herrschaften, vom Reichsstift bis zum Königreich, die bei der Verbrechensbekämpfung kaum zusammenarbeiten. Vor allem im Südwesten ist das Rechtswesen derart zersplittert, dass bisweilen ein Dorf einen anderen Gerichtsherrn hat als der Weiler nebenan. Und eine gut organisierte Polizei gibt es ohnehin noch nirgendwo: Die wenigen Wachleute sind kaum ausgebildet, mitunter sind es sogar Greise oder Invaliden. So ist es leicht, der Strafverfolgung zu entkommen.

Mathias Klostermayr, einer der bekanntesten Bandenführer, beginnt schon mit 15 Jahren zu wildern. Das Schießen hat der Sohn eines Tagelöhners, 1736 bei Augsburg geboren, vom örtlichen Jäger gelernt. Als Hiesel, wie er nach Mundart gerufen wird, 1761 zum Militärdienst soll, setzt er sich gen Schwaben ab.

Bald steigt er dort zum Kopf einer Wilderergruppe auf, führt rund zehn Kumpane durch die Wälder Schwabens. Die Männer schießen Hirsche, Rehe, Wildschweine.

Lange Zeit tolerieren die Dörfler der Region Klostermayrs Treiben, sehen ihn als gerechten Rebellen gegen das verhasste Jagdprivileg des Adels, begrüßen es, dass er Tiere tötet, die Felder verwüsten und das Saatgut fressen. Sie lassen ihn in ihren Gehöften schlafen, warnen seine Truppe vor Polizeistreifen.

Doch seine Bande wird immer brutaler, schlägt Verräter und Verfolger zusammen. Mehrmals kommt es zu Schießereien, bei denen Jäger sterben.

Als die Truppe 1770 das Amtshaus eines Augsburger Landvogts überfällt und dabei unter anderem Gewehre raubt, gründen schwäbische Adelige ein Sonderkommando, das die Bande grenzübergreifend in der ganzen Region verfolgen darf. Im 1771 überwältigt es die Wildererschar schließlich in Osterzell.

Ein knappes Vierteljahr später wird ihr Anführer wegen Wilderei, Totschlags und Raubes verurteilt – und anschließend gerädert, enthauptet und gevierteilt. Die Überreste hängen zur Abschreckung anderer Banditen an vier Hauptstraßen. Nach Klostermayrs Tod wird er schon bald in Büchern, Liedern und Theaterstücken als Freigeist verklärt. Friedrich Schiller dient er angeblich als Vorbild für den Rebellen Karl Moor in „Die Räuber".

Die Diebesbanden existieren noch einige Jahrzehnte lang weiter. Doch ab etwa 1800 annektieren Bayern, Preußen oder Württemberg viele Kleinstaaten, zentralisieren die Verwaltung. Zudem gründet die bayerische Regierung die ersten örtlichen Gendarmerieeinheiten Deutschlands, die gezielt gegen Vaganten vorgehen. Die machen es den Räubern immer schwerer, Mitstreiter zu finden.

Und so ist die Zeit der Wegelagerer um 1820 endgültig vorbei. ⬢

Mathias Klostermayr (1736–1771), hier mit einem jungen Begleiter, führt eine Räuberbande durch die Wälder Südwestdeutschlands. Die Obrigkeit bleibt lange machtlos: Die Polizei ist schwach, und das Volk hilft ihm. Doch als er schließlich gefasst wird, sind die Behörden erbarmungslos

Überlebensgroß erscheint Goethe den Zeitgenossen nach dem Erfolg seines Debütromans, ein Genie, das sie umschwärmen und feiern (Schattenriss um 1775)

DIE LEIDEN DES JUNGEN G.

Die bürgerliche Jugend des ausgehenden 18. Jahrhunderts ist empfindsam. Die gerade erwachsen gewordenen Frauen und Männer tragen sich Gedichte vor, tauschen keusche Küsse, fallen wirkungsvoll in Ohnmacht, spielen kokett mit dem Gedanken an den Freitod. 1774 erscheint ein Roman, der das Lebensgefühl dieser Generation perfekt einfängt: »Die Leiden des jungen Werthers«. Das Buch über eine unglückliche Liebe stammt aus der Feder des verkrachten Juristen Johann Wolfgang Goethe, wird zu einer europäischen Sensation – und macht aus seinem Verfasser einen umjubelten Großdichter

—— Text: JÖRG-UWE ALBIG

D

Der junge Schwede lädt die Pistole mit vier Kugeln, *das Buch* liegt aufgeschlagen neben ihm, und setzt sich die Waffe an den Kopf. Eine andere Lebensmüde lässt sich aus *dem Buch* vorlesen, ehe sie Gift schluckt. Auch ein Fräulein, das man tot aus der Ilm zieht, habe, so wird berichtet, *das Buch* in der Tasche getragen. Ein vierter Todgeweihter wirft sich in Schale, rasiert sich, richtet den Zopf neu und öffnet *das Buch* auf Seite 218: „Sie sind geladen", steht dort, „es schlägt zwölf! – So sei es denn." Dann schießt er sich, ganz wie in *dem Buch* beschrieben, die rechte Stirnhälfte entzwei.

Es ist ein Fieber, ein Taumel, ein Wahn. Auch wer ihm nicht verfällt, wird davon gepackt. Ein Leser nimmt *das Buch* „mit zerflossenem Herzen, mit klopfender Brust und mit Augen, aus welchen wollüstiger Schmerz tröpfelt" auf. Einem anderen wird „der ganze Kopf ein Gefühl von Tränen". Ein dritter beschreibt, wie ihm „Turm und Berg und Himmel und Erde schwankten".

Es ist eine geradezu körperliche Gewalt, die in diesem Frühjahr 1774 über Europa hereinbricht – und doch nicht mehr als ein Buch. Der Debütroman eines Dichters namens Johann Wolfgang Goethe, noch keine 25 Jahre alt: „Die Leiden des jungen Werthers". Und auf den ersten Blick nicht mehr als die Erzählung einer unglücklichen Liebe.

Es ist die Geschichte eines gut situierten Bürgersohns, der in Erbschaftsangelegenheiten und auf der Flucht vor einer quälenden Liebeserinnerung in einer Kleinstadt eintrifft. Auf einem ländlichen Ball findet er Gefallen an einer jungen Frau namens Lotte, doch die ist vergeben, an einen braven, etwas steifen Menschen namens Albert. Werther räumt das Feld, flieht in den diplomatischen Dienst. Aber auch dort leidet er an der Fühllosigkeit der Menschen – und an sich selbst.

Schließlich kehrt er in die Kleinstadt zurück. Noch einmal versucht er, gegen alle Wahrscheinlichkeit, sein Glück. Er drängt auf eine Aussprache mit Lotte, versucht sie zu küssen: Sie weist ihn zurück.

In seiner Verzweiflung borgt er sich Alberts Pistolen, schießt sich eine Kugel in den Kopf. Nach zwölfstündigem Todeskampf stirbt er, am Heiligen Abend.

Ein Fall wie aus den vermischten Nachrichten – doch die Wirkung ist ungeheuer. Bereits Ende 1775 sind in Deutschland nicht weniger als elf Ausgaben des Romans erschienen.

Bis 1777 verkauft sich das Buch 9000 Mal, erreicht wahrscheinlich das Zehnfache an Lesern. Das ist zu einer Zeit, in der kaum 100 000 Deutsche, nicht einmal ein Prozent der Bevölkerung, häufiger ein Buch in die Hand nehmen, ein unfassbarer Erfolg.

Als ein Frankfurter Maler Goethe 1773 porträtiert, hat der gerade sein erstes Theaterstück veröffentlicht, ist schon berühmt – und unglücklich verliebt. Seine Gefühle wird er in den »Werther« gießen

Eine Flut von „Wertheriaden", von Nachahmungen, Parodien und Fortsetzungen überschwemmt den Markt (mehr als 140 sind bibliografisch erfasst).

Ein „Familienstück", eine dramatische Parodie, in der die Tochter des Hauses durch schiere Goethe-Lektüre an „Ermattung der Lebensgeister" stirbt, trägt den Titel, der das Phänomen gültig benennt: „Das Werther-Fieber".

Und wirklich: Gleicht es nicht dem, was Zedlers „Universal-Lexikon" unter dem Schlagwort „Fieber" vermerkt – der „vermehrten Bewegung des Herzens"?

Das Fieber breitet sich mit Höchstgeschwindigkeit aus. Binnen Kurzem liegen zwei Übersetzungen und eine Dramatisierung auf Französisch vor. 1779 erscheint die englische Fassung. 1800 ist es in den meisten Sprachen Europas erhältlich. Selbst der viel beschäftigte Napoleon wird später dem Autor versichern, das Buch siebenmal gelesen zu haben. Und Goethes Kollegen feiern ihn als „Genie vom Scheitel bis zur Fußsohle", als „Gott", als „unsern Herrn Christus".

„So hat sich nie in Gottes Welt / Ein Menschensohn uns dargestellt", dichtet der Aufklärer Christoph Martin Wieland. Der Balladendichter Gottfried August Bürger fleht Goethe („Du Gewaltiger") an, dessen Knie umschlingen zu dürfen. Und der Spracherneuerer Johann Gottfried Herder erklärt ihn zum zweiten Shakespeare.

Bald zieren Werther-Motive auch Fächer, Ringe, Gürtelschließen, Medaillons und Amulette, Bonbonnieren, Tapeten und Stickereien. Porzellanmanufakturen veredeln Service und Sammeltassen mit Szenen aus dem Roman: Werther, umringt von Lottes Geschwistern; Werther, Lotte umarmend; Werther beim Empfang der Pistolen.

Das Londoner Wachsfigurenkabinett modelliert die Sterbeszene nach. Bänkelsänger leiern die Tragödie, zur roh gereimten Moritat gestaucht, mit Bildrolle und Drehorgelbegleitung über die Jahrmärkte. Verführer parfümieren sich mit „Eau de Werther". Und wer nicht als unsensibel gel-

In Goethes Roman wird geherzt, gedichtet, geschmachtet. Die Liebe des Bürgersohns Werther zu Lotte – die aber an einen anderen Mann vergeben ist – rührt die Herzen Tausender Leser (Romanillustration, 1844)

ten will, trägt Werther-Tracht: die Männer den „blauen einfachen Frack“ aus dem Buch sowie „gelbe West' und Hosen dazu“, die Frauen Lottes weißes Kleid mit der blassroten Schleife. „Es ist alles in Gärung“, meint Goethe, „und wir sind einer Revolution nahe.“

Natürlich ist dies keine Revolution mit Säbeln und Musketen. Es ist eine Revolution der Seele – und sie kommt nicht ganz unverhofft. Denn die dünne Haut und das leicht entzündliche Nervenkostüm, die dem unglücklichen Werther zum Verhängnis werden, sind bei Deutschlands gebildeter Jugend schon seit einigen Jahren in Mode.

Ergriffen deklamiert sie die Hymnen und Oden des Dichters Friedrich Gottlieb Klopstock, unter deren sanftem Brausen das *Gefühl*, von der Aufklärung oft vernachlässigt, zur Leitwährung einer Generation aufsteigt.

Junge Menschen gehen Arm in Arm, tauschen unentwegt keusche Küsse, schwören einander in „Freundschaftstempeln“ ewige Treue.

Dichtern lauscht das Publikum unter Schluchzern, Entzückensrufen und effektvollen Ohnmachten. Weinen – über ein Buch, über einen edlen Menschen, über eine Flusslandschaft – gehört zum guten Ton. Schöne Seelen führen weiße Lämmer an roten Halsbändern über die Wiesen. Und jeder ergießt seine Empfindungen in Fluten von Briefen, die der Empfänger dann zur allgemeinen Rührung in Gesellschaft vorliest oder an Freunde und Bekannte weiterreicht.

Es herrscht eine „allgemeine Offenherzigkeit unter den Menschen“, wie sich Goethe erinnert: „Man spähte sein eigen Herz aus und das Herz der andern.“

So modern ist diese Haltung, dass man für sie ein eigenes Wort erfinden wird: „Empfindsamkeit“, eine Lehnübersetzung der englischen *sentimentality*. Und so heftig ist diese kollektive Schwärmerei, dass sie einem Vorgang ähnelt, den man beim Individuum „Pubertät“ nennt: Himmelhoch-Jauchzen und Zu-Tode-Betrübtsein, Weltschmerz und Weltflucht und chronischer Liebeskummer. Und am Ende dieser Reifezeit steht womöglich auch hier ein neuer Mensch.

Und wahrhaftig: In diesem 18. Jahrhundert reift ja das heran, was Sozialhistoriker als „modernes Subjekt“ fassen werden: eine neue Art, „ich“ zu sagen. Es ist das Ich der Bürger, der Händler und Kaufleute, der Beamten und städtischen Gelehrten, die sich in diesen Jahren von der Herrschaft des Adels befreien und deren Mentalität die kommenden Jahrhunderte bestimmen wird.

Es ist das Ich eines neues Wesens, das selber seines Glückes Schmied sein will – und ausbricht aus den Vorherbestimmungen der feudalen Gesellschaft, aus den scheinbar ewigen, unverrückbaren Ordnungen von Abstammung, Religion und Stand.

Dieses bürgerliche Ich grenzt sich vor allem von dem ab, was vor ihm war: von der verzopften Kultur des Adels und der Königshäuser. Es beginnt, den zeremoniellen Formen zu misstrauen, sehnt sich nach „Natur“, echter Liebe und Freundschaft – anstelle von geometrisch gestutzten Barockgärten, von Zweckehe und Hofschranzentum.

Dieser neue Mensch setzt auf Eigeninitiative und freie Konkurrenz. Und so schaut er unentwegt nach innen, prüft die eigene Seele, um sich zu verbessern: durch Bildung, Moral und Selbstdisziplin, aber auch durch Pflege der Gefühle.

Nicht unerforschlicher Ratschluss der Götter soll sein Schicksal bestimmen,

Lotte (eigentlich Charlotte) ist einer gleichnamigen Liebe des Dichters nachempfunden, die sich ebenso wie die Frau im Roman hingebungsvoll um eine Schar jüngerer Geschwister kümmert

sondern das eigene Talent. „Hast du's nicht alles selbst vollendet, heilig glühend Herz?“, hat schon der junge Goethe gedichtet.

Und wer wäre besser geeignet, eine solche Ich-Werdung zu verkörpern, als dieser Johann Wolfgang Goethe? Dieses Genie, das sich ständig neu erfindet? Das sämtliche Windungen und Wendungen der deutschen Seele mit seiner Dichtkunst begleiten und bisweilen sogar anstoßen wird? Jede literarische Bewegung des späten 18. Jahrhunderts wird in ihm ihren Herold finden, vom Rokoko bis zum Klassizismus.

Der „Werther“ wird gar zum Schlüsselwerk gleich zweier Strömungen der Dichtkunst – der „Empfindsamkeit“ und des „Sturm und Drang“.

Ein Mensch in konstanter Metamorphose, wie sie ja auch die Entwicklung des Heranwachsenden begleitet: Nicht zufällig wird der Psychoanalytiker Kurt Robert Eissler dem Dichter in einer grundlegenden Studie eine „hinausgezögerte Adoleszenz“ attestieren.

Auch die Freie Reichsstadt Frankfurt, in der Johann Wolfgang am 28. August 1749 geboren wird, steht vor dem Aufbruch in einen neuen Lebensabschnitt. Frankfurt ist eine noch mittelalterlich geprägte Provinzmetropole mit engen Gassen, schmalen Häusern und scharfen Düften nach Viehdung, Holzrauch und Abwasser aus Kloaken – doch zugleich eine Stadt, die den Dreißigjährigen Krieg vergleichsweise unversehrt überstanden hat und schon durchdrungen ist vom Geist der Bürgerlichkeit.

Hier geben bereits Kaufleute und Bankiers den Ton an, florieren Kreditwesen und Textilhandel, auch der Umschlag von Gewürzen, Metall, Wein, Farbstoffen und Porzellan. Unter den rund 36 000 Einwohnern leben 175 Familien mit einem Vermögen von mindestens 300 000 Gulden sowie acht Millionäre (ein Volksschullehrer verdient nicht mehr als 190 Gulden im Jahr).

Das Bild der Stadt wird um 1750 beherrscht von den beiden mächtigen Werftkränen am Main und der großen Brücke mit den 14 Bögen. Sie bündelt die 26 großen Landstraßen, die Frankfurt mit dem Reich verbinden, mit Franken, Thüringen, Sachsen und Schlesien, aber auch mit Lyon und Paris, mit Italien, der Schweiz und den Niederlanden.

Auch der kleine Johann Wolfgang steht gern auf dieser Brücke, sieht Marktschiffen beim Verladen der Waren zu. Wandert dann voll Schaulust auf der Stadtmauer entlang, blickt von oben über Gärten und Fabriken. Späht gebannt in die Höfe und Hintergebäude der Bürger: „in ihre häuslichen, kleinen, abgeschlossenen, verborgenen Zustände“, wie er sich erinnern wird.

Das Haus am Hirschgraben aber, in dem Goethe aufwächst, hat nichts Kleines an sich. Es ist ein Vorzeigepalast im Stil des Rokoko, aus zwei alten Fachwerkhäusern zusammengefügt und modernisiert, mit mächtigem, repräsentativem Treppenhaus und breiten Fenstern in der Beletage. In den wuchtigen Schränken lagern 144 Garnituren Bettwäsche, in der Bibliothek rund 1700 Bücher und in den Kellern üppige Vorräte kostbaren Weins.

Goethe senior, Doktor der Rechte und Träger des Titels „Kaiserlicher Rat“, muss nicht mehr arbeiten. Er lebt von der Erbschaft seines Vaters, eines zu Reichtum gekommenen, zudem lukrativ verheirateten Schneiders, die ihm den Zugang zur Oberschicht der Stadt öffnet – wenn auch nicht zu jener wahren Elite, die nach wie vor die alten Adelsfamilien stellen und gegen die bürgerlichen Parvenüs behaupten. So stillt Johann Caspar Goethe seinen Ehrgeiz mit der Sorge für seine Familie. Und dem klassischen Schwur des Bürgers: Meine Kinder sollen einmal etwas Besseres werden.

Vom Vater gefördert, von der Mutter vergöttert: In diesem Treibhaus wächst der kleine Johann Wolfgang zum Prinzen heran. Hier erwirbt er die Selbstverständlichkeit, mit der er später seinen Platz an der Spitze der deutschen Literatur einnehmen wird, als hätte der nur auf ihn gewartet.

Dass fünf seiner sechs Geschwister früh sterben und nur die Schwester Cornelia überlebt, nimmt er ohne große Trauer zur Kenntnis: Sigmund Freud wird später vermuten, er habe sich vielmehr als Sieger gefühlt – im Kampf um die Liebe der Mutter. Deren „unbestrittener Liebling“ erwerbe nun einmal, so Freud, „fürs Leben jenes Eroberungsgefühl, jene Zuversicht des Erfolges, welche nicht selten den Erfolg nach sich zieht“.

Für diesen Erfolg ist dem Vater kein Aufwand zu groß. Er engagiert teure Privatlehrer, spielt den Kindern auf der Flöte zur Tanzstunde auf, kauft dem Jungen ein Puppentheater, um seinen Geschmack an der Bühnenkunst zu kitzeln.

Dieses Gemälde zeigt die stille Revolution der vorangegangenen Jahrzehnte: Nicht mehr nur der Adel, auch das Bürgertum leistet sich nun Bücher, die Zahl der Leser vervielfacht sich ebenso wie die der Autoren (»Lesender Mann bei Lampenlicht«, 1814)

Und Johann Wolfgang blüht auf, dichtet schon mit zwölf formvollendete Alexandriner, beginnt gleich darauf einen Briefroman in sechs Sprachen, verfasst ein Prosa-Epos über den biblischen Joseph.

Während die Nachbarskinder den Streber belächeln und sich über die drei Garnituren Kleidung mokieren, die ihm die Mutter jeden Morgen zur Auswahl vorlegt, tröstet er sich mit Klopstocks „Messias“, den er gemeinsam mit der Schwester liest – eine Innigkeit, die wärmer als Liebe brennt.

Im Bewusstsein seiner Auserwähltheit geht er mit 16 Jahren, nach Wunsch und Vorbild des Vaters, zum Jurastudium nach Leipzig. Der Vater hat ihm einen neuen Anzug spendiert, und jeden Monat schickt er einen Wechsel, der dem Jahresgehalt eines Handwerkers entspricht, gibt bisweilen fast sein halbes Budget für den Sohn aus.

Johann Wolfgang lässt es sich gefallen, speist Fasanen und Austern, kleidet sich nach der eleganten Leipziger Mode mit Haarbeutel, Seidenstrümpfen und kurzem Degen, trägt Lavendelparfüm auf, sonnt sich im Ruf eines Dandys.

Und er schreibt Gedichte. Zwar schmückt er damit vorerst nur die Briefe, die er an Schwester und Freunde schickt. Doch er spürt in sich jene „Eigenschaften“, die „zu einem Poeten erfordert werden“. Und verachtet jene kleingeistigen Kommilitonen, „die sich nur dem Recht und seinem Heiligtume weihten“.

Mit dem Studium aber geht es nicht voran. Goethe fühlt sich schwach, klagt über Verdauungsbeschwerden, geht „täglich mehr Bergunter“. Er hat eine Geschwulst am Hals und einen Blutsturz, ringt ein paar Tage lang gar mit dem Tod.

Im Herbst 1768 kehrt er nach Frankfurt zurück. Auf dem Krankenlager ist ihm finster zumute; in Decken eingewickelt, feilt er an den Leipziger Gedichten, die ihm jetzt „allzu oberflächlich“ erscheinen. Und wendet sich für eine Weile gar jener christlichen Selbstschau zu, wie sie die pietistische Spielart des Protestantismus empfiehlt – jene pausenlose Prüfung der eigenen Seele, die ja auch den „Empfindsamen“ teuer ist.

Anna Katharina Schönkopf

Friederike Brion

Charlotte Buff

Lili Schönemann

Charlotte von Stein

Christiane Vulpius

Goethes Frauen: In die Wirtstochter Anna Katharina verliebt er sich mit 16, die Pfarrerstochter Friederike wird nie über ihn hinwegkommen, Charlotte ist verlobt. Vor Lili flieht er nach Weimar, wo er Freifrau von Stein wohl platonisch liebt. Erst Christiane heiratet er

Im April 1770 wechselt er an die Universität Straßburg. Dort, im beschwingten, fast schon französischen Klima des Elsass, blüht er auf, tanzt und reitet. Zwar erhält seine juristische Karriere auch hier nicht den Schub, den sich sein Vater erhofft hat: Goethes Dissertation wird abgelehnt, und er muss sich mit einem Abschluss zweiter Klasse begnügen. Dafür aber trifft er den Schriftsteller und Philosophen Johann Gottfried Herder, der ihm, so Goethe, „tiefe Einsichten“ vermittelt: Herder legt ihm die Natur ans Herz, das Gefühl, das schöpferische Geheimnis.

Vor allem aber preist er ihm das künstlerische Genie, das die Welt nicht mehr schlicht nachbilde, sondern aus eigener Kraft eine neue schaffe. Und Goethe ist immer fester entschlossen, selber ein solches Genie zu werden.

Im Oktober beginnt er eine Liaison mit der Pfarrerstochter Friederike Brion, die ihm als „allerliebster Stern“ an „diesem ländlichen Himmel“ erscheint. Doch offenbar verblasst der Stern am Firmament seiner Liebe schnell – schon im folgenden Sommer lässt er die Geliebte sitzen: Erst später schickt er ihr aus Frankfurt einen Abschiedsbrief.

Der Grund: Das „leidenschaftliche Verhältnis“ habe begonnen, ihn „zu ängstigen“, wie er später erläutern wird.

Friederikes Ruf und ihre Gefühle bleiben in Trümmern zurück; sie wird zeitlebens nicht heiraten, und nach ihrem Tod 1813 verbrennt ihre Schwester Goethes Briefe. Der rekapituliert nur „peinliche Tage, deren Erinnerung mir nicht geblieben ist“.

Eine Peinlichkeit, die offenbar Methode hat. Schon in Leipzig hat er in ähnlich überstürzter Flucht die Wirtstochter Anna Katharina Schönkopf abserviert – ebenfalls ohne plausiblen Grund. „Ich will das Mädchen nie verlassen“, beschrieb er damals einem Freund seinen inneren Konflikt, „und doch muss ich fort, doch will ich fort.“

Goethe wird dieses Spiel lange betreiben; und er legt offenbar Wert darauf, dass es ein Spiel bleibt. Immer wieder verschwindet er aus einer Stadt, um einer bedrohlichen Liebe zu entkommen – eben noch „festklammernd“, dann wieder „schweifen gegen alle vier Winde“.

Lottes Leiden, Werthers Verzweiflung: Goethe wird in einer Zeit erwachsen, die nach der reinen Vernunft der Aufklärung das Gefühl entdeckt, die Seele – und das Individuum

Zwar ist das Zögern vor der Heirat in Goethes Epoche nichts Ungewöhnliches: Der Großteil der Deutschen vermählt sich spät oder nie – einfach weil es zu teuer ist, einen Haushalt zu finanzieren. Goethe aber entsagt wohl, bewusst oder unbewusst, aus Angst: vor seinen eigenen Wünschen.

Er kann „lieben, wie wenige Männer lieben konnten", konstatiert sein Biograf Nicholas Boyle, Germanistik-Professor an der Universität Cambridge, „aber nur auf Distanz, nur in der Unerfülltheit". Eine wirkliche Bindung wäre unvereinbar „mit der einzigen Dichtung, die er schreiben konnte, einer Dichtung des unablässigen Begehrens".

Ein Begehren aber, das gestillt ist, gibt fürs Schreiben nichts mehr her. Eine Ehe, das ahnt Goethe, wäre das Ende der Sehnsucht – und so der Tod der Poesie. Gerade die verfehlten Ziele, die unerfüllten Wünsche drängen ihn zum Schreiben, zu „neuen Plänen" und „Grillen" – was, wie er einmal bekennt, „ich all nicht tun würde, hätt ich ein Mädchen".

Der Psychoanalytiker Eissler wird in seiner Studie feststellen, dass Goethe sich immer wieder in Frauen verliebt, „bei denen durch äußere Umstände Geschlechtsverkehr äußerst schwierig, wenn nicht unmöglich" ist: weil sie vergeben, von höherem Stand oder erotisch desinteressiert sind. Und er wird bei dem Dichter eine „Verzögerung" der psychosexuellen Reifung diagnostizieren – die jedoch „höchst vorteilhaft und äußerst notwendig für Goethes Entwicklung als Künstler" gewesen sein müsse.

Es ist, als schöbe der Dichter sein Erwachsenwerden so weit wie möglich auf – seiner Überzeugung getreu, das „Außerordentliche" könne nur „im Bunde" mit „der Jugend" entstehen.

In Straßburg hat Herder ihm, als Musterbeispiel genialischen Schreibens, die kraftvollen Dramen Shakespeares ans Herz gelegt. Jetzt setzt sich der Adept selber an solch ein ungestümes Drama voll Muskeln und Blut: über einen kernigen Ritter, dessen unzeitgemäße Gefühle sich gewalttätig an der Welt reiben. Der Titel: „Götz von Berlichingen".

DIE GELIEBTE VERSCHMÄHT IHN

Für Goethe ist sein Götz die Figur „eines rohen, wohlmeinenden Selbsthelfers in wilder anarchischer Zeit": zwar adelig, doch zugleich Naturbursche – und ein Selfmademan im Sinn bürgerlicher Ethik, der auf seine eigene Kraft vertraut.

Das Drama atmet ein neues Lebensgefühl: Hier steht einer für eine Freiheit ein, die nicht mehr die eines Volks ist oder eines Landes, sondern ganz allein ihm selbst gehört.

Und es hat eine neue Form. Das Stück bricht mit den hergebrachten Regeln der Einheit von Ort, Zeit und Handlung: Schwindelerregend wechseln die Schauplätze, springt das Geschehen über Jahrzehnte, drängt sich dann wieder in grell ausgeleuchtete Momente.

Und während die etablierte Bühnenkunst noch in gravitätischen Alexandrinern einherschreitet, mutet Goethe seinen Figuren eine kunstvoll verdichtete Umgangssprache zu: Es gehe darum, verrät er seinem Freund Johann Heinrich Merck, dem er das Manuskript schickt, den „Philistern" den „Arsch zum Fenster" hinauszustrecken.

Merck ist ein Regierungsbeamter, der als Kriegszahlmeister den Landgrafen von Hessen-Darmstadt in Finanzfragen berät – doch zugleich versteht er sich als Literat. Er führt den Dichter nicht nur in den Kreis der Darmstädter „Empfindsamen" ein, sondern engagiert ihn auch als Mitarbeiter der Zeitschrift „Frankfurter Gelehrte Anzeigen", deren Redaktion Merck 1772 übernimmt.

S

Schon bald gilt das Blatt als Zentralorgan einer neuen Bewegung der deutschen Intelligenz: jenes Aufbruchs, den man später „Sturm und Drang" nennen wird, nach einem Drama von Goethes Jugendfreund Friedrich Maximilian Klinger.

Diese Avantgarde verbindet den Gefühlskult der Empfindsamen mit der Feier des „Originalgenies" – jenes gottähnlichen Schöpfers, der ohne Rücksicht auf überkommene Konventionen seine Werke in die Welt schleudert.

Es ist eine Revolte gegen die Väter, gegen den starren Regelkanon der hergebrachten Poetik, im Namen des Ursprünglichen, des Natürlichen, des subjektiven Erlebens. Und sie nimmt Partei für das Individuum, das sich im Konflikt mit der Gesellschaft aufreibt.

Die neuen Wilden sind keine homogene Gruppe, sondern eine verstreute Sammlung von Sensibilitäten. Unter ihnen finden sich Einzelkämpfer wie die Dramatiker Friedrich Schiller und Gottfried Bürger ebenso wie die Vaterlands-Lyriker des Göttinger „Hainbunds", die Nationalstolz und keltisch-germanische Vergangenheiten beschwören.

Ein weiterer Kreis sammelt sich um die „Straßburger Gruppe", in deren Zentrum Herder, der Dramatiker Jakob Michael Reinhold Lenz und der Dichter Heinrich Leopold Wagner stehen. Sie wollen der gesprochenen Alltagssprache die höheren Weihen der Literatur verleihen – und steigen dazu tief in den Brunnen der Volkskultur: Herder etwa legt Sammlungen deutscher und englischer Lieder an, zu denen auch Goethe bisweilen ein Fundstück beisteuert.

Und dann gibt es da noch jene Kraftmeier in Frankfurt, die pöbelnd durch die Stadt ziehen und die feine Gesellschaft verschrecken. Der Gruppe gehören Grobiane wie der Dramatiker Klinger an, der seine Kleidung zusammenborgen muss, aber prahlend von Soiree zu Soiree läuft und sich als „Löwenblutsäufer" titulieren lässt, und der Maler und Dichter Friedrich Müller, der angesichts missliebiger Visagen droht, deren Trägern „den Kopf abschlagen" zu lassen.

Sie scharen sich allesamt um Goethe, den blassen, mageren jungen Mann mit der Adlernase und der traurigen Miene – in der, wie ein Besucher bezeugt, „doch komische, lachende und satirische Laune mit durchschimmert".

Dabei ist der Dichter in der deutschen Literaturszene nach wie vor nicht mehr als eine heimliche Hoffnung. Bisher hat er so gut wie nichts veröffentlicht; auch seinen „Götz" hat er vorerst nur Freunden zum Lesen gegeben.

Und noch immer liegt er dem Vater auf der Tasche. Seine Prüfung zum „Lizentiaten der Rechte" an der Straßburger Universität wird in Frankfurt nicht als Doktortitel anerkannt. Auch die gelegentlichen Aufträge als Rechtsanwalt bringen dem Genie nicht viel ein.

Doch außer der Juristerei hat er nichts anderes gelernt. Der Vater rät ihm zu einem Praktikum am Reichskammergericht in Wetzlar an der Lahn, etwas abseits von Frankfurt, um Berufserfahrungen zu sammeln.

Dieses Gericht ist eine mächtige Institution, höchste Schiedsinstanz unter anderem für Beschwerden der Untertanen gegen die Obrigkeit. Und Sprungbrett für wohlhabende junge Männer wie Goethe, die hoffen, hier wertvolle Kontakte zu knüpfen.

Mitte Mai 1772 trifft er in Wetzlar ein – und ist ernüchtert. Die Stadt ist provinziell und schmutzig, „zwar wohlgelegen, aber klein- und übelgebaut". Er irrt durch winkelige Gassen, muss steile

Stiegen und Stufen hügelauf und hügelab klimmen, weicht auf rutschigem Pflaster dem Unrat aus.

Er trägt den Dunggeruch der Misthaufen in der Nase, die sich zwischen vorkippenden Häusern aus schiefem Fachwerk türmen, und versucht, den Bettlern und Räubern zu entgehen, die scharenweise die Straßen bevölkern. Zahlt die hohen Preise, die Wetzlars Händler und Vermieter von den Neubürgern verlangen – und findet sich alles in allem, wie er einer Freundin schreibt, „verschlagen unter schaudernden Himmels öde Gestade".

Das Leben der Stadt ist erstarrt unter einem Firnis aus Standesdünkel, Hierarchien und steifen Umgangsformen. Als Gipfel der Stagnation gilt das Kammergericht: Es ist von einer sagenhaften Ineffizienz. Korruption und Intrigen

Der Platz vor dem Frankfurter Rathaus, um 1760: Goethe wächst als vergötterter Stammhalter in der Reichsstadt am Main auf, sein Vater gehört zur Oberschicht

hemmen die Rechtspflege. Manche Prozesse dauern schon 200 Jahre an, 16 000 Fälle warten noch auf Erledigung. Wenn etwas Goethe die Juristerei endgültig verleidet, dann ist es diese Einrichtung.

Daher meidet der Praktikant, Matrikelnummer 956, seine Arbeit, so gut es geht. Liest lieber Homer, statt Akten zu wälzen. Flieht aus der Stadt, späht von der Kuppe des Lahnbergs aus über den Fluss, der sich durch schilfgesäumte Auen windet. Blickt über Burgruinen, auf den Kegel des Dünsbergs, die sanft geschwungenen Ausläufer des Westerwalds. Rastet am Brunnen vor dem Wöllbacher Tor oder wandert ins nordöstlich gelegene Garbenheim, wo er dann unter der Dorflinde sitzt und sich aus dem Gasthaus Kaffee bringen lässt.

Oder er tafelt im „Kronprinzen" am Domplatz in Gesellschaft von zwei Dutzend jungen Männern, die sich scherzhaft als „Ritterorden" verstehen: Goethes „Kampfname" ist natürlich „Götz".

Zu dem Kreis gehört auch ein vergrübelter Mann von 25 Jahren namens Karl Wilhelm Jerusalem, der Sohn eines prominenten Theologen.

Eines Tages lernt Goethe in der Kutsche auf dem Weg zu einem ländlichen Ball im Dorf Volpertshausen eine junge Frau mit blauen Augen kennen, die ihn betört. Sie heißt Charlotte Buff, ist 18 Jahre alt und Tochter eines Amtmanns.

Goethe kann es gar nicht erwarten, sie daheim zu besuchen, wo sie elf Brüdern und Schwestern die im Jahr zuvor verstorbene Mutter ersetzt. Dort aber erfährt er, dass die Schöne bereits vergeben ist: seit drei Jahren verlobt mit seinem Gerichtskollegen Johann Christian Kestner, einem besonnenen, gründlichen, grundanständigen Mann.

Und wieder scheint es die Unmöglichkeit der Erfüllung zu sein, die den Dichter anzieht: Dass Lotte gebunden ist, macht ihn „sorglos", wie er es nennt.

Wöchentlich erscheint er bei ihr, schält Erbsen, schneidet Bohnen, pflückt Obst und spielt mit den Kindern.

Kestner freilich werden die Besuche zunehmend unheimlich. Und Mitte August, als Lotte ihm einen Kuss mit Goethe beichtet, stellt er ihr frei, die Verlobung zu beenden.

Da zögert die junge Dame nicht lange. Fortan wird der andere Verehrer, wie Kestner befriedigt feststellt, nur noch „gleichgültig traktiert" – und bekommt von Lotte „gepredigt", dass er „nichts als Freundschaft hoffen dürfe".

Goethe denkt an Abreise, aber zögert zugleich, das Dreiecksverhältnis zu verlassen. Schneidet weiter Bohnen bei Buffs, trinkt Tee. Endlich reißt er sich überstürzt los, kritzelt noch kurze Abschiedsnotizen an Kestner und Lotte und reitet lahnabwärts zur Stadt hinaus.

Doch die Kette der Demütigungen reißt nicht ab. Aus Frankfurt empfängt er voll Eifersucht die Nachricht, die geliebte Schwester Cornelia, die er am liebsten als geschlechtslose „Äbtissin" gesehen hätte, habe seinem Freund Schlosser die Ehe versprochen.

Er macht sich bittere Vorwürfe. Ahnt, „dass wenn der Bruder nicht abwesend gewesen wäre, es mit dem Freunde nicht hätte gedeihen können".

Und als er sich daraufhin, erklärtermaßen als „Äquivalent" für die verlorene Schwester, im Haus der Schriftstellerin Sophie von La Roche in deren 18 Jahre alte Tochter Maximiliane verliebt, folgt die nächste Katastrophe: Die junge Frau heiratet den 20 Jahre älteren Frankfurter Kaufmann Pietro Antonio Brentano.

Goethe nistet sich in gewohnter Manier in dieser Ehe als Hausfreund ein – und muss schließlich, nach einem heftigen Streit mit Brentano, auch dort das Feld räumen.

GOETHES LESER WETTEIFERN IM MITLEID

Zumindest ist im Frühjahr 1773 endlich sein „Götz" erschienen. Goethe hat ihn im Selbstverlag herausgegeben – finanziell ein Zuschussgeschäft, für das der Dichter sogar Geld leihen muss, um das Papier bezahlen zu können. Doch das Stück wird ein grandioser Erfolg, der ihn über Nacht berühmt macht: Bühnen in Berlin, Hamburg, Breslau, Leipzig und Mannheim führen es umgehend auf.

Selbst der Preußenkönig Friedrich II. nimmt Notiz, obwohl er das Werk als „abscheuliche Nachahmung" der „schlechten englischen Stücke" à la Shakespeare verdammt.

Goethes Seelenqualen aber lindert der Triumph kaum. „Ich sehe einer fatalen Einsamkeit entgegen", klagt er. Bisweilen denkt er gar an Selbstmord, fühlt sich „erschießerlich". Setzt sich nachts einen Dolch an die Brust, ohne dass er den Mut fände, wirklich zuzustoßen.

Ein paar Leser folgen ihrem Helden im »Werther-Fieber« in den Freitod. Viele andere besuchen den Schauplatz des Romans, bedrängen die echte Lotte, trauern an einem fiktiven Grab

Da schickt ihm Kestner, sein alter Nebenbuhler, eine Nachricht aus Wetzlar: Der stille Karl Wilhelm Jerusalem aus der „Ritterrunde" im „Kronprinzen" habe sich erschossen. Streitigkeiten mit seinem Vorgesetzten hätten ihn getrieben, Unzufriedenheit mit seiner Arbeit, wohl auch die unglückliche Liebe zu einer verheirateten Frau. Zudem habe er „viel Romane" gelesen.

Und mit einem Mal verkörpern sich Goethes schwarze Gedanken in einer wahrhaftigen Leiche. „In diesem Augenblick war der Plan zu ‚Werthern' gefunden", wird er sich erinnern, „das Ganze schoss von allen Seiten zusammen und ward eine solide Masse."

Er bedankt sich jovial für die Nachricht: „Sie hat uns herzlich interessiert." Und lässt sich die Tat von Kestner mit allen schaurigen Details schildern („Gegen zwölf Uhr ist er endlich mit lautem Röcheln gestorben") – mitsamt dem trostlosen Ende („Kein Geistlicher hat ihn begleitet"), das er später wörtlich in seinem Schlusssatz übernehmen wird.

Am 1. Februar 1774 macht sich der Dichter ans Werk. Er schreibt wie im Fieber, in einem Zug, ohne Konzept und Entwurf. Kaum ein Vierteljahr später sind „Die Leiden des jungen Werthers" fertig.

Der Roman scheint eine Ausgeburt aller Obsessionen zu sein, die Goethe verfolgen: Auch Werthers Angebetete heißt Lotte, und sie hat die dunklen Augen der Maximiliane von La Roche.

Werthers Kleinstadt trägt alle Züge von Wetzlar: der Brunnen vor dem Tor, der Garten auf dem Deutschherrenberg, der Weg ins Dorf Garbenheim, das im Buch „Wahlheim" heißt. Auch Werther trifft seine Lotte auf einem ländlichen Ball. Er teilt sogar Goethes Geburtstag, den 28. August.

Und als er das Feld räumt, ist es September – jener Monat, in dem auch Goethe die Stadt verließ. Der fühlt sich, als der letzte Strich getan ist, „wie nach einer Generalbeichte, wieder froh und frei, zu einem neuen Leben berechtigt".

Wohl zum ersten Mal überhaupt verwandelt ein Dichter so unmittelbar das eigene Leid in Literatur. Und wohl nie hat ein Buch so radikal „ich" gesagt – und mit ihm eine ganze aufstrebende Schicht, die sich „Bürgertum" nennt.

Es sind ja nicht äußere Vorgänge, die den jungen Werther zerstören. Es ist sein „Herz", das ihm längst die Welt ersetzt hat, das ihm „ganz allein die Quelle von allem ist, aller Kraft, aller Seligkeit und alles Elends".

Ein Herz, das unausgesetzt jubelt, leidet, in sich blickt und sich verzehrt – und darüber die Realität vergisst. Und so ist der „Werther" nicht nur ein empfindsamer Roman. Sondern auch ein Roman über die Tücken der Empfindsamkeit.

„Werther wurde Mode", wird der Goethe-Biograf Boyle urteilen, „weil es das Buch über eine Mode war." Es ist das Porträt einer Generation mit ihren „unbefriedigten Leidenschaften und eingebildeten Leiden", wie Goethe im Alter, aus sicherem Abstand, klarstellen wird.

Ein Roman über die Tragik derer, „denen eigentlich aus Mangel an Taten, in dem friedlichsten Zustande von der Welt, durch übertriebene Forderungen an sich selbst das Leben verleidet": vor allem durch die Forderung, ein Genie zu sein.

Es ist eine Tragik, die Goethe am eigenen Leib erfahren hat. „Dass alle Symptome dieser wunderlichen, so natürlichen als unnatürlichen Krankheit auch einmal mein Innerstes durchrast haben", wird er bekennen, „daran lässt Werther wohl niemanden zweifeln."

Dabei ist „Werther" nicht nur ein Roman *über* Gefühle, sondern vor allem einer über die *Entstehung von Gefühlen aus Literatur*. Vor allem den „ernsten Trübsinn" der seinerzeit hungrig von ihm gelesenen englischen Autoren wird Goethe im Rückblick verantwortlich machen: die schmerzlichen „Nachtgedanken" des Dichters Edward Young, die „schwer bewölkten Himmel" des angeblich altkeltischen Barden Ossian (hinter dessen Namen sich in Wirklichkeit ein Zeitgenosse namens James Macpherson verbirgt) oder die „Sein oder Nichtsein"-Pose, wie sie Shakespeares Hamlet vorführt: „Jedermann glaubte", so Goethes Bilanz, „er dürfe ebenso melancholisch sein als der Prinz von Dänemark."

Auch Werther genügt, als ein Sommergewitter aufzieht, Lottes Ausruf „Klopstock!", um den Gleichklang der Herzen zu besiegeln: Beide müssen angesichts der Naturmacht unwillkürlich an die berühmte Ode „Frühlingsfeier" dieses Dichters denken („Und die Gewitterwinde? Sie tragen den Donner! Wie sie rauschen! Wie sie mit lauter Woge den Wald durchströmen!").

Die Gesänge Ossians nutzt Werther, um Lottes Gefühle noch einmal anzufachen. Und in seiner Todesstunde liegt, ganz wie im Sterbezimmer des armen Jerusalem, Gotthold Ephraim Lessings „Emilia Galotti", in dem die Heldin sich aus Scham zu erdolchen sucht, aufgeschlagen auf dem Schreibpult.

Goethes Roman verhilft der neuesten englischen Mode als »Werther-Tracht« zum Durchbruch. Auch der Herzog von Sachsen-Weimar-Eisenach trägt den blauen Frack und holt den Dichter an seinen Hof

Die ansteckende Kraft des „Werthers" liegt jedoch in der Gewalt, mit der er die Identifikation seines Lesers mit dem Helden erzwingt. Zwar nutzt Goethe das eingeführte Genre des Briefromans – doch er bricht dessen Regeln: Der Adressat der Briefe bleibt stumm. Zwar erfindet Goethe einen fiktiven Herausgeber, der die Briefe einleitet und mit einem Schlusswort versieht. Der Hauptstrom des Gesprächs aber ist ein einziger Monolog, dessen rigorose Zentralperspektive jeden Abstand zunichtemacht.

Seite für Seite verliert Werther in seinem Liebeswahn immer stärker den Kontakt zur Realität, und niemand ist mehr da, um deren Rechte einzufordern. Der Leser bleibt, bis zum Abschied des Todgeweihten aus dem Leben, allein mit Werthers Gedanken. Und dessen Stakkato („Nein, Lotte, nein – wie kann ich vergehen, wie kannst du vergehen, wir sind ja! – Vergehen! – Was heißt das?") hämmert die Gefühle Werthers dem Publikum direkt unter die Haut.

Und so nehmen die Verehrer des „Werthers" das Buch nicht als Diagnose eines Menschen, dem allmählich der Boden der Realität unter den Füßen entgleitet, sondern als Anheizung ihres empfindsamen Fiebers: als Ansporn, mindestens ebenso tief zu fühlen wie der Held. Wer mit Werther nicht mitschwärmt und mitleidet, da ist man sich einig, hat sich selbst aus der Gemeinschaft der Edlen ausgestoßen.

Es gibt Stimmen, die vor den Gefahren dieser bedingungslosen Nachfolge warnen. Der Hamburger Hauptpastor Johann Melchior Goeze etwa wettert gegen das „Gift" des Romans, der nicht nur zum Ehebruch, sondern auch zum Suizid anstachele.

Der Leipziger Stadtrat verbietet 1775 nach Einspruch der theologischen Fakultät den Verkauf dieser „Apologie und Empfehlung des Selbstmordes" (ohne damit deren Verbreitung zu verhindern: Noch im selben Jahr druckt der dortige Verleger Johann Friedrich Weygand drei weitere Auflagen nach).

Auch ein gestandener Aufklärer wie der Aphoristiker Georg Christoph Lichtenberg vermisst in Werthers Krankengeschichte jede „Belehrung und Besserung" und mutmaßt, der Verfasser des Romans sei „entweder ein schlechter Mann oder äußerst eingeschränkter Kopf".

Und selbst der Goethe stets wohlwollende Großdichter Lessing, der einräumt, das Werk mit „Vergnügen" gelesen zu haben, tadelt milde das allzu „warme Produkt" – und empfiehlt dem Buch eine „kleine kalte Schlussrede", um das Fieber zu senken. Goethe, der das Buch zunächst anonym veröffentlicht hat (ohne seine Autorschaft wirklich lange verheimlichen zu können), zeigt Einsicht und fügt der zweiten offiziellen Auflage von 1775 eine Warnung für den Leser an: „Sei ein Mann, und folge mir nicht nach."

Doch da hat sich bereits die erste Werther-Jüngerin den Tod gegeben: „Dieses Buch", hat sie zuvor erklärt, habe sie „determiniert". Insgesamt sind freilich nur etwa ein Dutzend „Werther-Selbstmorde" halbwegs belegt. Dass das Buch eine regelrechte Suizid-Epidemie auslöst, wie oft verkündet, ist nichts als ein Mythos.

Eine Legende freilich, die der PR-Profi Goethe nach Kräften befeuert: „Die Poesie in Wirklichkeit verwandeln, einen solchen Roman nachspielen und sich allenfalls selbst erschießen" – diese fatale Konsequenz, so wird er im Rückblick stolz bedauern, habe sich „im Anfang unter wenigen", jedoch bald „im großen Publikum" ausgebreitet.

Sein ungeliebtes Wetzlar aber wird zum Wallfahrtsort. Scharen von Voyeuren umringen das Haus, in dem Lotte lebt, um einmal die wahre Heldin des „Werthers" zu sehen: Es sei halt gefährlich, einen Schriftsteller zum Freund zu haben, erkennt der zermürbte Kestner, der sich im Roman zudem ungerecht dargestellt fühlt.

Enthusiasten strömen an Werthers Lieblingsbrunnen, zu den Dorflinden von Garbenheim, in das Zimmer gegenüber der Franziskanerkirche, in dem sich der verzweifelte Karl Wilhelm Jerusalem einst die Kugel gab.

Der erschien zu Lebzeiten gern nach englischer Mode gekleidet, im blauen Frack sowie gelber Hose und Weste – ein Stil, der nun als „Werther"-Tracht en vogue wird.

Und die Tochter des Garbenheimer Schulmeisters, deren Kinder der junge Werther mit Zuckerstücken beschenkt, wird sich noch jahrzehntelang vor Touristen mit der Auskunft schmücken, sie sei „die Frau aus dem Buch".

An Jerusalems anonymem Grab auf dem neuen Friedhof, wo ein „Werther"-Fan einen Rosenstock gepflanzt hat, versammeln sich bald Schwärmer von nah und fern, schwarz gekleidet und verschleiert, streuen Blumen und singen: „Ausgelitten hast du, ausgerungen."

Als die Stadtväter den Strauch schließlich entnervt entfernen, erklärt ein geschäftstüchtiger Wirt im Dorf Garbenheim kurzerhand einen Hügel in seinem Biergarten zum neuen „Werther-Grab" – bis die Behörden 1890 auch diese Kultstätte einebnen lassen.

Goethe in der Campagna, 1787: Auf seiner ersten Italienreise schläft der Dichter womöglich erstmals mit einer Frau – und schreibt später über die »unbefriedigten Leidenschaften« seiner Jugend

Aber die „Revolution" des bürgerlichen Ich, die Goethe ja schon herankommen sah, lässt sich nicht mehr hemmen. Allmählich wagen nicht nur die Bohemiens der „Empfindsamkeit" und des „Sturm und Drang", von sich selbst zu sprechen, sondern auch die Kaufleute in Lübeck und die Beamten in Stuttgart. Die Beichte gehört nicht mehr dem Pfarrer allein, und Selbstbeschau ist nicht mehr Privileg pietistischer Grübler.

Der Blick nach innen kommt vielmehr in Mode: Psychologische Zeitschriften drängen auf den Markt, legen die Verstrickungen menschlicher Triebe und Regungen einer breiten Leserschaft dar. Kriminalisten beginnen, nicht mehr nur den Tathergang zu ermitteln, sondern auch den Gemütszustand des jeweiligen Täters. Und der Leipziger Mediziner Ernst Platner hält vor großem Publikum Vorträge über die Seele, die er im „Gehirnmark" verortet – das dementsprechend beim Genie ein besonders „weiches und zugleich reizbares" sei.

Auch einfache Bürger leisten sich jetzt in immer größerer Zahl den subjektiven Blick auf die Welt, den die Kunst erlaubt. Und so verdoppelt sich zwischen 1773 und 1787 die Zahl der deutschen Schriftsteller auf etwa 6000: „eine Masse junger genialer Männer", wie Goethe spöttisch bilanzieren wird – auch wenn die meisten dieser Autoren ihr Brot weiterhin als Hauslehrer, Staatsdiener oder Universitätsprofessoren verdienen müssen.

Der Konsum Schöner Literatur, lange das Hobby einer winzigen Schicht, erobert derweil in gewaltigen Sprüngen den Markt. Das Bürgertum hat mittlerweile genügend Geld zum Kauf von Büchern – und immer mehr Zeit, diese Werke auch zu lesen.

In den 60 Jahren vor 1800 nimmt die deutsche Belletristik-Produktion um das Zwölffache zu. Allein 1623 neue Romane erscheinen im letzten Jahrzehnt des Jahrhunderts – mehr als zwanzigmal so viele wie noch vier Jahrzehnte zuvor.

„Alles liest Romane, bis auf den niedrigsten Stand im Publikum", stellt 1787 ein Beobachter fest.

Die lange verpönte Prosa wird zur Königsdisziplin der bürgerlichen Literatur: „weil sie", wie der Historiker Steffen Martus urteilt, „Individualität darstellte, weil sie das Bedürfnis bediente, sich als ein Individuum zu fühlen, und weil sie sich damit immer besser verkaufte".

Vor allem die bürgerlichen Damen, die im Gegensatz zu den schlechter gestellten Frauen von der Erwerbsarbeit befreit sind, stürzen sich auf das süße Seelenfutter. Und so verzehrend ist dieser Drang, dass zeitgenössische Kulturwächter bald vor den schädlichen Folgen der „Lesewut" warnen.

Goethe aber sonnt sich in seinem Ruhm. Freut sich über die Hosiannas der Geisteselite, über „die vielen edlen Menschen", die „von allerlei Ecken meines Vaterlands" in sein Haus am Großen Hirschgraben pilgern, um ihm zu huldigen. Sie bringen Honneurs und Komplimente von Klopstock, kommen in solchen Scharen, dass der Dichter Audienzzeiten festlegen muss: viermal die Woche, und bitte nur vormittags.

Unversehens ist er zum Leitstern der deutschen Literatur aufgestiegen. Und Goethe glänzt, pirouettiert. Füttert sein andächtiges Publikum mit Späßen, Bonmots und Gedichten auf Zuruf.

Gelehrte klettern auf Stühle, um ihn besser sehen zu können. Kinder schwärmen ihm bei seinen Wanderungen hinterher. Schaulustige versammeln sich vor den Häusern, die er besucht.

Dennoch kommt das Genie nicht zur Ruhe. Und wieder ist es eine Frau, die ihn zum erneuten Aufbruch treibt.

Zur Fastnachtzeit 1775 lernt er die erst 17 Jahre alte Anna Elisabeth („Lili") Schönemann im Haus ihrer Eltern kennen. Im April verehrt er ihr ein Verlobungsherzchen aus Gold.

Sie ist, wie er im Rückblick bekennen wird, die erste und letzte Frau, „die ich tief und wahrhaft liebte". Ihr einziger Fehler: Sie passt an Bildung, Stand und geistigem Horizont derart gut zu dem 25-Jährigen, dass eine Hochzeit unausweichlich zu werden droht.

Um Abstand zu gewinnen, unternimmt er mit drei neuen Freunden eine Reise in die Schweiz, wo „allmächtig" die Berge locken. Das Quartett führt sich genialisch auf, trägt die blau-gelbe Werther-Tracht, badet nackt in Teichen, wirft Gläser an die Wand. Weint gemeinsam über einen Brief, den ein Mitglied der Reisegruppe empfangen hat.

Und beim Zwischenhalt in Emmendingen, wo Goethes Schwester in unglücklicher Ehe lebt, verschafft der Dichter sich Cornelias Absolution: Sie rät, so wird er jedenfalls später behaupten, von der Heirat mit Lili ab.

Als Goethe sich nach seiner Rückkehr Anfang August im Zimmer der Verlobten von den banalen Insignien weiblichen Alltags umgeben sieht (Hutschachteln, Kleider, Schnupftücher und Stiefel), fühlt er sich endgültig in der Falle: „Scheißig gestrandet" kommt er sich vor. Und „so beschränkt wie ein Papagei auf der Stange".

Einmal schleicht er sich noch, in einen großen Mantel gehüllt, heimlich an ihr Fenster. Sie sitzt am Klavier und singt, es ist das Lied: „Warum ziehst du mich unwiderstehlich!". Doch er gibt sich nicht zu erkennen, um „ihr nicht durch meine Gegenwart beschwerlich zu sein", wie er später behaupten wird – und sucht ungesehen das Weite.

Wieder einmal sieht er die einzige Rettung in der Flucht. Er überlegt sogar, nach Italien zu gehen. Da trifft es sich, dass der junge Herzog Karl August von Sachsen-Weimar-Eisenach ihn an seinen Hof zu Weimar bittet.

Der Herzog ist, so ein Freund, „ganz in Goethe verliebt" und ein solch radikaler Verehrer des „Werthers", dass er dessen blau-gelbe Montur trägt und sie angeblich sogar seinen Untertanen verordnet: „Alle Welt musste damals im Werther-Frack gehen", berichtet Carl August Böttiger, Journalist in Weimar, „und wer sich keinen schaffen konnte, dem ließ der Herzog einen machen."

Und Goethe, bislang ewiger Sohn, macht Karriere an Karl Augusts Hof. Endlich tritt er in die Welt der Erwachsenen ein. 1776 wird er Geheimer Legationsrat, 1779 Geheimer Rat, 1782 Leiter der Finanzkammer. Er übt sich in Selbstzucht, übernimmt die Oberaufsicht über den Ilmenauer Bergbau, verfasst nützliche Studien über die Metamorphose der Pflanzen und den menschlichen Zwischenkieferknochen.

Und auch seine Dichtung lässt die Turbulenzen der Jugend hinter sich: Statt weiter zu stürmen und zu drängen, strebt sie jetzt nach Maß und Mitte.

Statt in empfindsame Unmittelbarkeit hüllt sie sich in klassische Sprache und Form, erzeugt Werke feierlicher Humanität wie „Egmont" (über einen niederländischen Grafen im Freiheitskampf gegen die Spanier im 16. Jahrhundert), „Iphigenie auf Tauris" (über den Konflikt einer Priesterin zwischen Pflicht und Neigung) und „Torquato Tasso" (über die Zwangslage eines Künstlers in der höfischen Gesellschaft).

Und er wird zum Großgott auf jenem literarischen Olymp, der von der gerade einmal 6000 Einwohner zählenden thüringischen Residenzstadt aus für einige Jahrzehnte das geistige Leben Europas überragt (siehe Seite 100).

Von Weimar aus bricht er zu Studienreisen nach Italien auf, vertieft sich in klassische und klassizistische Kunst, befasst sich mit den Antike-Forschungen des Archäologen Johann Joachim Winckelmann. Und wohl erst jetzt, bei einem Besuch der Ewigen Stadt im Jahr 1788, verliert der 39-Jährige, so jedenfalls schließt der Psychoanalytiker Eissler aus einer Kette von Indizien, seine Unschuld: bei einer römischen Kellnerin namens Faustina.

Gleich nach seiner Rückkehr macht er in Weimar die 23-jährige Christiane Vulpius zu seiner Geliebten (und 18 Jahre später zur Ehefrau). Die mollige, kaum gebildete Arbeiterin in einer Fabrik für künstliche Blumen, sein „kleines Naturwesen", wird die erste Frau, mit der er es länger aushält – dem Kopfschütteln halb Weimars zum Trotz, das die ungleiche Liaison entschieden geschmacklos findet.

Mit 40 wird er Vater. Und mit 46 schließt er seine jugendliche Trotzphase endgültig ab: In seinem Entwicklungsroman „Wilhelm Meisters Lehrjahre", der 1795 erscheint, erkennt der Held am Ende, dass man sich in die Welt einzufügen hat, so wie sie nun einmal ist.

Ein bürgerliches Ich ist endlich erwachsen geworden. ⬢

Jörg-Uwe Albig, *Jg. 1960, Schriftsteller und Autor im Team von* GEO*EPOCHE, hat sich im Rahmen seiner Recherchen, ganz wie die Werther-Enthusiasten der Goethezeit, auch auf die Spuren der Romanvorbilder in Wetzlar begeben.*

LITERATUREMPFEHLUNGEN: Nicholas Boyle, *„Goethe. Der Dichter in seiner Zeit"*, C.H. Beck (2 Bände): Der Autor bettet Goethes Leben und Werk in ein reiches geistesgeschichtliches Panorama des ausgehenden 18. Jahrhunderts ein – unter besonderer Berücksichtigung der Religion. Kurt R. Eissler, *„Goethe: Eine psychoanalytische Studie"*, dtv (zwei Bände, antiquarisch): der bislang ausführlichste und scharfsinnigste Versuch, Verbindungslinien zwischen Goethes biografischer sowie literarischer Entwicklung und seiner psychosexuellen Reifung zu ziehen.

DER MEISTER AUS KÖNIGSBERG

Sein Leben ist eintönig, ereignisarm, den immer gleichen Ritualen unterworfen. Sein Denken jedoch sprengt mit Macht das Bekannte: Der Philosoph Immanuel Kant entwirft eine universelle Ethik und legt die Fundamente der modernen Philosophie

Text: HANNO SCHEERER

Der Mann, dessen Gedanken die Welt verändern, verlässt seine Heimat kein einziges Mal. Immanuel Kant wird 1724 in Königsberg geboren und stirbt 80 Jahre später in der gleichen Stadt. Niemals entfernt er sich mehr als 130 Kilometer von dem ostpreußischen Ort.

Seine Ideen aber reisen um den gesamten Globus – und wirken bis heute.

In Königsberg besucht der junge Immanuel Schule und Universität, lässt sich in der Umgebung als Hauslehrer anstellen, um seinen Lebensunterhalt zu sichern. Später begnügt er sich mit dem dürftigen Gehalt eines Unterbibliothekars, schlägt Berufungen nach Jena und Erlangen aus, um ja nicht anderswo leben zu müssen. Erst mit 46 Jahren erlangt er die ersehnte Professur an der philosophischen Fakultät in Königsberg.

Er braucht die gewohnte Heimat, um sich sicher zu fühlen. Denn Kant, 1,57 Meter groß und derart schmächtig, dass ihm zuweilen die Kleider vom Körper rutschen, empfindet sich als schwach. Er lebt in der permanenten Angst, an Rheuma oder anderen Leiden zu erkranken. Und so unterwirft er sich in vertrauter Umgebung einem strikten Regiment von Ritualen, ganz fixiert darauf, seinen Körper zu schonen.

Jeden Wochentag morgens um fünf Uhr weckt ihn sein Diener mit den Worten „Es ist Zeit!“. Als Erstes bereitet Kant seine Vorlesungen vor, die er anschließend vormittags für zwei Stunden abhält. Danach arbeitet er bis zum Mittagessen, das er exakt um 13 Uhr einzunehmen beginnt.

Für die Mahlzeit setzt er mehrere Stunden an, empfängt stets Besucher an seiner Tafel, speist mit ihnen ausgedehnt. Als Gastgeber ist er unterhaltsam und galant, parliert mit der ihm gut bekannten feinen Königsberger Gesellschaft.

Nach dem Mittagessen liest und meditiert er für zwei Stunden, um 19 Uhr macht er einen Spaziergang – niemals verspätet und immer allein.

Denn er fürchtet, Freunde zu treffen, deren Gehtempo er sich anpassen müsste, wodurch er ins Schwitzen geraten und sich erkälten könnte.

Um genau 22 Uhr legt er sich ins Bett, da er glaubt, mit sieben Stunden die ideale Schlafdauer gefunden zu haben.

Kants Leben mag Außenstehenden gleichförmig und ereignislos erscheinen, die Sensationen aber geschehen in seinem Kopf. Der Philosoph fragt – etwa in seinem bahnbrechenden Werk „Kritik der reinen Vernunft“ von 1781 – nach den Möglichkeiten menschlicher Erkenntnis, nach den Grenzen der Theologie. Und er entwickelt eine eigene Ethik, behandelt grundlegende Fragen wie: „Was ist gut?“, „Wie soll ich handeln?“.

Die Antworten darauf findet er in der menschlichen Vernunft – sie erkenne schon aus sich heraus, was moralisch richtig ist.

Da der Mensch aber nicht nur von ethisch einwandfreiem Empfinden geleitet, sondern auch negativen Neigungen unterworfen sei, müsse er sich für sein Verhalten anderen gegenüber selber Prinzipien vorgeben.

Und so formuliert Kant den *kategorischen Imperativ*: „Handle nur nach derjenigen Maxime, durch die du zugleich wollen kannst, dass sie ein allgemeines Gesetz werde.“ Der vernunftgetriebene Mensch erkenne die Pflicht, bei moralischen Fragen stets nach diesem Grundsatz zu handeln, auch gegen persönliche Wünsche und Bedürfnisse.

Kants Ethik hat universellen Anspruch und ist unabhängig von gesellschaftlichen Besonderheiten gültig. Vielleicht wird er deshalb bald in ganz Europa gelesen, bilden seine Theorien bis heute weltweit die Grundlage der modernen Philosophie.

In das Denken der intellektuellen Elite um 1800 brennen sich seine Ideen tief ein. Friedrich Schiller dankt ihm für das „wohltätige Licht“, das er in seinem Geist angezündet habe. Und die wichtigsten Aussagen seiner Philosophie erreichen auch nicht akademische Kreise.

Kant habe auf Menschen gewirkt, so erkennt Johann Wolfgang von Goethe nach dessen Tod im Jahr 1804 – selbst wenn sie ihn nicht gelesen hätten. ●

Nur in der vertrauten Umgebung seiner Heimat Königsberg und der Sicherheit eines streng geregelten Tagesablaufs kann Kant (1724–1804) offenbar seine bahnbrechende Philosophie entwickeln – etwa die Vorstellung, dass jeder Mensch dank seiner Vernunft zu moralischem Handeln fähig ist

IM REICH DER JUNKER

Östlich der Elbe führen alteingesessene Großgrundbesitzer ein archaisches Regime. Wie kleine Könige sitzen die adeligen Gutsherren über ihre Untertanen zu Gericht, schlagen sie, zwingen Kinder zur Arbeit. Auch der junge Ludwig von der Marwitz gebietet unbarmherzig – und versucht zugleich, seinen Hof wirtschaftlich zu modernisieren

Text: IRENE STRATENWERTH

Auf den Gütern Ostelbiens arbeiten oft noch Leibeigene, kümmern sich um das Vieh und die Felder des Grundherrn. Eigenes Land besitzen nur wenige Bauern

D

Der Trauerzug sammelt sich vor dem hell getünchten, auf einer Anhöhe gelegenen Barockschloss, das Friedersdorf überragt. Über einen holprigen Weg ziehen die rund 250 Männer und Frauen an einigen hölzernen Bauernhäusern vorbei ins flache Land der Mark Brandenburg. Allen voran schreitet kerzengerade der 26-jährige Schlossherr Friedrich August Ludwig von der Marwitz.

An einer kleinen Heidefläche zwischen den kahlen Äckern und Feldern befiehlt er seinem Gefolge Halt.

Denn hier erwartet Marwitz, Großgrundbesitzer im ostelbischen Landkreis Lebus, Gebieter über die Ortschaft Friedersdorf, die Ankunft eines Fuhrwerkes mit dem Sarg seiner Frau. Im Alter von nur 20 Jahren ist sie kurz nach der Geburt ihres ersten Kindes in ihrem Berliner Elternhaus gestorben.

Die meisten Dorfbewohner, die ihrer Gutsherrin an diesem 19. März 1804 das letzte Geleit geben, haben die junge Frau kaum gekannt. Haben allenfalls vor den Fenstern des Herrenhauses, das sie selbst nicht betreten dürfen, ihren Hut gezogen oder das Knie gebeugt. Haben vielleicht von dem heiteren, freundlichen Wesen der jungen Frau gehört – und dass sie so ganz anders sei als ihr Gemahl.

Der wirkt mit seiner hohen Denkerstirn, den feinen Gesichtszügen und den Locken zwar wie ein sensibler Schöngeist, schwärmt auch für die zeitgenössische Literatur, befasst sich mit Philosophie und Geschichte. Und führt doch ein gnadenlos strenges, mitunter brutales Regime über den Gutshof und damit über den ganzen Ort.

Kaum ein Bewohner von Friedersdorf wird je in der 70 Kilometer entfernten preußischen Hauptstadt gewesen sein, aus der die Kutsche kommt. Dort, in Berlin, wird jetzt überall gebaut, diskutieren Bildungsbürger in literarischen Salons, werden Buchverlage gegründet und wissenschaftliche Akademien. Doch hier, am Rande des Oderbruchs, wirken die ärmlichen Behausungen der Bauern und Tagelöhner vor dem Schloss des Gutsherrn wie aus dunkler Vorzeit.

Die Sargträger heben die Totenkiste von der Kutsche, tragen sie unter Glockengeläut in die Feldsteinkirche. Die Dorfgemeinde geht ihnen voraus, verteilt sich schweigend auf die Plätze, nach einer althergebrachten Ordnung, die jedem Einzelnen seine Position zuweist.

Ganz vorn in der ersten Reihe nehmen jene 19 Bauern der Gemeinde Platz, die auch ihr eigenes Land bestellen. In der zweiten Reihe sitzen der Gastwirt, der Brauer, der Schmied, der Müller und andere wichtige Männer des Dorfes. An den Seiten, auf langen Bänken, die Hirten und Pferdeknechte. Weiter hinten drängen sich die Tagelöhner, und auch die Frauen stehen dort – die Gattinnen des Hofverwalters, des Küsters und des Gastwirtes, dann die Bäuerinnen, die Eheweiber der Hirten und Tagelöhner, zum Schluss die unverheirateten Bauerntöchter und Dienstmägde.

Der Gutsherr betritt das Gotteshaus durch einen Seiteneingang. Mit seiner Mutter und den Geschwistern steigt er direkt hinauf in die hölzerne Patronatsloge über dem Kirchenschiff. Durch bleiverglaste Schiebefenster kann er auf seine Untertanen hinabblicken. Weiter hinten bietet eine einfachere Empore Platz für sein Schlosspersonal: den Verwalter, die Leibdiener, die Gouvernante.

Als der Sarg mit dem Leichnam seiner Frau in ein Gewölbe unter der Kirche gesenkt wird, kann Marwitz seine Trauer nicht mehr unterdrücken. An diesem Tag beginnt er an jenen nervösen Zuckungen zu leiden, die in Zukunft immer dann auftreten werden, wenn ihm etwas Schlimmes widerfährt.

Sollten die Dorfbewohner gehofft haben, er würde sich durch den Einfluss seiner Frau zu einem anderen, vielleicht gütigeren Menschen wandeln, so müssen sie nun wohl eher das Gegenteil befürchten: dass der Verlust seiner Liebe den Gutsherrn noch unbarmherziger werden lässt, als er ohnehin schon ist.

Denn wie kaum ein anderer verkörpert Marwitz den Typ des autoritären preußischen Großgrundbesitzers. Hunderte dieser Junker gibt es allein in der Mark Brandenburg. Ihre Macht gründet sich auf das wichtigste Wirtschaftsgut, das der Agrarstaat Preußen zu bieten hat: auf Getreide, zu großen Teilen geerntet auf den Gütern Ostelbiens.

Ihre Stellung, die ihre Familien meist schon seit Generationen innehaben, verteidigen sie verbissen: als Militärs gegen Preußens äußere Feinde – und nach innen als Gutsherren, indem sie ihre Untertanen so rücksichtslos ausbeuten und unterdrücken, wie es nirgendwo sonst in Deutschland noch möglich ist.

Marwitz hat seinen Hausstand erst ein knappes Jahr zuvor nach Friedersdorf verlegt. Das Landgut ist schon seit dem Ende des 17. Jahrhunderts im Familienbesitz, doch seine Eltern wohnten mit ihren Kindern den größten Teil des Jahres in Berlin, nutzten das Schloss und seinen Park nur als Sommerwohnsitz.

Die Landwirtschaft blieb wechselnden Verwaltern und Pächtern überlassen – bis Ludwig 1801 mit 24 Jahren nach preußischem Recht volljährig und zum Hoferben wurde (sein Vater war bereits 1793 gestorben). Als ältester Spross der Familie nahm er sich vor, das Gut wieder

Ludwig von der Marwitz kämpft für Preußen gegen Napoleon – und wird dafür mit dem Eisernen Kreuz geehrt

Während die Bauern in West- und Süddeutschland oft selber kleine Höfe besitzen, dominieren in der Landwirtschaft östlich der Elbe die herrschaftlichen Güter der alteingesessenen Junker

Der Landsitz Friedersdorf gehört der Familie Marwitz seit dem 17. Jahrhundert. 1803 zieht der junge Ludwig in das Herrenhaus; später lässt er es zu einer prachtvollen Residenz ausbauen

Der bäuerliche Alltag folgt um 1800 noch immer dem seit Jahrhunderten gleichen Rhythmus. So bestimmt der Wechsel der Jahreszeiten die Arbeit der rund 19 Millionen Deutschen, die auf dem Land leben. Im Februar etwa, zum Ende des Winters, ist es Zeit, den Dung auszubringen und die Böden auf diese Weise für die anstehende Aussaat fruchtbarer zu machen

selbst zu leiten, es zu modernisieren und rentabler zu machen. Dafür quittierte er seinen Dienst in der preußischen Armee.

Ihm blieb auch kaum ein andere Wahl: Die Ersparnisse der Familie waren nach Jahrzehnten des mondänen Lebens in Berlin aufgebraucht, das Herrenhaus war mittlerweile mit Hypotheken belastet. Die von der Familie eingesetzten Verwalter hatten das Gut nicht den Erfordernissen der sich rasch wandelnden Landwirtschaft angepasst – und daher von einem Markt nicht profitiert, der günstiger kaum sein könnte.

Denn in Europa nimmt die Bevölkerungszahl in diesen Jahren rasant zu, steigen wegen der wachsenden Nachfrage die Kornpreise. Preußen exportiert große Mengen Getreide in das frühindustrielle England. Die dünn besiedelten Gebiete östlich der Elbe bieten ausreichend Anbauflächen, während in Großbritannien viele Agrarier ihre Ländereien für die profitable Schafzucht nutzen. Schon seit Langem kann die Landwirtschaft auf der Insel die eigene Bevölkerung nicht mehr ernähren.

Brandenburgs Gutsbesitzer haben ihre Einnahmen in den letzten 30 Jahren fast verdoppelt – warum sollte das nicht auch in Friedersdorf möglich sein?

Rund zehn Quadratkilometer Felder, Wiesen und Äcker umfasst das Gut. Ein gutes Drittel dieser 1000 Hektar wurde 1779 in gleichen Teilen an die 19 Friedersdorfer bäuerlichen Untertanen verkauft. Die übrigen knapp zwei Drittel gehören der Herrschaft, also Ludwig von der Marwitz.

Mag sein, dass der Landverkauf der Familie vor allem dazu diente, auf die Schnelle Geld einzunehmen – unabhängig wurden die Bauern durch ihr Grundeigentum aber nicht.

Manche schulden dem Gutsherrn noch immer den Kaufpreis, alle mussten ihm Gehorsam schwören und sich weiterhin zu zahlreichen Abgaben verpflichten: Jedes zehnte neugeborene Tier und ganze Fuhren von Heu und Korn stehen Marwitz zu, an etwas mehr als drei Tagen pro Woche muss ein Bauernhof im Durchschnitt für ihn arbeiten.

Für einen weiteren Tag in der Woche kann der Schlossherr über die Ochsen- oder Pferdegespanne der Bauern verfügen. Darüber hinaus müssen die Landleute ihre Kinder nach der Konfirmation für drei Jahre Zwangsarbeit an die Herrschaft abstellen.

Die Friedersdorfer sind damit Erbuntertanen, die ihre Abhängigkeiten von Generation zu Generation weitergeben – so wie der allergrößte Teil der bäuerlichen Bevölkerung in Preußen um 1800. In den meisten anderen Regionen Deutschlands genießen die Landleute dagegen schon etwas mehr Freiheit.

Zwar sind auch sie meist noch wirtschaftlich abhängig vom örtlichen Grundherrn. Doch müssen sie keine Frondienste mehr leisten, hat sich die althergebrachte Zwangsarbeit in eine Abgabepflicht gewandelt, die die Bauern in Naturalien oder mit Geld begleichen.

Und anders als in Preußen besitzen viele Bauern schon Grund und Boden, haben also das volle Verfügungsrecht, etwa darüber, was sie dort anbauen, und können das Land verkaufen.

Junker in Ostelbien überlassen den Landwirten ihre Äcker (meist sind es nur schmale Streifen oder zerstückelte Flecken in der offenen Feldmark) dagegen in der Regel nur zeitweise zur Nutzung oder verpachten sie jeweils nur für ein Jahr.

Viele Bauern dort leben sogar noch als Leibeigene. Sie haben kein eigenes Land und sind wirtschaftlich völlig von ihrem Gutsherrn abhängig.

Ohne seine Einwilligung dürfen sie oft nicht einmal dessen Gelände verlassen. Es ist ihnen nicht erlaubt, eigene Grundstücke zu erwerben. Die Menge der Dienste, die sie dem Junker zu leisten haben, liegt allein im Ermessen ihres Herrn; arbeiten sie ihm nicht fleißig genug, kann er sie züchtigen.

Und für alle Bauern gilt – gleich ob Pächter, Erbuntertan oder Leibeigener –, dass sie nicht nur dem preußischen König zu gehorchen haben, sondern auch dem adeligen Landgutbesitzer. Er übt die Polizeigewalt im Dorf aus, muss vor jeder Heirat um Erlaubnis gefragt werden und darf einen Mann seiner Wahl als Dorfrichter einsetzen.

In Friedersdorf verfügen die strohgedeckten Häuser der 19 landbesitzenden Bauern immerhin über eigene Küchen und Schlafstuben für die Familien.

Die Knechte und Mägde dagegen, die als Hilfsarbeiter bei den Bauern leben oder auf dem Gut, hausen in winzigen Kammern oder schlafen im Stall. Ihre tägliche Ration Speck, Getreide oder Bier bekommen sie mit den Mahlzeiten

Im März dann pflügen und säen die Landarbeiter, meist bauen sie Getreide an

Obstbäume müssen für einen besseren Wuchs beschnitten, neue gepflanzt werden

Immer wichtiger wird der Kartoffelanbau. Die Knolle dient auch zur Viehmast

Viele Bauern erwirtschaften gerade genug, um die eigene Familie durchzubringen. Die ostelbischen Großgrundbesitzer hingegen produzieren gezielt für die städtischen Märkte – und exportieren auch ins Ausland

Während die Großagrarier mit der kommerziellen Landwirtschaft oft erhebliche Gewinne erzielen, bleiben ihre Untertanen arm und abhängig. Folgen sie ihrem Gutsherrn nicht, droht ihnen körperliche Züchtigung

zugeteilt. Was übrig bleibt von den ein bis zwei Talern, die sie pro Monat verdienen, würde niemals für einen eigenen Hausstand reichen.

An diesen Verhältnissen will auch Ludwig von der Marwitz nichts ändern: Er ist von der Überlegenheit des Adels überzeugt, traut „weit mehr auf den Sohn eines armen Landedelmannes oder Offiziers, die auf ihrem Schlosse oder in ihrer Garnison Mangel leiden, als auf den eines Reichen, der seinen Reichtum der Spekulation und wohl gar Bankerotten verdankt".

Reformieren will er dagegen die Art der Bewirtschaftung seines Grundbesitzes: Bis zu seinem Einzug in Friedersdorf 1803 arbeitet er sich intensiv in moderne Methoden der Landwirtschaft ein. Er liest Schriften, die sich mit neuen Anbauweisen und Viehzucht befassen, hospitiert 1802 auf einem Gut, um sich über Innovationen zu informieren.

Eines seiner Vorbilder ist Albrecht Daniel Thaer, ein Mediziner aus dem niedersächsischen Celle, der zwischen 1798 und 1804 ein dreibändiges Werk zur „Vervollkommnung der deutschen Landwirtschaft" vorlegt und so zum Begründer der Agrarwissenschaft wird.

Thaer plädiert für eine Vergrößerung von Feldern und Äckern, eine Verbesserung des Bodens durch komplexe Fruchtfolgen und den Anbau von Kartoffeln und Futterpflanzen. Er verspricht hohe Profite durch intensive Tiermast, denn die Stadtbevölkerung verlange nach immer mehr Fleisch.

In Friedersdorf bestellen die Bauern um 1803 ihre Felder noch ganz traditionell, so wie sie es von ihren Vätern gelernt haben. Und bauen in immer gleicher Folge ihr Getreide an, das sie im Sommer ernten, trocknen und im Winter dreschen.

Die Pächter und Verwalter machen zu dieser Zeit nur das Nötigste, um das Gut am Laufen zu halten – ob aus Unfähigkeit oder weil sie von den Besitzern nicht genug Geld für Investitionen erhalten, darüber sind sich die Mitglieder der Familie Marwitz nicht einig.

Der junge Herr jedenfalls ist fest entschlossen, die neuen Agrarmethoden so schnell wie möglich durchzusetzen. Künftig sollen hochwertige Waren produziert werden, die auf dem Berliner Markt gefragt sind, zum Beispiel Rindfleisch für wohlhabende Bürger und Raps für Lampenöl.

Nach der Übernahme des Guts im Jahr 1803 beginnt er, die Führung über die gesamte Wirtschaft in die eigene Hand zu nehmen. Er degradiert den Verwalter zur Hilfskraft, kauft dem Müller, der sein Gewerbe als Selbstständiger außerhalb des Dorfes betreibt, die Mühle ab und ersetzt ihn durch einen der von ihm abhängigen Gesellen.

Als einer der Ersten im Oderbruch lässt Marwitz Raps anpflanzen. Angesichts der seltsam gelb blühenden Felder halten ihn viele Leute in der Gegend für verrückt. Seine Ernte bringt er nach Sachsen, wo das Lampenöl gewonnen wird. (Später werden ihm viele preußische Gutsbesitzer nacheifern.)

Mancher Junker **peitscht** seine Leibeigenen

Marwitz führt zudem die Stallfütterung ein, lässt sein Vieh also auch im Sommer nicht auf die Weide, sondern baut dort stattdessen Klee und Kartoffeln an, um die Tiere damit zu mästen. Dreimal so viel Fleisch sei durch diese Methode zu gewinnen, verspricht Thaer.

Ab 1804 betreibt der Agrarwissenschaftler ein eigenes landwirtschaftliches Mustergut, das ihm die preußische Regierung zur Verfügung stellt, nur 30 Kilometer von Friedersdorf entfernt.

Und tatsächlich scheint Thaers Rechnung aufzugehen: Schon 1805 ist der Ertrag des Marwitz'schen Guts so hoch, dass der junge Herr einen Mann seines Vertrauens nach Polen schickt, um dort 100 Ochsen zu erwerben. Über den Winter sollen sie in Friedersdorf fett gefüttert und dann mit Gewinn nach Berlin verkauft werden.

Doch kaum sind die Tiere auf dem Gutshof, fällt durch einen ungewöhnlich frühen Kälteeinbruch die gesamte Kartoffelernte aus, und die Herde muss schnell wieder abgestoßen werden.

Derartige Rückschläge, und vor allem der unerwartete Verlust seiner Frau, tragen wohl dazu bei, dass Marwitz einen Jähzorn entwickelt, der bei seinen Untertanen bald gefürchtet ist.

Wer von seinen Bediensteten nicht spurt, den jagt er fort, manchmal schon beim ersten Fehltritt (allein den Gärtner wechselt er in den ersten Jahren sechsmal aus). Und jeder, der für ihn arbeitet, muss mit Schlägen rechnen – das Recht, seine Untergebenen körperlich zu züchtigen, behält er sich persönlich vor.

Und doch gibt es noch rücksichtslosere Junker. In Briesen bei Cottbus etwa, einer preußischen Enklave in Sachsen, klagen um 1780 vier Bauern in einer Beschwerde an den König; ihr Gutsherr zwinge sie zu so viel Arbeit auf seinen Ländereien, dass ihre eigenen Felder verwahrlosten.

Zudem schlage er sie derart brutal, dass bereits ein alter Bauer an den Folgen gestorben sei. Am örtlichen Dorfgericht verbiete er ihnen das Wort, sperre jeden, der dagegen protestiere, ins Gefängnis.

Dieser Fall ist überliefert, weil die Staatsmacht ausnahmsweise eingreift und den Gutsherrn zur Mäßigung ermahnt. Doch unzählige misshandelte Untertanen wagen es gar nicht erst, ihre Stimme zu erheben.

Dass sich aber die Gnadenlosigkeit, mit der die Junker ihr Gesinde schikanieren, auch gegen sie selber wenden kann, diese Erfahrung muss Ludwig von der Marwitz zu Pfingsten des Jahres 1806 machen.

An diesem Sonntag, um drei Uhr nachts, schreckt er in seinem Schloss aus dem Schlaf hoch. Er hört ein Prasseln und Rauschen, denkt, das Geräusch komme

Das im Juli eingebrachte Heu wird gelagert, als Viehfutter für den Winter

Im Hochsommer ernten die Bauern das Korn wie ihre Vorväter per Hand und Sichel

vom Ofen im Nebenzimmer, wie er später notieren wird. Doch dann sieht er aus dem Fenster das brennende Nebenhaus.

Er lässt die wichtigsten Männer wecken, ordnet an, die Feuerspritze zu holen. Läuft zum Küster, lässt die Kirche Sturm läuten – und sieht wenig später seinen Kutscher und den Reitknecht tatenlos auf dem Hof stehen.

Mit einem Stock prügelt er wütend auf sie ein, bemerkt unterdessen, dass mittlerweile alle Strohdächer der Wirtschaftsgebäude in Flammen stehen. Seine Pferde rettet er hastig aus dem brennenden Stall, während immer mehr Menschen aus dem Dorf zusammenlaufen. Sie gaffen, tun nichts.

Marwitz verspricht demjenigen einen Taler, der zuerst einen Wagen und zwei gefüllte Wasserbottiche herbeischafft. Stellt dann allen Anwesenden reichlich Branntwein für ihre Hilfe in Aussicht. Doch erst als er ihnen mit Strafe droht, kommen die Löscharbeiten richtig in Gang.

Am frühen Morgen ist der Schaden zu überblicken: Alle Wirtschaftsgebäude liegen in Schutt und Asche. Marwitz schätzt den Verlust auf fast 10 000 Taler, mehr als der Ertrag eines ganzen Jahres.

„Nur drei Menschen haben mir selbstständig geholfen“, bilanziert er in seinen Lebenserinnerungen. Dass er mit seinem Zwangssystem selbst dazu beigetragen hat, dass sich seine Untertanen nicht aus eigenem Antrieb für ihn einsetzen, ihnen der Besitz ihres Gutsherrn gleichgültig ist – dieser Gedanke liegt Marwitz anscheinend fern.

Offenbar hat ihm das Geschehen endgültig bewiesen, dass seine Leute Befehle und Drohungen brauchen. Er selber sei fast der einzige Mann gewesen, der von Anfang an mutig und geschickt gegen das Feuer vorgegangen sei, notiert Marwitz.

So wird ihm der Brand vermutlich zum weiteren Zeugnis dafür, dass Adelige schlicht die edleren, selbstloseren und tüchtigeren Menschen sind. Eine Sichtweise, die er sich durch seine nächste Entscheidung bestätigt.

Denn statt sich um den Wiederaufbau seines Guts zu kümmern, meldet er sich im Rahmen der Mobilmachung freiwillig zur Armee. Und als der Krieg gegen Napoleon sich 1806 endgültig gegen die deutsche Großmacht Preußen zu entscheiden scheint, zieht Marwitz, ein glühender Patriot, als Offizier der Kavallerie ins Gefecht.

In der Doppelschlacht bei Jena und Auerstedt kämpft er so lange, bis sein Pferd (das er einige Monate zuvor aus dem brennenden Stall gerettet hat) von einer Kugel getroffen wird und tot unter ihm zusammenbricht.

Die Franzosen schlagen die Preußen an diesem 14. Oktober 1806 vernichtend. Knapp zwei Wochen später marschiert Napoleon in Berlin ein; die königliche Familie um Friedrich Wilhelm III. flieht nach Osten.

Auch Marwitz kann entkommen und schlägt sich zu seinem Monarchen in die ostpreußische Provinzhauptstadt Königsberg durch. Immer wieder versucht der adelige Offizier, dort auf den nach der Niederlage trübsinnigen und lethargischen Herrscher Einfluss zu nehmen, bittet darum, neue militärische Aktionen gegen die Franzosen zu erlauben.

Schließlich bekommt er am 22. März 1807 die Erlaubnis, ein Freikorps aufzubauen – eine Freiwilligentruppe für den Guerillakrieg (siehe Seite 84).

Zum Kampfeinsatz kommt das mehrere Hundert Mann zählende Korps jedoch vorerst nicht: In der Einheit bricht die Ruhr aus, viele Kämpfer sterben; andere versuchen sich abzusetzen.

Marwitz würde am liebsten jeden Deserteur erschießen lassen, was ihm ein preußischer General indes untersagt.

König Friedrich Wilhelm III. bleibt am Ende nichts anderes übrig, als im Sommer 1807 in Tilsit einen Friedensvertrag zu unterschreiben, durch den Preußen knapp die Hälfte seines Territoriums verliert.

Darüber hinaus muss Berlin weiteren Demütigungen zustimmen, unter anderem der erheblichen Verkleinerung der preußischen Armee (auch Marwitz muss sein Freikorps auflösen) sowie der Zahlung hoher Kontributionen.

Preußen ist nun keine Großmacht mehr. Um wenigstens die schiere Existenz des Königreiches zu sichern, diese Erkenntnis setzt sich jetzt auch beim Monarchen und seinen konservativen Beratern durch, bedarf es einer grundsätzlichen Modernisierung des Staates. Denn dessen Institutionen haben angesichts der napoleonischen Bedrohung völlig versagt.

Und so kündigt der König tiefgreifende Reformen an, wie sie von liberalen Politikern schon lange gefordert werden. Unter anderem soll auch die Gutsuntertänigkeit abgeschafft werden. Zwar nicht sofort, das wäre nicht durchführbar bei einer Rechtsform, die weite Teile der Gesellschaft grundlegend prägen wird, aber im Verlauf der folgenden drei Jahre.

Vom 12. November 1810 an, so ein königliches Edikt, werde es in Preußen nur noch „freie Leute" geben. Das von ihnen bewirtschaftete Land sollen die einstigen Erbuntertanen zukünftig erwerben dürfen.

Jedoch: Als Entschädigung werden sie den Gutsherren ein Drittel bis zur Hälfte des von ihnen beackerten Bodens abtreten müssen oder eine Geldzahlung leisten, die so hoch ist, dass sie viele Bauern auf Jahrzehnte belasten wird.

Im Herbst verarbeiten die Frauen Flachs zu Leinen, etwa für Kleidungsstücke

Und wenn der Winter kommt, dreschen die Männer Korn, die Frauen spinnen

Der königliche Minister Heinrich Friedrich Karl Freiherr vom Stein, später der Staatskanzler Karl August Freiherr von Hardenberg (siehe Seite 116) erhalten die Aufgabe, dieses Versprechen in Gesetze umzusetzen: Jedermann soll künftig Grundeigentum erstehen und sein Gewerbe frei wählen können; und die Erbuntertanenschaft wird für alle aufgehoben.

Für Ludwig von der Marwitz, der nach dem Friedensschluss von Tilsit und der Auflösung seines Freikorps auf sein Gut zurückkehrt, und all die anderen preußischen Junker würde die Bauernbefreiung das Ende ihrer wichtigsten Privilegien bedeuten.

Er wird zum scharfen Kritiker dieser Reformvorhaben, formuliert zahlreiche Protestschreiben, wettert etwa gegen die Aufhebung der durch die Gutsherren ausgeübten Gerichtsbarkeit und Polizeigewalt, fürchtet, dass künftig Verbrecher und Vagabunden überall herumstreunen und „auf dem Lande nach Belieben gestohlen" werden könne.

Unterstützer sucht er zunächst in seinem Landkreis, betreibt 1810 auch die Einberufung eines Landtages in Berlin, um dort gleichgesinnte Junker aus ganz

Preußen zu versammeln. Sein Widersacher, Staatsminister Hardenberg, versucht die Opposition zu schwächen, indem er ihre gemäßigten Vertreter in die Gestaltung der Reformen einbindet.

Nach und nach steigt Marwitz so zum Wortführer und Repräsentanten eines erzkonservativen Flügels der preußischen Gutsherren auf (die er aber zumeist für kleinmütige Opportunisten hält). Da er anfangs keine Mehrheiten um sich scharen kann, versucht er, sich direkt an den König zu wenden, um den Monarchen davon zu überzeugen, dass Hardenberg Preußen in den Untergang reißen werde.

Im Mai 1811 gelingt es Marwitz, die Unterstützung seines Kreistages für ein Schreiben an den König zu bekommen, in dem er Hardenberg verdammt und behauptet, der Staatskanzler werde Preußen mit seiner Politik endgültig zerstören und einen „neumodischen Judenstaat" daraus machen.

Hardenberg lässt Marwitz daraufhin mit Erlaubnis des Königs in Festungshaft nehmen: eine Warnung, mehr nicht. Nach fünf Wochen darf der Junker nach Friedersdorf zurückkehren.

Dort sind die Zustände schlimmer denn je. Denn nach der Schlacht von Jena und Auerstedt mussten nicht nur große Teile des Viehs geschlachtet werden, um die siegreichen französischen Soldaten zu verpflegen, auch grassierten in der Mark Brandenburg Plagen wie die Ruhr und die Krätze, verendete das Vieh an der Maul- und Klauenseuche.

Trotz der Not seiner Untertanen bleibt Marwitz unerbittlich, droht etwa einem Nachtwächter, den er beim Diebstahl von Feuerholz erwischt, mit 50 Stockschlägen und der Verbannung vom Hof. Auch auf dem Zwangsdienst der Bauernkinder besteht er weiterhin, beruft sich auf alte Verträge, die sein Vater mit den Untertanen geschlossen hatte.

Zudem versucht er, seine Macht über die Bauern mit weiteren Vereinbarungen zu sichern. So fordert er für den Verzicht auf den Frondienst der Kinder von den Eltern eine Art Lösegeld, das mit jeweils 15 Talern dem Jahreslohn eines jungen Knechts entspricht.

Auch schließt er Verträge mit den Bauern ab, die die Arbeitstage, die sie auf dem Gut zu leisten haben, zwar stark reduzieren, im Gegenzug aber jährliche Geldzahlungen im Wert von 20 Scheffeln Roggen festlegen. Um 1810 sind das rund 40 Taler – etwa der Jahresverdienst eines einfachen Arbeiters. Und in einem weiteren Passus behält er sich ausdrücklich vor, einen Bauern oder dessen Nachkommen aus dem Dorf zu jagen sowie den Hof mit Pflug, Pferd, Wagen und Gerät einzuziehen, wenn der ihm durch „Ungehorsam, Widerspenstigkeit, Aufwiegelung oder Verweigerung der schuldigen Dienste und Abgaben oder andere verantwortliche Betragen zu nahe treten sollte".

Marwitz meldet sich zum Kampf gegen **Napoleon**

Würde es einer der Landleute wagen, vor Gericht zu klagen, könnte juristisch geprüft werden, ob sich so ein Knebelvertrag überhaupt mit dem neuen preußischen Recht vertrüge. Aber das tut wohl keiner, denn aus der wirtschaftlichen Abhängigkeit vom Gutsherrn befreit die Reform die Landwirte nicht.

Und so wie den Friedersdorfern geht es Zehntausenden Bauern in Preußen. Die Freiheit, die ihr König ihnen versprochen hat, ist für sie unbezahlbar.

Tatsächlich bringen die preußischen Junker bis zur Mitte des 19. Jahrhunderts noch mehr Land in ihren Besitz – auch deshalb, weil verarmte Bauern, deren Scholle für eine profitable Landwirt-

Mit ihren Gütern vererben die Junker auch ihren Einfluss an ihre Kinder weiter – und werden so über Generationen zu einer politisch bestimmenden Kraft. Den Zenit ihrer Macht erreichen sie, als einer von ihnen Reichskanzler wird: Otto von Bismarck

schaft auf Dauer zu klein ist, aufgeben und etwa eine Million Hektar abtreten müssen. Das Edikt des Königs hat sie am Ende nicht zu freien Bauern gemacht, sondern zu besitzlosen Landarbeitern.

Marwitz profitiert dagegen von den neuen Verträgen, die er mit den Bauern geschlossen hat, denn er braucht dringend frisches Kapital für sein Gut, das nach dem Brand, dem Krieg und den Seuchen noch immer darniederliegt.

Doch bald zeigt sich, dass auch das Geld der Untertanen nicht ausreicht, um den Hof wiederaufzubauen. Und die Viehbestände sind so stark dezimiert, dass kaum etwas damit zu verdienen ist. Bis 1813 sind die Kosten des Guts meist höher als die Einnahmen.

Der Junker, ein gutes Jahrzehnt zuvor mit so ambitionierten Plänen nach Friedersdorf gekommen, resigniert. Gottes Werk sei eben vollkommen, notiert er, der Mensch könne es nicht verbessern, indem er Wiesen zu Äckern umpflüge.

Mit der Hoffnung, durch die Landwirtschaft große Gewinne einzufahren, hat er offenbar abgeschlossen. Und so kommt der Krieg gegen Napoleon, den Preußen nun abermals aufnimmt, wie eine Befreiung für ihn. Wieder meldet sich Marwitz zur Armee, übernimmt das Kommando über vier Bataillone.

Die Jungbauern aus seiner Region, nur kurz im Waffendienst unterwiesen, erschlagen nach einem gewonnenen Gefecht bei Hagelberg im Spätsommer 1813 zahllose französische Soldaten mit ihren Gewehrkolben, obwohl die bereits entwaffnet und auf der Flucht sind.

Wenig später erringt Preußen (gemeinsam mit seinen Verbündeten Russland, Österreich und Schweden) in der Völkerschlacht bei Leipzig einen blutigen Triumph über Frankreich. Weit mehr als 100 000 Männer sterben in diesem Krieg, darunter auch etliche Bauernsöhne aus dem Oderbruch.

Marwitz erhält „als Zeichen seiner großen Tapferkeit und Umsicht" das Eiserne Kreuz Erster Klasse, eine der ehrenvollsten Auszeichnungen der preußischen Armee. Der Junker bleibt von jetzt an beim Militär, wird erst zum Oberst, dann zum General befördert und in Frankfurt an der Oder stationiert.

Die Leitung seines Guts überträgt er zwei Stellvertretern, mischt sich selbst kaum noch in das Alltagsgeschäft ein. Und doch kommt er noch regelmäßig nach Friedersdorf, verbringt dort fast jeden Sommer einige Wochen, um sich zu erholen.

Von seinem Sold als hoher Militär – jährlich 2600 Taler – lässt er wohl auch einen Teil der zerstörten Wirtschaftsgebäude wieder errichten.

Vor allem aber liegt ihm die Renovierung seines Herrenhauses am Herzen. Als er 1827 im Alter von 60 Jahren seinen Dienst schließlich quittiert und dauerhaft nach Friedersdorf zurückkehrt (wo er 1837 sterben wird), beauftragt er keinen Geringeren als den preußischen Hofbaumeister Karl Friedrich Schinkel, über dessen Großbauten ganz Berlin staunt.

Schinkel verleiht dem Schloss eine klassizistische Fassade, kombiniert sie mit neogotischen Spitztürmchen und eleganten Bogenfenstern.

Fortan thront auf der Anhöhe, über allen anderen Gebäuden des Guts, ein exklusiver Bau des begehrtesten deutschen Architekten seiner Zeit.

Ein steinernes Machtmonument für einen preußischen Junker, der sich ein ganzes Dorf untertan gemacht hat. ⬢

Irene Stratenwerth, *Jg. 1954, hat bei der Recherche für den Text die handschriftlichen Aufzeichnungen aus dem Nachlass des Ludwig von der Marwitz im Landesarchiv Brandenburg im Original eingesehen.*

LITERATUREMPFEHLUNG: Günter de Bruyn, *„Die Zeit der schweren Not"*, Fischer Verlag: Lebendig und kenntnisreich erzählt Brandenburg-Spezialist de Bruyn über Berliner Persönlichkeiten um 1800, darunter auch Ludwig von der Marwitz.

Verlag: Gruner + Jahr GmbH & Co KG, Dr. Frank Stahmer, Am Baumwall 11, 20459 Hamburg. AG Hamburg, HRA 102 257. **Vertrieb:** Belieferung, Betreuung und Inkasso erfolgen durch DPV Deutscher Pressevertrieb GmbH, Nils Oberschelp (Vorsitz), Christina Dohmann, Dr. Michael Rathje, Düsternstraße 1, 20355 Hamburg, als leistender Unternehmer. AG Hamburg, HRB 95752.

Hanseaten

Freiheit, Gleichheit, Vernunft: Die Ideale der Aufklärung begeistern vor allem jene städtischen Eliten in Deutschland, deren gesellschaftliche Position von der eigenen Leistung und nicht wie beim Adel vom ererbten Rang abhängt. Einer dieser selbstbewussten Bürger ist der Hamburger Kaufmann Georg Heinrich Sieveking —— Text: CHRISTINA SCHNEIDER

Souverän präsentieren sich erfolgreiche Hamburger in den Ölporträts des Malers Friedrich Gröger, hier Sievekings Freund Lorenz Meyer

Auch der Kaufmann Johann Friedrich Wehrtmann sitzt Modell für Gröger, einen der angesehensten Porträtmaler Norddeutschlands

Ein Sonntagnachmittag im Sommer 1795 auf dem Landsitz der Familie Sieveking in Neumühlen bei Hamburg: Auf den Wegen und den geschwungenen Hügeln oberhalb der Elbe, zwischen mächtigen Eichen, auf kleinen Aussichtsplätzen und am eigens angelegten Wasserfall diskutieren die Gäste über Politik und literarische Neuerscheinungen.

Im Salon des herrschaftlichen Landhauses spielt ein ausländischer Gast Piano. Die Frauen holländischer Geschäftspartner zeigen ihre Juwelen. Ein schwedischer Konsul unterhält sich mit einem Amerikaner aus New Jersey.

Wer auf der von weißen Säulen getragenen Terrasse steht, blickt hinunter auf die Elbe und sieht dickbäuchige Segelschiffe den Fluss stromaufwärts zum Hafen ziehen, deren Laderäume gefüllt sind mit Kaffeesäcken, Zuckerfässern und Baumwollballen.

Gut möglich, dass ein Schiff des Gastgebers darunter ist: Georg Heinrich Sieveking, einer der reichsten Kaufleute Hamburgs, empfängt hier, rund einen Kilometer westlich von Hamburgs Hafengebiet mit seinen Tranbrennereien, Hanflagern und Fischerkaten, all jene, mit denen er in der Woche Geschäfte gemacht hat. Und noch viele mehr, denn auf seinem Landsitz trifft sich die geistige und politische Elite der Stadt.

Gegen zwei Uhr am Nachmittag sind die ersten Gäste zu Fuß und in Kutschen angekommen. Für rund 80 Besucher sind die Tische gedeckt. Der alte Dichter Friedrich Gottlieb Klopstock, ein enger Freund der Familie, reitet auf seinem Hengst vor; sogleich umringen ihn Bewunderer. Wird er eine neu komponierte Ode vortragen? Oder sich ins Gespräch mit Johanna Sieveking vertiefen – der Dame des Hauses, die bei den Gästen so beliebt ist für ihre höfliche und zuvorkommende Art?

Nach Einbruch der Dunkelheit flackert Licht auf aus Pechtonnen; Bäume und Gebäude leuchten rötlich im Feuerschein der nahen Kalkbrennerei. Der Wind trägt die Musik eines aus der Stadt bestellten Geigers, der für die Jüngeren zum Tanz spielt, nach unten zum Fluss.

Meist gehen die Besucher erst gegen Mitternacht, kurz darauf legt sich der Gastgeber schlafen. Denn in der Frühe muss er in sein Kontor in der Innenstadt zurückkehren. Die Geschäfte könnten für ihn kaum besser laufen in jenen Sommertagen, aber sie laufen schließlich nicht von selbst.

Und wirtschaftlicher Erfolg ist ja das Fundament für Sievekings glanzvolle Inszenierung, seinen achtbaren Auftritt, seine gesellschaftliche Rolle – so wie für viele Angehörige des Bürgertums.

Überall in Deutschland streben Mitglieder dieser zunehmend selbstbewusst werdenden Klasse nach oben. Sie werden wohlhabender, vor allem als Unternehmer und Kaufleute, gewinnen an Einfluss, prägen das Land. Und gerade in den Städten wollen diese Großbürger nicht nur ökonomisch, sondern auch politisch an der Führung teilhaben.

Viele Familien sind vor allem durch den expandierenden Seehandel innerhalb kurzer Zeit sehr reich geworden, und mit dem Reichtum hat das Gefühl der eigenen Bedeutung zugenommen.

Während in agrarisch geprägten Regionen des Reichs – etwa im ostelbischen Preußen – noch der Adel fest die politische Macht innehat, ändern sich die Verhältnisse in vielen Metropolen. Dort können sich aufstrebende Bürgerfamilien immer häufiger Sitze in den Räten der Städte leisten: Amtswürden, die meist kaum vergütet werden, aber äußerst zeitraubend sind und daher einen gewissen Wohlstand voraussetzen.

Geringer ist der Einfluss der Adeligen in den norddeutschen Hansestädten. So dürfen sie beispielsweise in Hamburg schon seit dem Mittelalter nicht mehr siedeln. In diesen Städten hat sich stattdessen ein Klüngel aus reichen Kaufleuten gebildet, welche die Macht unter sich aufteilen, die Ratsherren und Bürgermeister stellen. Auch diese „Ratsaristokratie“ wird nun durch das neue, aufstrebende Bürgertum bedrängt.

In Hamburg hat der politisch-gesellschaftliche Wandel schon früh begonnen. Bereits vom 15. Jahrhundert an haben die Bürger dem Rat der Stadt immer mehr Rechte abgerungen. Seit 1712 können Gesetze nur mit Zustimmung der Bürgerschaft verabschiedet werden. Damit ist die Hansestadt ein Vorreiter im Reich. Mitspracherecht erhalten allerdings nur jene Bürger, die über Grundbesitz im Wert von mindestens 1000 Reichstalern verfügen. Die Macht liegt daher auch hier weiterhin in den Händen einflussreicher und wohlhabender Kaufmanns-, Bankiers- und Reederfamilien.

Hamburg hat um 1790 etwa 130 000 Einwohner und ist einer der bedeutendsten Handels- und Finanzorte Europas.

Die hier geltende Mark Banco zählt zu den stabilsten Währungen des Kontinents, der Hafen verbindet West und Ost. Waren aus Frankreich, England und den Kolonien in Übersee werden hier umgeschlagen; aus dem östlichen Europa und Russland kommen Rohstoffe wie Getreide, Wachs und Holz.

Wer als Kapitän nach Hamburg mit dem Schiff einläuft, kann den Reichtum der Großbürger nicht übersehen. Am Elbufer liegen die Landsitze der Vermögenden, die zuweilen die Ausmaße kleinerer Residenzschlösser haben, darunter auch das Anwesen der Sievekings. Im Stadtzentrum beleuchten Straßenlaternen, mit Waltran befeuert, die gut gepflasterten Straßen rund um die Binnenalster, einen zum See gestauten Elbzufluss, wo sich Reeder und Händler in Kaffeehäusern zum Plausch über die Geschäfte treffen.

Im nur knapp einen Kilometer entfernten Hafen arbeitet das Fußvolk der Stadt. Rund 25 000 Schauerleute und Ewerführer kümmern sich Tag für Tag um die ein- und auslaufenden Schiffe, vertäuen die Großsegler an Pfosten, die in die Elbe gerammt sind, verladen die Fracht auf kleinere Schuten und bringen sie über Hamburgs zahlreiche Wasserstraßen zu Lagerhäusern und Speichern.

Anders als Hamburgs reiche Kaufleute profitieren die Arbeiter kaum von der Handelskonjunktur. Weil Tagelöhner in großer Zahl aus dem ärmeren Umland in die Stadt strömen, können die Lohnherren die Bezahlung drücken.

Und da der Bau von Lagerhäusern immer mehr Platz verschlingt, verschärft sich in der Stadt die Wohnungsnot.

Die Hafenarbeiter, Boten und Fuhrmänner, die Näherinnen, Wäscherinnen und Kattundruckerinnen hausen in den „Gängevierteln" – jenen engen Quartieren, in denen der Qualm der Feuerstellen nie aus den engen Höfen der schiefen Fachwerkhäuser abzieht. Wo wenig Licht in die schmalen Gassen und Durchgänge fällt und Wasser und Lebensmittel über wacklige Außentreppen bis in den dritten oder vierten Stock geschleppt werden müssen. Wo die Läuse über die Böden der winzigen Kammern krabbeln und die mit Exkrementen und Abwässern verseuchten Kanäle einen unerträglichen Gestank verströmen.

Hamburgs reichste Kaufleute residieren in den besseren Vierteln, etwa im Norden der von Fleeten umflossenen Wandrahminsel. In prächtigen Häusern mit hohen Fenstern und breiten Türen haben sie hier unter einem Dach Wohn- und Kontorräume untergebracht, und zugleich – zum Wasser gewandt – die Warenspeicher. Andere Kontore befinden sich in der Innenstadt am Neuen Wall, in der Nähe der Börse.

In einem dieser Handelshäuser beginnt Georg Heinrich Sieveking am 1. August 1766 mit 15 Jahren eine Lehre beim Ratsherrn Caspar Voght, einem der angesehensten Unternehmer der Stadt. Schon Georg Heinrichs Großvater hat als Kaufmann im westfälischen Versmold mit Leinen gehandelt, sein Vater 1747 das Bürgerrecht in Hamburg erworben und dort den Tuchhandel weitergeführt.

Nach dem frühen Tod des Familienoberhaupts kam Georg Heinrich unter die Vormundschaft eines Onkels, eines Hamburger Ratsherrn. Diese Verbindung verhilft Sieveking wohl zu der Ausbildung beim Ratskollegen Voght.

Der alte Unternehmer muss die Einstellung seines Lehrburschen nicht bereuen. Der Junge, erklärt der Patriarch schon bald, habe das Zeug, zu einem der ersten Kaufleute der Stadt zu werden.

Von morgens um acht bis in den Abend arbeitet Georg Heinrich im Voght'schen Kontor unter den Augen des Ratsherrn, der wie einst Sievekings Vater mit Leinen handelt. Der Junge profitiert von seinem Sinn für Zahlen, seiner frühen Begeisterung für Algebra und die Wahrscheinlichkeitsrechnung.

In seiner freien Zeit gibt er sich aber auch poetischem Schwärmen hin. Schon vor Sonnenaufgang treffen sich Sieveking und seine Freunde, meist Kaufmannslehrlinge wie er, zuweilen am Elbufer und lesen sich eigene Hymnen, Lieder sowie Reden vor, darunter Texte im Stil des großen Gotthold Ephraim Lessing.

An einem Sommertag beschließt der Kreis, noch im Morgengrauen einen Bootsausflug zum Grab von Meta Klopstock zu unternehmen, der verstorbenen Frau des von ihnen so tief verehrten Schriftstellers. Unter Bäumen auf dem Friedhof der Christianskirche in der westlich von Hamburg gelegenen Ortschaft Ottensen trinken sie ihren Frühstückskaffee; dann kommt einer auf die Idee, Grabschriften für die Verstorbene zu verfassen.

In den SALONS diskutieren sie über die Politik

Verzückt tragen sie einander die Vierzeiler vor, heften sie mit Blumen an das Grab und sehen zu, wie der Wind sie auseinandertreibt. Um 9.00 Uhr, ein wenig zu spät, sitzen alle in ihren Kontoren.

Es ist die Epoche der Empfindsamkeit, jene Ära, in der sich in ganz Deutschland junge Bürger für Sinnlichkeit und den Überschwang der Gefühle begeistern: Von der Dichtkunst lassen sie sich förmlich in einen Rausch aus Freude oder Trauer versetzen; die eigenen Gefühlsregungen beobachten sie dabei intensiv – im Glauben, auf diese Weise den eigenen Charakter zu schulen.

Zugleich aber preisen sie auch die an der menschlichen Vernunft orientierten Ideale der Aufklärung, lesen die Schriften der Philosophen Immanuel Kant und Moses Mendelssohn. Freiheit! Gleichheit! Die neuen Schlagworte versetzen viele Bürgerliche in Euphorie.

Gerade um den Begriff des „Bürgers" formt sich eine machtvolle politische Utopie. Längst wird das Wort nicht mehr nur in seiner traditionellen Bedeutung für einen Mann verwendet, der das Stadtrecht besitzt, ein Gewerbe ausübt und nicht adelig ist. Vielmehr hat sich „Bürgertum" zu einem umfassenderen Ideal entwickelt, zu einer Geisteshaltung.

Es steht für die Abkehr von der starren, jahrhundertealten Rangordnung der Stände, die jedem Menschen von Geburt an seinen Platz zuweist.

Doch das alte System ist in weiten Teilen des Reichs noch intakt. Der Adel – gut ein Prozent der Bevölkerung – steht an der Spitze der Gesellschaft und genießt besondere Privilegien wie etwa den bevorzugten Zugang zu höheren Ämtern in Verwaltung, Militär und Kirche. Die Aristokraten halten auch im Reichstag die politische Macht: Dort sitzen neben den Vertretern der Freien Städte – wie Hamburg – die Gesandten der acht Kurfürsten sowie der rund 100 Reichsfürsten.

Unter Adel und Klerus stehen in der gesellschaftlichen Pyramide die Bürger, jene Menschen also, die das städtische Bürgerrecht besitzen und einem existenzsichernden Beruf nachgehen.

Und fast 80 Prozent der Bevölkerung leben auf dem Land, vor allem die Bauern, die den niedrigsten Stand ausmachen (Dienstboten und Landlose bilden eine Schicht unterhalb der Stände).

Über die ständische Zugehörigkeit entscheidet nicht etwa das Vermögen: Zum Adel gehört der ärmste Junker ebenso wie der einflussreiche Fürst; Bürger sind der kleine Handwerker und der wohlhabende Kaufmann gleichermaßen; und der Großbauer teilt sich den Stand mit dem Besitzer eines winzigen Stücks Ackerland zur Selbstversorgung.

Mit Fleiß und Tüchtigkeit können es manche zwar vom einfachen Händler zum wohlhabenden, geachteten Geschäftsmann bringen – so wie der Frankfurter Johann Friedrich Städel, der den Gewürzhandel des Vaters weiterführt, dazu erfolgreich Bankgeschäfte betreibt

Georg Heinrich Sieveking beginnt seine Kaufmannslehre als 15-jährige Halbwaise – und wird einer der wohlhabendsten Männer der Stadt

Gemeinsam mit dem fast gleichaltrigen Caspar Voght (oben) treibt Sieveking Handel mit Übersee, etwa den englischen Kolonien in Nordamerika

Die Hansestadt Hamburg, hier eine Ansicht um 1750, ist eine Republik der Kaufleute: Nur wer genug Land sein eigen nennt, darf über die Geschicke der Handelsmetropole mitentscheiden. Dem Adel aber ist Grundbesitz verboten, in der Politik bleiben deshalb Geschäftsleute wie Sieveking weitgehend unter sich

Der Jungfernstieg an der Alster ist eine beliebte Promenade, hier spazieren die Hamburger Kaufmannstöchter mit ihren Galanen

Am Neuen Wall stehen Wohnhäuser und Kontore wohlhabender Kaufleute. Auch Sieveking trifft hier seine Geschäftspartner aus aller Welt

Frische Blumen und Rinderhälften: Auf dem Hopfenmarkt finden die großbürgerlichen Gastgeberinnen alles, was sie für ihre Essenseinladungen brauchen

Um 1790 liegt die Hamburger Hauptkirche St. Michaelis noch jenseits des Festungswalls. Doch die Stadt wächst, schon bald wird der Wall eingeebnet werden

und zu einem der vermögendsten Männer der Stadt aufsteigt. In seinem Haus sammelt er Tausende Gemälde, Graphiken und Zeichnungen.

Oder die Brüder Friedrich und Heinrich von der Leyen: Mit ihren Seidenwebereien in Krefeld werden sie Marktführer für Seidenwaren und machen gewaltige Umsätze.

Doch den Stand zu wechseln ist so gut wie unmöglich. Auch wohlhabende Unternehmer können im Reich kaum hohe Ämter in Militär und Verwaltung bekleiden, und selbst verarmte Landadelige stehen stets über ihnen.

Daher propagieren vor allem bürgerliche Philosophen, Pädagogen und Dichter immer lauter eine Gemeinschaft Gleichberechtigter – und ein Ende der Adelsprivilegien. An die Stelle der voneinander getrennten, hierarchisch angeordneten Stände soll eine neue Gesellschaft treten: geprägt durch selbstbestimmte, gebildete und eigenverantwortliche Bürger. Nicht formale Geburtsrechte und Regularien sollen über den gesellschaftlichen Rang entscheiden, sondern Leistung, Erfolg und die vom Bürgertum hochgeschätzte Bildung.

Nach sieben Jahren beendet Georg Heinrich Sieveking 1773 seine Lehre – und bleibt in der Firma Voghts. Der Alte ist so angetan von ihm, dass er ihn am 1. Januar 1777 sogar gemeinsam mit seinem Sohn Caspar als Teilhaber einsetzt.

In den Ausbildungsjahren hat sich zwischen Georg Heinrich und Voght jun. eine tiefe Freundschaft entwickelt. Der eher ernste, analytische Sieveking und der lebenslustige Voght ergänzen einander gut, auch in der Firma.

Als der Patriarch am 3. Februar 1781 stirbt, sind die Freunde – Georg Heinrich ist nun 30, Caspar 28 Jahre alt – fortan allein verantwortlich. Zunächst müssen die Erben ausgezahlt werden. Das Vermögen des Hauses schrumpft dadurch stark. Aber die beiden Männer nehmen den Kampf auf: Sie wollen den Konkurrenten beweisen, dass sie „mit einem geringeren Kapital größere Geschäfte glänzend durchzuführen im Stande“ sind, wie Voght erklärt.

Der Krieg der nordamerikanischen Kolonien um Unabhängigkeit, der bereits 1775 begonnen hat, hilft ihnen dabei.

Denn englische und französische Frachtsegler, die beide zuvor einen großen Teil des Handels mit der Neuen Welt getragen haben, werden nun von der jeweiligen Gegenseite gejagt (Paris unterstützt die Amerikaner im Krieg). Das ist eine Chance für neutrale Schiffstransporte, etwa aus Hamburg.

Voght und Sieveking korrespondieren mit Plantagenbesitzern in Surinam, verladen Mauersteine, Kohlen und Leinenstoffe auf Schiffe in die Karibik, die Kaffee, Zucker, Tabak und Vanille zurückbringen. Durch Voghts internationale Kontakte handeln sie auch mit Gummi arabicum aus dem Senegal, gewonnen aus dem Saft der dortigen Akazie. Bald reichen die drei Schiffe, die sie besitzen – die „Rohlap“, die „Tennessee“ und die „Rose“ –, nicht mehr aus, weitere Segler werden gechartert.

Sie kaufen, was der Markt hergibt, um es teurer weiterzugeben: Zehntausende Pfund ostindischen Salpeter sowie indischen Tee, den sie nach Philadelphia schiffen, schwedisches Kupfer, aber auch norddeutsches Wachs, das sich wegen seiner besonders hohen Qualität gut exportieren lässt.

Der amerikanische Unabhängigkeitskrieg hat die Welt des Handels stark verändert und so Hamburger Kaufleuten neue Möglichkeiten eröffnet.

Die zahlreichen Geschäftsverbindungen erfordern etliche Filialen in Übersee, die auch Voght und Sieveking einrichten. Neueste Nachrichten über den weltweiten Handel sind einzuholen, um die oft raschen und extremen Konjunkturschwankungen des Kolonialgeschäfts zumindest ein wenig vorhersehen zu können und die Konkurrenz im Blick zu behalten. Die gekauften Waren müssen zum besten Preis punktgenau verkauft – und bei einem Preisverfall zurückgehalten werden.

Sieveking und Voght sind bald Mitgestalter des Aufschwungs, ihr Unternehmen gehört nicht zu den reichsten in Hamburg, aber zu den rührigsten. Oft gehen ihre Projekte über den klassischen Handel hinaus. Sie spekulieren auf Preisschwankungen, kaufen Aktien und Ländereien, gründen Versicherungsgesellschaften, investieren auf der Grundlage von Sievekings Wahrscheinlichkeitsrechnungen große Summen in der Hoffnung, das Richtige zu tun.

Und auch nach dem Ende des Unabhängigkeitskriegs 1783 gelingt es ihnen, die Handelsverbindungen nach Nordamerika aufrechtzuerhalten und so erfolgreich weiterzuwirtschaften.

Seine spärliche Freizeit verbringt Sieveking in den angesehensten Kreisen der Hamburger Gesellschaft. Ein Höhepunkt sind ab Mitte der 1770er Jahre die wöchentlichen Besuche zum Tee bei Familie Reimarus. Johann Albert Heinrich Reimarus ist ein bedeutender Arzt und Gelehrter, befreundet mit Moses Mendelssohn und Gotthold Ephraim Lessing. Seine Frau und seine Schwester sind die Gastgeberinnen im Anwesen in Winterhude, nördlich der Alster, später zieht die Familie in die Neustadt um.

Die Runde trifft sich im Salon des Ehepaars Reimarus. Im Alltag bleibt diese „gute Stube“ bei vielen Familien ungenutzt – aus Angst, den Möbeln Schaden zuzufügen. In reichen Häusern aber spielt sich hier ein großer Teil des Lebens ab: Tagsüber schreiben die Familienmitglieder darin ihre Briefe, üben Klavier oder lesen.

Der Salon im Hause Reimarus gleicht wahrscheinlich den in anderen Häusern wohlhabender Menschen jener Zeit: An den mit Seidentapeten bespannten Wänden stehen kleine Tische, ein Sekretär, ein Klavier, Sofas und gepolsterte Stühle.

Die Frauen haben während der Treffen von Reimarus und Sieveking meist ihr Strickzeug auf dem Schoß, die Männer rauchen Pfeife. Auf einem Tisch dampft die Teemaschine. Gereicht wird erst schlichtes Butterbrot, die Tafel folgt im Anschluss. Durch die geöffnete Tür nimmt der Arzt, der in seinem Labor nebenan Medizin herstellt, an der Unterhaltung teil.

Aber der „Teetisch“ der Familie Reimarus ist weitaus mehr als eine gemütliche Runde unter Freunden: Er ist einer der bekanntesten bürgerlichen Salons in Deutschland, wie die intellektuell ambitionierten Zusammenkünfte nach ihren französischen Vorbildern auch genannt werden. Wie zufällig hingestreut, legt die Hausherrin aktuelle Zeitschriften und neu erschienene Bücher aus, um den Gästen Gesprächsstoff zu liefern.

Häufig sind berühmte Künstler oder Wissenschaftler zu Besuch, dazu Freunde sowie Fremde und Reisende, die sich mit einem Empfehlungsschreiben gemeinsamer Bekannter vorstellen.

Diskutiert werden auch die Ideen und Ideale der Aufklärung. Ist der Mensch von Grund auf gut oder böse? Was ist wahre Freiheit? Wie lässt sich die Gleichheit aller Menschen erreichen? Besonders Georg Heinrich Sieveking wünscht bei den Gesellschaften keine aristokratische Strenge. „Freiheit ist das höchste gesellschaftliche Gut, für das es zu kämpfen gilt", schreibt er um 1777. „Obrigkeit und Fürsten sind nichts weiter, als wozu unsre Einwilligung sie erhebt, Handhaben der Gesetze, aber nicht willkürliche Herren über unser Leben, unsere Güter, unsere Ehre."

Freiheit: Dieses große Ideal soll sich auch im Kleinen widerspiegeln. Die Gastgeberinnen des Teetisches kultivieren Zwanglosigkeit statt starrer Regeln. Wer sich in die Lektüre vertiefen will, statt sich zu unterhalten, zieht sich in eine ruhige Nische zurück. Wer nur zuhören möchte, braucht nichts beizutragen. Und wer genug hat, verabschiedet sich leise und geht. Ein Gegenbild zu den steifen Zusammenkünften in Adelshäusern sollen die Runden sein.

Auch andere Gepflogenheiten sind bei vielen Bürgerlichen nicht mehr allzu förmlich: Essen etwa wird nicht mehr von Dienern serviert, sondern kommt in Schüsseln auf den Tisch, aus denen sich jeder selbst bedient – eine aus Frankreich übernommene Neuheit in den Häusern der deutschen Oberschicht.

Salons wie jener der Familie Reimarus kommen zunehmend in Mode, mal sind sie politisch ausgerichtet, mal literarisch. Bankiers, Kaufleute, Unternehmer treffen auf Verleger, Maler und Schriftsteller. Selbst weniger wohlhabende Bürger pflegen diese neue Form der Gastlichkeit.

Die Teilnehmer parlieren über Kunst, Staatslehre, Philosophie, sie unterhalten sich gegenseitig mit Gesang oder dem Vortrag eines Gedichts, sie erzählen sich aber auch Gespenstergeschichten, spielen Karten, etwa Whist, einen Vorläufer des Bridge.

Wie ungezwungen solche Treffen auch sein mögen, sie sind für viele Bürger von immenser Bedeutung: Hier schärfen die Teilnehmer ihr politisches Bewusstsein, knüpfen Verbindungen zu Gleichgesinnten, bahnen zugleich Geschäfte und Karrieren an. Und anders als bei zahlreichen Zusammenkünften dieser Zeit, in denen Bürger debattieren, etwa in gemeinnützigen Vereinen, Lesegesellschaften oder geselligen Clubs, nehmen an den Salons Frauen nicht nur am Rande teil, sondern stehen als Gastgeberinnen sogar häufig im Zentrum.

Hamburgs Reiche sorgen für die ARMEN

Manche finden über diese Runden ihre Ehepartner, so auch Sieveking. Er beginnt um Johanna zu werben, die 21-jährige Tochter des Arztes Reimarus.

Er selbst hält sich nicht für einen Mann, der Frauen gefällt. „Sie wollen amüsiert sein, und ich bin nicht dazu gemacht, sie zu amüsieren", schreibt er über sich in einem Brief.

Anders als sein Kompagnon Voght, der auf seinen Geschäftsreisen gern amouröse Abenteuer sucht, ist die Liebe für Sieveking eine ernste Angelegenheit. Er wird in Johanna eine Ehefrau finden, die perfekt zu seinem Leben passt.

Sie ist eine aufmerksame Gastgeberin, freundlich, bescheiden und gilt als gute Gesprächspartnerin, mit der es sich kundig über politische Entwicklungen und literarische Neuerscheinungen unterhalten lässt. Sieveking ist von ihr begeistert, erklärt ihr im Sommer 1782 seine Liebe. Sie heiraten im Oktober, drei Jahre später kommt das erste von fünf Kindern zur Welt.

Einen Teil der Woche verbringt die Familie schon bald in ihrem Hamburger Stadthaus am Neuen Wall, nicht weit von der Binnenalster entfernt; dort ist auch das Kontor der Firma untergebracht. Die restlichen Tage und vor allem den Sonntag verleben sie alle gemeinsam auf dem Land: zunächst in einem gemieteten Haus in Harvestehude, später auch auf dem Landsitz in Neumühlen, den Sieveking mit zwei Freunden kauft.

Die Salons der Familien Sieveking und Reimarus finden im Sommer nun in Neumühlen statt, wo sie – mit deutlich mehr Gästen als zuvor – zum sonntäglichen Jour fixe der Hamburger Gesellschaft werden. Sieveking kann hier Schönes mit Nützlichem verbinden: Neben den Freunden lädt er einfach alle Geschäftsleute ein, die sich unter der Woche bei ihm vorgestellt haben.

Seine Frau führt im wöchentlichen Wechsel mit der Ehefrau eines der anderen Eigentümer den Haushalt des Anwesens, unterstützt von sechs Dienstmädchen und einem Diener. Und nicht nur an den mondänen Sonntagen kommen Gäste. Reisende übernachten hier gelegentlich, wie der Humanist Wilhelm von Humboldt, der die Wochen, die er in Neumühlen verbracht hat, später zu den schönsten seines Lebens zählen wird.

Überhaupt schwärmen Besucher von der Stimmung bei den Sievekings in Neumühlen. Hochzeiten und Jubiläen werden dort gefeiert, und der Dichter Klopstock begeht hier gern seine Geburtstage.

Vom Park aus, aber auch durch die hohen Fenster des Haupthauses öffnet sich den Gästen ein grandioser Blick auf die Elbe. Der Hausherr dagegen putzt sich für den Besuch nicht heraus. Er trage einen abgegriffenen violetten Rock und schlicht heruntergekämmte Haare, erinnert sich ein Anwesender.

Wer Sieveking in seinem Kontor in der Stadt aufsucht, erlebt einen weniger entspannten Gastgeber. Sein Arbeitspensum lässt Besucher schwindeln. Mehr als 40 Briefe lese er manchmal in einer Stunde, notiert ein Freund der Familie

Leonhard Wächter ist Schriftsteller, teilt mit Sieveking die Begeisterung für die Revolution und kämpft kurzzeitig sogar im französischen Heer

Caroline, die Ziehtochter des Malers Gröger: Die gebildeten Hamburger Großbürger erwarten von Heiratskandidatinnen, dass sie kultiviert und vielseitig interessiert sind

Krankenhäuser, Waisenheime, Schulen: Bürger wie Antoinette Behrmann stiften hohe Summen – Wohltätigkeit gehört zum Selbstverständnis der aufstrebenden Schicht

In den Jahren um 1800 sind Friedrich Gröger und sein hier porträtierter Partner Heinrich Aldenrath geachtete Mitglieder der Hamburger Gesellschaft

Hamburg lebt von der Schifffahrt. 1796 verhängt Frankreich ein Embargo – und Sieveking bürgt für seine Heimatstadt mit eigenem Geld

Auch an der Hamburger Börse genießt Sieveking hohes Ansehen. Doch in den Jahren des Pariser Terrors verdächtigen ihn Mitbürger, ein Jakobiner zu sein

Die Hamburgische Admiralität, in der unter anderem Ratsherren und Kaufleute sitzen, ist für die Elbe von der Stadt bis zur Nordsee zuständig, stellt Lotsen, legt Tonnen und gründet Hamburgs erste staatliche Schule für Steuermänner. Den Bug ihrer zweimastigen Yacht (im Bild rechts) ziert Merkur: der Gott des Handels aus Weimar, täglich schreibe er ebenso viele in unterschiedlichen Sprachen.

Er studiert die neuesten Zeitungen aus aller Welt, hält stundenlange Konferenzen mit Geschäftspartnern ab, überprüft die Arbeit seiner Buchhalter, macht Besuche bei Geschäftsfreunden.

Von 1788 an heißt die Firma nicht mehr Caspar Voght & Co., sondern Voght & Sieveking. In den Jahren 1789 und 1790 zusammen verzeichnet das Unternehmen einen Geschäftsgewinn von 248 435 Mark Banco.

Die Freunde haben ihr Ziel erreicht: Sie gehören zu den wohlhabendsten Kaufleuten der Stadt. Neben Voght, in dessen Kindheit die Fasane durch den östlich von Hamburg gelegenen familieneigenen Park in Hamm spazierten, kann sich nun auch Sieveking zum Kreis der wichtigsten Hanseaten zählen.

Aber es gibt in der Metropole noch reichere Bürgerfamilien. Der Großhändler und Millionär John Parish verprasst allein 1796 mehr als 200 000 Mark Banco allein für seinen Privathaushalt mit Stadt- und Landhaus, Dienerschaft und Pferden.

Auch andere Hamburger Hanseaten verfügen über ähnlich große Vermögen, etwa der Kaufmannsclan de Chapeaurouge oder die Familie Berenberg-Gossler, die sich neben dem Handel zunehmend als Bankiers betätigt.

Anderswo in der Stadt, in den einfacheren Vierteln, müssen viele Familien mit zwei Kindern dagegen mit weniger als 500 Mark Banco im Jahr auskommen.

Die überall sichtbare Armut lässt viele Angehörige der Oberschicht nicht unberührt. Gemeinsinn gilt ihnen als eine der bürgerlichen Tugenden – in bewusster Abgrenzung zum Adel, dem oft Egoismus, Müßiggang und Verschwendungssucht vorgeworfen werden.

Wie viele bessergestellte Hamburger engagieren sich auch Sieveking und Voght in zahlreichen Vereinen und Ehrenämtern. Sie treten für eine Neuorganisation der Hamburger Armenfürsorge ein, die über die Grenzen des Reichs zum Vorbild wird.

Ihr Leitgedanke: Statt Almosen zu verteilen, sollen die Ursachen der Not beseitigt werden. In einer neu gegründeten Armenanstalt wird den Betroffenen beispielsweise Arbeit angeboten. Kinder, die noch nicht zur Schule gehen, werden während der Zeit, in der ihre Eltern beschäftigt sind, von anderen Müttern betreut. Voghts „Hamburger System" findet bald Nachahmer in vielen europäischen Städten.

Sieveking wiederum steht der neuen „Allgemeinen Versorgungsanstalt" vor, der ersten deutschen Sparkasse, die zugleich Versicherung, etwa für die Witwen- und Waisenrente, ist. Er hilft zudem, eine kostenlose Fachschule für Handwerker, Künstler und Fabrikarbeiter einzurichten. Und für Saisonarbeiter entwirft er ein Sparmodell, nach dem im Winter Teile des im Sommer angesparten Lohnes mit großzügigen Zinsen ausgezahlt werden sollen.

Vor der „Patriotischen Gesellschaft" – einem Verein zur Förderung des Hamburger Gemeinwesens – spricht er sich sogar dafür aus, eine Luxus- und Erbschaftsteuer einzuführen, und empfiehlt zudem seinesgleichen, an übertriebenen Ausgaben für Mahlzeiten, Kleidung und Begräbnissen zu sparen.

Die Nachricht vom Sturm auf die Bastille im Sommer 1789, dem Ausbruch der Französischen Revolution, versetzt den Kreis um Sieveking und Reimarus anfangs in Euphorie: Endlich werden die Ideale von Freiheit, Gleichheit und Brüderlichkeit in die Tat umgesetzt, die sie seit so vielen Jahren diskutieren. Endlich erhebt sich ein Volk gegen die Herrschaft der Aristokratie.

So begeistert ist Sieveking, dass er mit einigen Freunden 1790 zum Jahrestag des Bastille-Sturms ein „Freiheitsfest" in seinem Garten in Harvestehude gibt. Mit Schüssen wird das Jubiläum begrüßt, junge Frauen mit blau-weiß-roten Schleifen singen ein von Sieveking selbst geschriebenes „Freiheitslied". Noch Jahre später spricht man von dem Fest.

Doch dann ändert sich die Stimmung. Im Herbst 1792 ruft der Nationalkonvent, der nun Paris regiert, die Republik aus. Frankreichs König Ludwig XVI. wird wenige Monate später guillotiniert. Die Regierung ordnet offenen Terror an, Tausende Menschen sterben auf dem Schafott. Das Land versinkt im Blut.

Seit 1792 befindet sich Frankreich zudem im Krieg mit den Monarchien Preußen und Österreich. Der Kaiser verlangt ein Verbot von Ausfuhren nach Frankreich. Deutliche Sympathiebekundungen für die Revolutionäre sind in Hamburg nun unerwünscht.

In Sievekings Haus aber sind Franzosen weiterhin regelmäßige Gäste. Mit dem Pariser Gesandten in der Stadt verbindet ihn sogar eine enge Freundschaft. Als niedersächsische Fürsten in einem Brief die Ausweisung dieses Gesandten verlangen, fordern sie, der Rat solle Männer „wie Voght und Sieveking, die an der Spitze einer scheußlichen Bande" stünden, gleich mit aus der Stadt jagen.

Nachts beschmiert jemand Sievekings Tür mit einem Galgen. Durch ein geöffnetes Fenster wird ein Strick in sein Haus geworfen. Ein schwerer Verdacht lastet auf ihm: Ist er ein Befürworter der Hinrichtung des Königs in Frankreich? Vielleicht sogar ein Jakobiner, ein Radikaler, der auch in Hamburg einen gewaltsamen Umsturz herbeiführen will?

Sein Haus wird nach Waffen durchsucht. Vor dem Rat muss Georg Heinrich Sieveking einen Eid schwören, nicht den Jakobinern anzuhängen. Eine öffentliche Demütigung.

Er wehrt sich mit einem offenen Brief an seine Mitbürger, um den Verdacht auszuräumen. Die Gewalt verurteile er, schreibt Sieveking, die Hoffnungen aber, die er in die Revolution gesetzt habe, teile jeder Menschenfreund. Erst langsam legt sich das Gerede.

Unterdessen hat sich auch Caspar Voght von Sieveking abgewandt – allerdings nur geschäftlich: 1793 zieht er sich weitgehend aus dem gemeinsamen Unternehmen zurück; er hat die Lust am Handel verloren und will sich stärker seinen wissenschaftlichen Studien und dem Aufbau eines landwirtschaftlichen Guts im Westen Hamburgs widmen.

Sieveking erweist sich trotz aller Widrigkeiten erneut als schlauer Krisengewinnler. So spekuliert er mit Frankreichs taumelnder Währung: Weil die Kurse in der Schweiz schneller fallen als in Hamburg, kauft er dort laufend französische Wechsel, um sie an der Börse teurer weiterzuverkaufen. Oder er erwirbt in Frankreich riesige Mengen an Kunst, Kleidern, Möbeln und Uhren (angesichts der steigenden Inflation günstig zu haben) und führt sie nach Hamburg aus. 1795 macht die Firma mehr als 650 000 Mark Banco Gewinn.

Es wird das erfolgreichste Geschäftsjahr seines Lebens. Und kurz darauf wird er erstmals auch politisch eine gewichtige Rolle spielen.

Denn die außenpolitische Lage hat sich geändert. Das Heilige Römische Reich deutscher Nation ist inzwischen gespalten; Preußen hat Frieden mit Frankreich geschlossen und strebt ein neutrales norddeutsches Bündnis an; dagegen ist Österreich – die zweite Großmacht des Reiches – weiter im Krieg mit Paris. Und nun üben Preußen und Frankreich gemeinsam starken Druck auf Hamburg aus: Der Rat soll seine Loyalität gegenüber dem deutschen Kaiser in Wien aufgeben.

Stattdessen beschließt die Hansestadt im Januar 1796, dem Gesandten aus Paris die Anerkennung zu verweigern. Ein gefährlicher Kurs. Denn Hamburgs Kaufleuten droht enormer Verlust, sollte Paris die Stadt zur Vergeltung mit einem Handelsembargo belegen.

Da erklärt sich Georg Heinrich Sieveking bereit, seine guten Beziehungen zu den Franzosen zu nutzen. Er reist im Auftrag der Kommerzdeputation (eines Gremiums, das die Interessen der Hamburger Kaufleute gegenüber dem Rat vertritt) nach Paris und kommt dort Ende März 1796 an.

Bei seinen Unterredungen mit dortigen Diplomaten und Politikern begreift er schnell, dass die Gegenseite nicht nur politisches Entgegenkommen will, sondern vor allem Geld. Denn Frankreichs Kriege haben dem Land große Schulden eingebracht, bedeutende Anteile davon ausgerechnet bei Hamburger Handelshäusern. „Wenn wir unseren Handel und unsere politische Existenz durch einige Millionen retten können, so sind die gut angewandt“, schreibt Sieveking nach Hause. Zudem bittet er um 500 000 Mark Banco, über die er frei „disponieren könne“. Mit anderen Worten: Es geht um Bestechungsgeld.

Sieveking hat einen Finanzierungsplan erarbeitet, um den Franzosen zu helfen. Mit Geldgeschenken will er die Pariser Offiziellen von seinem Plan

Napoleon treibt die KAUFLEUTE in die Pleite

überzeugen. Die Kommerzdeputation stellt Sieveking nach wenigen Wochen immerhin 300 000 Mark Banco zur Verfügung.

Am 31. Mai, genau zwei Monate nach seiner Ankunft, kann Sieveking endlich dem Finanzminister seine Pläne unterbreiten. Die sehen unter anderem vor, dass die Hamburger Kaufleute einen Teil von Frankreichs Schulden übernehmen und tilgen.

Inzwischen drängt die Zeit, denn bereits Mitte April hat Paris hamburgische Schiffe mit einem Embargo belegt. In seiner Not verspricht Sieveking, mit seinem privaten Vermögen für die Zahlungen an Frankreich und dessen Gläubiger zu garantieren. Am 14. Juni 1796 teilt ihm ein französisches Regierungsmitglied die Einigung mit.

Sieveking schreibt an die Kommerzdeputation: „Ich habe Hamburg gerettet. Ob ich das Opfer meines Patriotismus sein werde, das werden meine Mitbürger entscheiden.“

Am Nachmittag des 18. Juli kehrt er nach Hause zurück. Der Präsident der Kommerzdeputation erwartet ihn am Südufer der Elbe und bringt ihn auf seinem Boot über den Fluss nach Neumühlen. Am Ufer warten die Kinder auf ihn, sie haben den Fluss schon mit dem Fernrohr abgesucht. Die vier Monate in Frankreich, hat Sieveking seiner Schwiegermutter geschrieben, hätten ihn um vier Jahre altern lassen.

Von der kräftezehrenden Reise wird sich der 45-Jährige nicht mehr vollständig erholen. Das Geld für die Erfüllung des Vertrags mit Paris einzutreiben kostet ihn viel Zeit. Die Konjunktur verschlechtert sich; 1798 muss er die Bücher mit einem Verlust von rund 100 000 Mark Banco schließen.

Schwer nagt wohl auch die Enttäuschung über das revolutionäre Frankreich an ihm. Die Ideale sind in der Schreckensherrschaft untergegangen. „Lass uns den Traum. Er wäre schöner als die Wirklichkeit“, hat er bereits 1794 an Caspar Voght geschrieben.

Niemand außer Sieveking will im Freundeskreis den Traum weiterträumen. Er fühlt sich isoliert, wirkt missmutig. „Dulde mich nur noch eine Zeit lang“, schreibt er entschuldigend an seine Frau. „Bald hoff' ich, am Ziel zu sein.“

Er spricht da zwar von einem Buch, das er verfasst. Aber die Worte erhalten bald eine andere Bedeutung. Im August 1798 erkrankt er an Gelbsucht, auch im Winter ist ihm sehr häufig unwohl. Anfang 1799 erleidet er einen „Brustkrampf“, wie sein Biograf und Urenkel schreibt.

Wenige Tage später, am 25. Januar, erliegt Georg Heinrich Sieveking mit 48 Jahren seinem Leiden.

Die Hansestadt verliert eine ihrer bekanntesten Persönlichkeiten. „Nicht leicht hat wohl der Tod eines Mannes so allgemeine Sensation in dessen Vaterstadt erregt als der Tod Sievekings“, heißt es in einem Beileidsschreiben. Er „starb verkannt, doch von den Edleren nicht“, lautet die Gravur auf einem Gedenkstein, den ein Freund ihm errichten lässt.

Die Firma führt Sievekings Frau Johanna mit zwei Teilhabern weiter. Das Unternehmen erholt sich nun ein wenig – doch nur für kurze Zeit.

Denn Hamburgs Handel leidet unter dem Wirtschaftskrieg, den Frankreichs Herrscher Napoleon Bonaparte in den folgenden Jahren gegen England führt. Und vor allem trifft die Sievekings die Kontinentalsperre, mit der Paris sei-

Wohlhabende Familien lassen sich Rohre von der Quelle in ihre Häuser legen – alle anderen Hamburger sind für frisches Wasser auf Verkäufer angewiesen

»Küken, fette Küken«, preist dieser Mann seine Ware an. Viele Straßenhändler sind Juden, die in Hamburg keine Ladengeschäfte besitzen dürfen

Hunderte Hamburger Siedereien raffinieren Rohrzucker, etwa aus Kuba, und verkaufen die begehrte Süße in fast ganz Europa, von Italien bis Russland

Wie viele Verkäufer trägt diese junge Erdbeerhändlerin ihre Ware aus dem Hamburger Umland durch die Straßen der Stadt

Brauerbursche: Im Spätmittelalter war Bier das wichtigste Exportgut der Stadt, doch um 1800 ist die Braukunst ein Handwerk im Niedergang

Eine Frau balanciert Reisigbesen durch die Gassen. Händler beliefern Kunden auch an der Haustür und tragen ihre Last steile Stiegen zur Wohnung hinauf

Um 1800 leben die meisten Bürger Hamburgs innerhalb der Stadtmauern. Nur die Wohlhabenden haben beispielsweise am Elbufer oder im nördlich gelegenen Harvestehude Villen gebaut

nen ärgsten Gegner schwächen will: Ab 1806 ist jeder Handel mit England verboten. Da daraufhin in Norddeutschland der Schmuggel blüht, verfügt Napoleon im Jahr 1807 sogar die vollständige Sperrung des Hamburger Hafens.

Für die Handelsmetropole ist das eine Katastrophe. Viele Getreidemühlen, Brennereien sowie der Schiffsbau liegen brach. Seilmacher, Wagenlader und Manufakturarbeiter sind arbeitslos. Zahlreiche Betriebe gehen langsam zugrunde, auch die Firma der Sievekings: Als der älteste Sohn Johannes Heinrich das Unternehmen 1810 von seiner Mutter übernimmt, bleibt ihm nur noch, es abzuwickeln. Im April des folgenden Jahres meldet das Handelshaus den Bankrott an.

Es ist das Ende eines Kaufmannsimperiums – bedeutet aber nicht den Untergang der Familie Sieveking. Denn die Hanseaten haben offenbar Georg Heinrichs Einsatz für ihre Stadt in der Zeit der französischen Besetzung nicht vergessen und lassen seine Frau und Kinder nun gesellschaftlich nicht fallen. Die Verbindungen zu den anderen großen Hamburger Dynastien bleiben bestehen.

Und so heiratet der zweitälteste Sieveking-Sohn Karl eine Tochter der Familie de Chapeaurouge; der Historiker und Jurist arbeitet als Anwalt, wird 1819 Gesandter in Sankt Petersburg, später zum Syndikus des hamburgischen Rats erwählt und 1830 diplomatischer Vertreter seiner Heimatstadt im Bundestag in Frankfurt am Main. Das Anwesen in Hamm, einem Hamburger Vorort, das seine Schwiegereltern dem Ehepaar schenken, macht er nach dem Vorbild seiner Eltern zum gesellschaftlichen Mittelpunkt.

Seine Mutter Johanna verkauft den Neumühlener Landsitz und zieht zurück in ihr Elternhaus. Sie stirbt 1832, mit 72 Jahren.

Mitglieder der Familie Sieveking werden auch im weiteren Verlauf des Jahrhunderts als Akademiker, Theologen, Juristen das Leben der Stadt prägen – so wie die Angehörigen anderer Hanseatenhäuser, die zu Lebzeiten Georg Heinrichs vor allem durch den Überseehandel groß geworden sind. Auch überall sonst in Deutschland gewinnen Bürgerliche weiter an Einfluss, Adelsprivilegien fallen. Nach den aristokratischen Zeiten zeichnen sich nun immer klarer die Konturen einer neuen Gesellschaft ab.

Und in Hamburg gelangt Georg Heinrichs jüngster Sohn Friedrich in den 1860er Jahren sogar ganz an die Spitze.

Er wird Erster Bürgermeister. ⬢

Die Hamburger Autorin **Christina Schneider,** *Jg. 1975, ist schon oft in Sievekings einstigem Garten spazieren gegangen – der heutige Donners Park gehört inzwischen der Stadt.*

LITERATUREMPFEHLUNGEN: Heinrich Sieveking, *„Georg Heinrich Sieveking"*, Karl Curtius (antiquarisch): die einzige Biografie des Hamburger Kaufmanns, 1913 vom Urenkel anhand zahlreicher Quellen unterhaltsam aufgeschrieben. Lothar Gall, *„Von der ständischen zur bürgerlichen Gesellschaft"*, Oldenbourg: beleuchtet die dynamischen Jahrzehnte, in denen die Wurzeln jenes Bürgertums zu finden sind, wie wir es heute kennen.

GEO EPOCHE
Das Magazin für Geschichte

Gruner + Jahr GmbH & Co KG,
Sitz von Verlag und Redaktion: Am Baumwall 11,
20459 Hamburg. Postanschrift der Redaktion:
Brieffach 24, 20444 Hamburg.
Telefon: 040 / 37 03-0, Telefax: 040 / 37 03 56 48,
Internet: www.geo-epoche.de

CHEFREDAKTEUR: Michael Schaper
STELLVERTRETENDER CHEFREDAKTEUR: Dr. Frank Otto
ART DIRECTION: Eva Mitschke
TEXTREDAKTION: Johannes Schneider (Konzept dieser Ausgabe), Jens-Rainer Berg, Insa Bethke, Dr. Anja Fries, Gesa Gottschalk, Andreas Sedlmair, Joachim Telgenbüscher
AUTOREN: Jörg-Uwe Albig, Dr. Mathias Mesenhöller, Cay Rademacher
Freie Mitarbeit: Dr. Ralf Berhorst, Simone Bernard, Dr. Dirk Hempel, Dr. Marion Hombach, Dr. Marita Liebermann, Samuel Rieth, Dr. Hanno Scheerer, Irene Stratenwerth, Johannes Strempel
BILDREDAKTION: Christian Gargerle (Leitung), Dorit Eichmann, Roman Rahmacher, Edith Wagner
VERIFIKATION: Lenka Brandt, Olaf Mischer, Svenja Muche, Alice Passfeld, Dr. Jasmin Rashid
Freie Mitarbeit: Dr. Henning Albrecht, Fabian Klabunde, Dr. Arno Nehlsen
LAYOUT: Jutta Janßen, Tatjana Lorenz
Freie Mitarbeit: Franziska Ebert, Lena Oehmsen, Carolin Seng, Carolin Tegeler, Tim Wehrmann
WISSENSCHAFTLICHE BERATUNG: Florian Schönfuß
KARTOGRAPHIE: Stefanie Peters
SCHLUSSREDAKTION: Dirk Krömer; Ralf Schulte, Olaf Stefanus
Freie Mitarbeit: Antje Poeschmann
CHEF VOM DIENST TECHNIK: Rainer Droste
HONORARE: Petra Schmidt

REDAKTIONSASSISTENZ: Ümmük Arslan, Angelika Fuchs, Helen Oqueka
Freie Mitarbeit: Anastasia Mattern, Thomas Rost
VERANTWORTLICH FÜR DEN REDAKTIONELLEN INHALT: Michael Schaper

VERLAGSGESCHÄFTSFÜHRER: Dr. Frank Stahmer
PUBLISHER: Alexander Schwerin
PUBLISHING MANAGER: Toni Willkommen
DIGITAL BUSINESS DIRECTOR: Daniela von Heyl
DIRECTOR DISTRIBUTION & SALES: Torsten Koopmann / DPV Deutscher Pressevertrieb
EXECUTIVE DIRECTOR DIRECT SALES: Heiko Hager, G + J Media Sales
VERANTWORTLICH FÜR DEN INHALT DER BEILAGEN: Daniela Krebs – Director Brand Solutions G+J e I MS, Am Baumwall 11, 20459 Hamburg
Es gilt die jeweils gültige Anzeigen-Preisliste unter www.gujmedia.de
MARKETING: Anja Wittfoth
HERSTELLUNG: G + J Herstellung, Heiko Belitz (Ltg.), Oliver Fehling

Heftpreis: 10,00 Euro (mit DVD: 17,50 Euro)
ISBN: 978-3-652-00522-7; 978-3-652-00516-6 (Heft mit DVD)
ISSN-Nr. 1861-6097
© 2016 Gruner + Jahr, Hamburg
Bankverbindung: Deutsche Bank AG Hamburg, Konto 032280000, BLZ 200 700 00
IBAN: DE 30 2007 0000 0032 2800 00, BIC: DEUTDEHH
Litho: 4mat Media, Hamburg
Druck: appl druck GmbH, Senefelderstraße 3–11, 86650 Wemding

GEO-LESERSERVICE

Fragen an die Redaktion
Telefon: 01805 / 37 03 20 98, Telefax: 040 / 37 03 56 48
E-Mail: briefe@geo-epoche.de
Die Redaktion behält sich die Kürzung und Veröffentlichung von Leserbriefen auf www.geo-epoche.de vor.

ABONNEMENT- UND EINZELHEFTBESTELLUNG
Kundenservice und Bestellungen
Anschrift: GEO Kundenservice, 20080 Hamburg
persönlich erreichbar: Mo–Fr 7.30 bis 20.00 Uhr, Sa 9.00 bis 14.00 Uhr
E-Mail: geoepoche-service@guj.de
Telefon innerhalb Deutschlands: 040 / 55 55 89 90
Telefon außerhalb Deutschlands: +49 / 40 / 55 55 89 90
Telefax: +49 / 1805 / 861 80 02*

GEO-KUNDENSERVICE: www.GEO.de/Kundenservice

Preis Jahresabo: 60,00 € (D), 68,40 € (A), 99,00 sfr (CH)
Abo mit DVD: 99,00 € (D), 111,00 € (A), 174,60 sfr (CH)
Studentenabo: 36,00 € (D), 41,04 € (A), 59,40 sfr (CH)
mit DVD: 59,40 € (D), 66,60 € (A), 104,76 sfr (CH)
Preise für weitere Länder auf Anfrage erhältlich. Preise für GEO*EPOCHE* Digital unter www.geo-epoche.de/digital

BESTELLADRESSE FÜR GEO-BÜCHER, GEO-KALENDER, SCHUBER ETC.
Kundenservice und Bestellungen
Anschrift: GEO-Versand-Service, 74569 Blaufelden
Telefon: +49 / 40 / 42 23 64 27 **Telefax:** +49 / 40 / 42 23 64 27
E-Mail: guj@sigloch.de

*14 Cent/Minute aus dem deutschen Festnetz; Mobilfunkpreis maximal 42 Cent/Minute

FOTOVERMERK NACH SEITEN

Anordnung im Layout: l.= links, r.= rechts, o.= oben, m.= Mitte, u.= unten

TITEL: Artothek **EDITORIAL:** Dorit Eichmann für GEO*EPOCHE*: 3 u. **INHALT:** Staatsbibliothek zu Berlin/Dietmar Katz/bpk-images: 4 l. o.; Bayerische Staatsgemäldesammlungen/bpk-images: 4 l. m.; akg-images: 4 l. u.; Austrian Archives/Imagno: 4 r. u.; Landesmuseum Hannover/Artothek: 4/5 o.; Bridgeman Art Library: 4/5 m.; bpk-images: 4/5 u. **LAND ZWISCHEN DEN ZEITEN:** Staatliche Kunstsammlungen Dresden/Hans-Peter Klut/bpk-images: 6/7, 8/9, 12/13; Artothek: 10/11; akg-images: 14/15; Bayerische Staatsgemäldesammlungen/bpk-images: 16/17; Landesmuseum Hannover/Artothek: 18/19; Staatliche Kunstsammlungen Dresden/Jürgen Karpinski/bpk-images: 20/21 **IM RAUSCH DER VERÄNDERUNG:** Staatliche Kunstsammlungen Dresden/Elke Estel und Hans-Peter Klut/bpk-images: 23 **SPIONE FÜR DEN FORTSCHRITT:** ÖNB/picturedesk.com/Interfoto: 24/25, 28/29, 32/33; Liszt Collection/Heritage Images/Getty Images: 25; Hulton Archive/Getty Images: 26; aus: Johann Bernhard Basedow, Elementarwerk, mit Kupfern von Daniel Chodowiecki, Dessau 1774: 27; De Agostini Picture Lib/akg-images: 30 o.; akg-images: 30 u.; Granger Coll./Interfoto: 31; aus: Denis Diderot und Jean Baptiste le Rond d'Alembert, Encyclopédie, ou Dictionnaire raisonné des sciences, des arts et des métiers, Paris 1751–1780: 34 **DER HELD DER OHNMÄCHTIGEN:** Sammlung Megele/SZ Photo: 37 **DIE LEIDEN DES JUNGEN G:** Privat: 38/39, 44 – 3. v. o.; akg-images: 40, 41, 42, 43, 44 – 1. v. o.; bpk-images: 44 – 2. v. o., 44 – 4. v. o.; David Hall/Artothek: 44 – 5. v. o.; Klassik Stiftung Weimar/Olaf Mokansky/bpk-images: 44 – 6. v. o.; Granger Coll./ullstein bild: 45; Städel Museum/Artothek: 46/47, 50; Freies Deutsches Hochstift/Frankfurter Goethe-Museum: 48; Klassik Stiftung Weimar/Roland Dreßler/bpk-images: 49 **DER MEISTER AUS KÖNIGSBERG:** Fine Art Images/culture-images: 53 **IM REICH DER JUNKER:** Museum Europäischer Kulturen, SMB/Dietmar Katz/bpk-images: 54/55; ÖNB/picturedesk.com/Interfoto: 56; akg-images: 57 (2), 64/65; Staatsbibliothek zu Berlin/Dietmar Katz/bpk-images: 58, 59 (3), 62 (2), 63 (2); Museum Europäischer Kulturen, SMB/Ute Franz/bpk-images: 60 (2) **AUFSTIEG EINES HANSEATEN:** Hamburger Kunsthalle/Elke Walford/bpk-images: 68 (2), 75 l. o., 75 l. u., 75 r. u.; Staats- und Universitätsbibliothek Hamburg: 71 l. o.; privat: 71 r. o.; akg-images: 71 u.; historic-maps/akg-images: 72 l. o., 79 (6); Vintage Germany: 72 l. u., 72 r. o., 72 r. u., 76 r. o.; Bridgeman Art Library: 75 r. o.; Staatsarchiv Hamburg: 76 l. o.; Studio Fischer-Daber/Hamburg Museum: 76 u.; privat, koloriert von Tim Wehrmann für GEO*EPOCHE*: 80 **EIN DIEB ALS RETTER:** Rheinisches Bildarchiv Köln/rba_c025381: 83 **ALLEIN GEGEN DEN KAISER:** Bridgeman Art Library: 84/85, 88; Kupferstichkabinett, SMB/Volker-H. Schneider/bpk-images: 85; bpk-images: 86; Eigentum des Hauses Hohenzollern/Jörg P. Anders/bpk-images: 87; Kunstbibliothek, SMB/bpk-images – koloriert von Tim Wehrmann für GEO*EPOCHE*: 89; Stiftung Preussische Schlösser und Gärten Berlin-Brandenburg/Jörg P. Anders/bpk-images: 90; Sammlung Rauch/Interfoto: 91; Kunstbibliothek, SMB/Dietmar Katz/bpk-images: 92 (2), 96, 97, 99; RMN – Grand Palais/Franck Raux/bpk-images: 94/95; Stefanie Peters für GEO*EPOCHE*: 98 **AM HOF DER MUSEN:** Bayerische Staatsgemäldesammlungen/bpk-images: 100; ÖNB/picturedesk.com/Interfoto: 103, 107, 108; Stiftung Weimarer Klassik/akg-images: 104; Kupferstichkabinett, SMB/bpk-images: 110/111 o.; Staatliche Graphische Sammlung München: 110 u.; Pulfer/Interfoto: 111 u.; Klassik Stiftung Weimar/Olaf Mokansky/bpk-images: 112; Bayerische Staatsbibliothek/bpk-images: 115 **SCHÖPFER DES MODERNEN PREUSSEN:** bpk-images: 117 **DIE HAUPTSTADT EUROPAS:** Austrian Archives/Imagno: 118/119, 121, 122/123, 124; akg-images: 120; Imagno/ullstein bild: 122 o.; Hermann Buresch/bpk-images: 122 u.; Heritage Images/Getty Images: 125 o.; De Agostini Picture Lib./Getty Images: 125 u.; Boris Wilnitsky Fine Arts: 126; Stiftung Preussische Schlösser und Gärten Berlin-Brandenburg/Jörg P. Anders/bpk-images: 127; De Agostini Picture Lib./akg-images: 128 o.; Albertina: 128 u.; Johann Kräftner/Imagno: 129 **DICHTER, TRÄUMER, AUSSENSEITER:** akg-images/epd-bild: 131 **EIN JAHR OHNE SOMMER:** De Agostini Picture Lib./Getty Images: 132/133; Artothek: 134, 135, 136; akg-images: 138/139 **DER FÜRST DER ZAHLEN:** SuperStock/Fine Art Images/Interfoto: 141 **BRANDSTIFTER UND PATRIOTEN:** ÖNB/picturedesk.com/Interfoto: 142/143; bpk-images: 144, 146; akg-images: 145, 151; privat: 148, 152/153; Kunstbibliothek, SMB/Knud Petersen/bpk-images: 149 **ZEITLEISTE:** Stefanie Peters für GEO*EPOCHE*: 155, 156, 159 **VORSCHAU:** Larry Burrows/Time & Life Pictures/Getty Images: 163

EIN DIEB
ALS RETTER

Nach ihrem Einmarsch in Deutschland beschlagnahmen die Franzosen massenhaft Kunstwerke. In Köln versucht der Gelehrte Ferdinand Franz Wallraf, den Besatzern zuvorzukommen – und beginnt heimlich, in großem Stil zu sammeln

Text: SIMONE BERNARD

Ferdinand Franz Wallraf ist Priester, Gelehrter – und ein Dieb. Wieder und wieder bestiehlt der Kölner den französischen Staat und damit den mächtigsten Herrscher Europas: Napoleon Bonaparte.

Im Oktober 1794 haben die Truppen der Grande Nation Deutschland bis zum Rhein besetzt, darunter auch Köln, Bischofssitz seit der Römerzeit, dessen Kirchen voller jahrhundertealter Gemälde, Statuen, Reliefs und Altäre sind.

In Frankreich haben die Umstürzler nach der Revolution von 1789 die Geistlichen gezwungen, auf alle Privilegien zu verzichten und die Kirchengüter an den Staat abzugeben. Nach dem Einmarsch in Deutschland beginnen die Invasoren nun, Zehntausende Kunstwerke nach Paris zu bringen, darunter Gemälde wie die „Kreuzigung Petri" von Peter Paul Rubens, Säulen vom Grab Karls des Großen, antike Sarkophage, zudem wertvolle Münzkabinette und fast das gesamte Inventar des Kölner Zeughauses.

1802 enteignet Napoleon die Kirche im Rheinland ganz offiziell. Fortan nutzen die Besatzer Gotteshäuser als Wohnungen, Lager und Gefängnisse oder veräußern sie meistbietend an Spekulanten. In Köln, wo dem Klerus fast die Hälfte der Stadtfläche gehört, dürfen von Dutzenden Klöstern und Stiften nur jene weiterbestehen, die sich um Kranke und Kinder kümmern.

Manche der geraubten Kunstwerke verkaufen die Franzosen direkt in Köln. Einheimische Kunstliebhaber versuchen, die Reichtümer der Stadt zu retten – und der engagierteste von ihnen ist Ferdinand Franz Wallraf, Sammler seit mehr als 20 Jahren.

Der Theologe, Philosoph, Mediziner und Botaniker, 1748 in Köln geboren, war bis 1797 Rektor der Universität. Seit die Franzosen die Hochschule geschlossen haben, arbeitet er als Lehrer.

Von seinem geringen Einkommen erwirbt er nun so viel Kirchengut wie möglich, denn Wallraf will die Kunst seiner Heimatstadt bewahren. Für seine Kost gibt er hingegen wenig aus, und über seine abgetragene Kleidung machen sich sogar Freunde lustig. Obwohl ihn wahrscheinlich reiche Gönner unterstützen, sind seine Schulden bald immens.

Wallraf gelingt es, kirchliche Würdenträger davon zu überzeugen, ihm die Kunstwerke vor einer Beschlagnahme zu überlassen, um sie so vor den Franzosen zu retten. In der Wohnung des Gelehrten stapeln sich die Werke bald bis unters Dach, er verwahrt sie zudem in Lagerräumen überall in der Stadt.

Gegenüber den Franzosen gibt sich der angesehene Kunstkenner zuvorkommend, bietet an, den Wert möglicher Beutestücke zu schätzen. Wird er gefragt, spielt Wallraf die Bedeutung vieler Werke absichtlich herunter – und sorgt so dafür, dass die Besatzer manch kostbares Stück als vermeintlichen Tand in Köln belassen. Von den heimlichen Rettungsaktionen des extrem vorsichtigen Gelehrten ahnen sie offenbar nichts.

Nach der Niederlage der Franzosen in den Befreiungskriegen und ihrem Abzug aus Köln 1814 fordern die deutschen Staaten die entwendeten Kunstwerke aus Frankreich zurück (viele dortige Museen weigern sich oder bestreiten gar, das Geraubte überhaupt zu besitzen).

Auch Wallraf behält zunächst fast alle Werke, die er während der französischen Besatzung an sich gebracht hat – wohl weil er seine einzigartige Sammlung als Ganzes bewahren möchte. Durch seinen Nimbus als Retter der Kölner Kunst sowie gute Beziehungen zu Honoratioren der Stadt gelingt es ihm oft, Rückgabeforderungen abzuwenden.

Erst im Jahr 1818 vermacht er der Stadt testamentarisch die rund 80 000 Objekte seiner über Jahrzehnte zusammengetragenen Sammlung, darunter Gemälde, Fossilien, Bücher, Zeichnungen, Waffen, Plastiken.

Einige Monate vor seinem Tod am 18. März 1824 wird Wallraf zum Ehrenbürger der Stadt ernannt. Sein Nachlass bildet den Grundstock von fünf Museen – unter anderem vom Wallraf-Richartz-Museum, das heute eine der größten Sammlungen mittelalterlicher Malerei in ganz Deutschland beherbergt. ●

Ferdinand Franz Wallraf (1748–1818) betreibt Theologie, Medizin und Philosophie, seine Leidenschaft aber gilt der Kunst – Zehntausende Werke bringt er während der französischen Besatzung an sich, vor allem aus kirchlichem Besitz. Sein höchstes Ziel: der Stadt Köln möglichst viele Preziosen zu erhalten

Am 28. April 1809 beginnt die vielleicht größte Meuterei der ruhmreichen, sonst so eisern disziplinierten preußischen Armee. Ein ganzes Regiment wird desertieren – und das ahnungslose Volk von Berlin schaut auch noch zu.

Das 2. Brandenburgische Husarenregiment reitet am helllichten Nachmittag gegen 16.00 Uhr zum Halleschen Tor hinaus, das die Chaussee nach Potsdam flankiert: ein paar Hundert Mann, blaue Uniformen, goldglänzende Tressen, schwarze Mützen, blitzende Säbel.

Die „gaffende Menge der Zuschauer", so berichtet ein Augenzeuge, glaubt an eine der üblichen Exerzierübungen im sandigen Umland. Und auch die meisten Soldaten gehen davon aus – einige Offiziere haben nicht einmal das vorschriftsmäßige Marschgepäck dabei.

Doch seltsam: Das Regiment verlässt Berlin nicht langsam, sondern, so einer der Zuschauer, „im vollen Galopp, als wolle es zu einem anderen Tore wieder einreiten". Tut es aber nicht.

Das 2. Brandenburgische Husarenregiment wird an diesem Tag nicht durch das Hallesche Tor zurückkehren und nicht durch eines der anderen 13 Tore Berlins. Viele Soldaten, die ausrücken, werden überhaupt nie zurückkehren. Sie werden in den Tod reiten.

Irgendwo vor der Stadt, fern von allen Zeugen, lässt der Regimentskommandeur anhalten. Eine Ansprache!

Major Ferdinand von Schill ist 33 Jahre alt, ein klein gewachsener, schnauzbärtiger, dunkelhaariger Hasardeur, Haudrauf, Kriegsheld. Ein Offizier, der seine Feinde eigenhändig mit dem Säbel von den Pferden geholt hat, der schon als 13-Jähriger zur Kavallerie kam, im blutigen Kriegshandwerk erfahren, ein begnadeter Redner dazu.

Seine genauen Worte an jenem Nachmittag sind nicht überliefert, doch hat einer der Soldaten eine Zusammenfassung hinterlassen: „Der Augenblick sei nun gekommen, der günstige, wo sie die Unterdrückung und die Schmach des Vaterlandes an dem gehassten Feind rächen könnten. Zur Befreiung des deutschen Vaterlandes von dem schweren Joche sollten sie mit ihm ausziehen."

Vielleicht jubeln die Kavalleristen daraufhin – und begreifen gar nicht, was Schill ihnen da verkündet: die Meuterei.

Ein französischer Grenadier richtet sein Bajonett auf eine Waschfrau. Für die Berliner beginnt mit dem Einzug der Truppen Napoleons eine Zeit der Entbehrungen

Denn Preußen befindet sich gar nicht im Krieg. Es herrscht Frieden im Land. König Friedrich Wilhelm III. lässt nicht gegen Österreich oder den Zaren rüsten, nicht gegen Sachsen oder Dänemark, gegen niemanden. Und selbst mit dem übermächtigen Napoleon, gegen den das Reich einen desaströsen Krieg verloren hat, lebt man nun schon seit zwei Jahren im Frieden.

Ein demütigender Frieden zwar, der Preußen rund die Hälfte seines Territoriums und drückende Tribute gekostet hat, aber eben doch offiziell Frieden.

Was Schill nun in seiner Rede, irgendwo zwischen Berlin und Potsdam, den Soldaten vorträgt, ist nichts anderes als ein Aufruf zur Rebellion.

Sie sollen, ohne Kriegserklärung, Preußen und eigentlich, wie Schill es ihnen entgegenschleudert, das ganze deutsche Vaterland von Napoleons Besatzungstruppen befreien. Jetzt sofort und ohne Umkehr!

Dann brechen alle auf. Major Schill führt sein Regiment am späten Nachmittag ohne Wissen und gegen den Willen seines Königs in Richtung Elbe. Schon am ersten Abend campieren sie jenseits von Potsdam.

Aus dem regulären preußischen Regiment ist damit eine Guerillatruppe geworden, ein Haufen Krieger, der die Regeln des Krieges fortan selbst bestimmt: Schill gegen Napoleon, ein tolldreister Reitermajor gegen den genialen

Ferdinand Franz Wallraf (1748–1818) betreibt Theologie, Medizin und Philosophie, seine Leidenschaft aber gilt der Kunst – Zehntausende Werke bringt er während der französischen Besatzung an sich, vor allem aus kirchlichem Besitz. Sein höchstes Ziel: der Stadt Köln möglichst viele Preziosen zu erhalten

Zwei Wochen nach einem Sieg seiner Truppen über Preußen reitet Napoleon (M.) im Oktober 1806 in Berlin ein. Für die Hauptstadt des Hohenzollernreiches beginnt eine rund zweijährige Besatzungszeit

ALLEIN GEGEN DEN KAISER

Sein Kampf gegen die Franzosen macht Ferdinand von Schill (1776–1809) zu einem Volkshelden

Es steht im April 1809 nicht gut um Preußen: Von Napoleon auf dem Schlachtfeld besiegt, hat das Königreich rund die Hälfte seines Territoriums verloren, sein König ist zum Befehlsempfänger des Franzosen geworden. Doch ein Husarenmajor will die Niederlage nicht akzeptieren und zieht mit einer kleinen Schar gegen den übermächtigen Gegner

——— Text: CAY RADEMACHER

A

Am 28. April 1809 beginnt die vielleicht größte Meuterei der ruhmreichen, sonst so eisern disziplinierten preußischen Armee. Ein ganzes Regiment wird desertieren – und das ahnungslose Volk von Berlin schaut auch noch zu.

Das 2. Brandenburgische Husarenregiment reitet am helllichten Nachmittag gegen 16.00 Uhr zum Halleschen Tor hinaus, das die Chaussee nach Potsdam flankiert: ein paar Hundert Mann, blaue Uniformen, goldglänzende Tressen, schwarze Mützen, blitzende Säbel.

Die „gaffende Menge der Zuschauer", so berichtet ein Augenzeuge, glaubt an eine der üblichen Exerzierübungen im sandigen Umland. Und auch die meisten Soldaten gehen davon aus – einige Offiziere haben nicht einmal das vorschriftsmäßige Marschgepäck dabei.

Doch seltsam: Das Regiment verlässt Berlin nicht langsam, sondern, so einer der Zuschauer, „im vollen Galopp, als wolle es zu einem anderen Tore wieder einreiten". Tut es aber nicht.

Das 2. Brandenburgische Husarenregiment wird an diesem Tag nicht durch das Hallesche Tor zurückkehren und nicht durch eines der anderen 13 Tore Berlins. Viele Soldaten, die ausrücken, werden überhaupt nie zurückkehren. Sie werden in den Tod reiten.

Irgendwo vor der Stadt, fern von allen Zeugen, lässt der Regimentskommandeur anhalten. Eine Ansprache!

Major Ferdinand von Schill ist 33 Jahre alt, ein klein gewachsener, schnauzbärtiger, dunkelhaariger Hasardeur, Haudrauf, Kriegsheld. Ein Offizier, der seine Feinde eigenhändig mit dem Säbel von den Pferden geholt hat, der schon als 13-Jähriger zur Kavallerie kam, im blutigen Kriegshandwerk erfahren, ein begnadeter Redner dazu.

Seine genauen Worte an jenem Nachmittag sind nicht überliefert, doch hat einer der Soldaten eine Zusammenfassung hinterlassen: „Der Augenblick sei nun gekommen, der günstige, wo sie die Unterdrückung und die Schmach des Vaterlandes an dem gehassten Feind rächen könnten. Zur Befreiung des deutschen Vaterlandes von dem schweren Joche sollten sie mit ihm ausziehen."

Vielleicht jubeln die Kavalleristen daraufhin – und begreifen gar nicht, was Schill ihnen da verkündet: die Meuterei.

Ein französischer Grenadier richtet sein Bajonett auf eine Waschfrau. Für die Berliner beginnt mit dem Einzug der Truppen Napoleons eine Zeit der Entbehrungen

Denn Preußen befindet sich gar nicht im Krieg. Es herrscht Frieden im Land. König Friedrich Wilhelm III. lässt nicht gegen Österreich oder den Zaren rüsten, nicht gegen Sachsen oder Dänemark, gegen niemanden. Und selbst mit dem übermächtigen Napoleon, gegen den das Reich einen desaströsen Krieg verloren hat, lebt man nun schon seit zwei Jahren im Frieden.

Ein demütigender Frieden zwar, der Preußen rund die Hälfte seines Territoriums und drückende Tribute gekostet hat, aber eben doch offiziell Frieden.

Was Schill nun in seiner Rede, irgendwo zwischen Berlin und Potsdam, den Soldaten vorträgt, ist nichts anderes als ein Aufruf zur Rebellion.

Sie sollen, ohne Kriegserklärung, Preußen und eigentlich, wie Schill es ihnen entgegenschleudert, das ganze deutsche Vaterland von Napoleons Besatzungstruppen befreien. Jetzt sofort und ohne Umkehr!

Dann brechen alle auf. Major Schill führt sein Regiment am späten Nachmittag ohne Wissen und gegen den Willen seines Königs in Richtung Elbe. Schon am ersten Abend campieren sie jenseits von Potsdam.

Aus dem regulären preußischen Regiment ist damit eine Guerillatruppe geworden, ein Haufen Krieger, der die Regeln des Krieges fortan selbst bestimmt: Schill gegen Napoleon, ein tolldreister Reitermajor gegen den genialen

Anfangs biwakieren viele Franzosen auf freien Flächen in der Stadt, etwa im Lustgarten unweit der Langen Brücke (oben, heute Rathausbrücke). Doch schon bald müssen die etwa 150 000 Einwohner des besetzten Berlin einen großen Teil der gegnerischen Truppen in ihren Privathäusern unterbringen. Die meisten der bis zu 30 000 französischen Soldaten aber ziehen weiter

Feldherrn, ein paar preußische Desperados gegen die schlagkräftigste Armee des Kontinents, ein Trupp Deserteure gegen den Kaiser eines Großreiches.

Kurz: Der Privatkrieg des Ferdinand von Schill gegen Napoleon Bonaparte, der an diesem Tag beginnt, scheint der reine Irrsinn, ein Feldzug mitten hinein in die Gefilde des Absurden.

Und doch: Dass ein preußischer Offizier es überhaupt wagt, gegen seinen König zu meutern. Und dass alle, alle seine Soldaten dabei mitmachen – all das verrät, wie verzweifelt die Lage in Preußen im Frühjahr 1809 ist. Der Staat scheint am Ende zu sein, die Monarchie ist bedroht.

Nur die Tat eines Wahnsinnigen, so scheint's, kann Preußen jetzt noch retten.

D

Drei Jahre zuvor hat König Friedrich Wilhelm III. von Preußen sein Land in den Krieg gegen Napoleon geführt – ohne wirkliche Not und anfangs ohne Waffenhilfe des verbündeten Russland, eher aus einem arroganten Affekt heraus: dem Gefühl, man müsse dem immer aggressiver auftretenden Franzosenkaiser nun einmal entgegentreten.

Und der Annahme, Preußens legendäre Armee werde Napoleon schon irgendwie in die Schranken weisen.

Tatsächlich aber sind Preußens Generäle Männer von gestern: Offiziere, die ihre Truppen in großen Formationen langsam vorrücken lassen – und von den weit beweglicheren Franzosen ausmanövriert werden. In der Doppelschlacht von Jena und Auerstedt wird das preußische Heer daher im Herbst 1806 vernichtend geschlagen. Die Truppen verlieren, der Rückzug gerät zur panischen Flucht.

Flucht! Auch der König flieht nach der Schlacht, sein Hof macht sich davon aus Berlin bis ins weit entfernte Königsberg. Die Garnison der Hauptstadt sucht so überhastet das Weite, dass sogar die Waffen und die Munition der Soldaten säuberlich in den Depots zurückbleiben.

14 der 20 im Reich verteilten Festungen – an strategisch wichtigen Orten

gebaute, kanonenbewehrte, mit Soldaten besetzte Forts – kapitulieren, zum Teil kampflos. Vor Berlin ist es die Festung Spandau, deren Besatzung ohne Schuss die Flagge streicht. (König Friedrich Wilhelm III. lässt deren Kommandanten später zum Tode verurteilen; jener Monarch, der sich längst davongemacht hat.)

Am 25. Oktober 1806 zieht das französische VII. Armeekorps in Berlin ein – und niemand wehrt sich. Das Volk steht fassungslos Spalier, begafft die einmarschierenden Infanteristen in zerschlissenen Uniformen. Diese Bande hat die herausgeputzte preußische Armee besiegt? Die tragen ja nicht einmal Puderperücken! Zwei Tage später durchmisst Napoleon persönlich hoch zu Ross und in Militärrock und Zweispitz das Brandenburger Tor.

Es ist eine Schande für Preußen und beinahe der totale Zusammenbruch.

Als etwas später das mit Berlin verbündete Zarenreich in die Kämpfe eingreift, wird auch dessen Armee im Sommer 1807 in Ostpreußen von den Franzosen geschlagen.

Und so schließt Friedrich Wilhelm III. mit Napoleon den Friedensvertrag von Tilsit. Aber was heißt schon Vertrag? Es ist ein Diktat: Preußen verliert gut die Hälfte seines Territoriums und seiner Bevölkerung, darunter alle Besitzungen westlich der Elbe.

Napoleon fügt die Gebiete neu geformten Staaten hinzu, unter anderem dem Königreich Westphalen, das er seinem Bruder Jérôme überträgt.

In Folgeverträgen verliert Preußen viele seiner Festungen, die vorerst besetzt bleiben. Preußen verliert in gewisser Weise seine Hauptstadt, denn auch Berlin wird vorläufig okkupiert.

Preußen verliert einen Großteil seiner Armee, die auf eine Rumpftruppe von 42 000 Mann zusammengestrichen wird. Es verliert Geld, denn das geschrumpfte Reich muss die kolossale Summe von 120 Millionen Francs als Kontribution aufbringen. Mit anderen Worten: Friedrich Wilhelm III. ist zum Befehlsempfänger Napoleons hinabgezwungen worden.

Napoleon bleibt bis Ende November 1806 in Berlin – und macht die Stadt so für vier Wochen zum Zentrum der europäischen Politik. Standesgemäß steigt der Kaiser im Stadtschloss ab, empfängt dort Gesandtschaften (hier Abgeordnete des französischen Senats) und verkündet die »Kontinentalsperre«, mit der er das verfeindete England in die Knie zwingen will

Dass Preußen überhaupt noch weiter existieren darf, verdankt es letztlich dem diplomatischen Druck des Zaren. Russlands Regierung vermittelt beim Friedensschluss von Tilsit vor allem deshalb, damit zwischen dem Riesenreich im Osten und dem neuen Riesenreich im Westen ein Pufferstaat bestehen bleibt. Und wohl nur, weil Napoleon den Zaren als Verbündeten gegen England gewinnen will – denn London befindet sich ja schon lange im Krieg gegen Napoleon –, darf Preußen überleben.

Was nun? In späteren Geschichtswerken wird oft zu lesen sein, in Rest-Preußen habe in den Jahren nach Tilsit eine „Revolution von oben" stattgefunden, eine radikale Reform, um dem ruinierten Staat wieder aufzuhelfen. Tatsächlich ist es eine Art höflicher Putsch.

Es sind gut gebildete, ehrgeizige Männer, die den Staat nach dem demütigenden Friedensdiktat übernehmen.

Der König bleibt unangetastet, doch das politische Gebäude unter seinem Thron will die neue Generation von Staatsdienern radikal umgestalten.

Die Regierung, die Verwaltung, das Finanzwesen, die Bildung, die Wirtschaft und das Militär – alles, alles muss anders werden. Effizienter, besser.

„Nur eine Radikalkur unserer Verfassung kann dem Staat wieder neues Leben geben", schreibt Karl August Freiherr von Hardenberg. Er ist einer der, wie er selbst fortfährt, „wenigen einsichtsvollen Männer" dieser weißen Revolution.

Zu diesen Männern gehört auch Karl Freiherr vom Stein, der ab Oktober 1807 Leitender Minister und damit Regierungschef ist. Hardenberg und Stein werden Regierung, Verwaltung und Wirtschaft reformieren.

Gelehrte um Wilhelm von Humboldt werden die Bildung von Grund auf revolutionieren. Und Offiziere wie Gerhard von Scharnhorst und Neidhardt von Gneisenau werden Preußens zertrümmertes Heer neu aufstellen.

Es ist wohl Gneisenau, der Ferdinand von Schill in dieser Revolution von oben entdeckt, der ihn fördert, der ihn zu einer neuen Waffe schmiedet in einem neuartigen Kampf.

Vor den Toren Berlins errichten die Besatzer das »Camp Napoléonbourg«, ein Militärlager für 25 000 Soldaten. Die Mittel dafür müssen die preußischen Behörden aufbringen

F

Ferdinand von Schill, der spätere Rebell, wird am 6. Januar 1776 geboren und wächst in Schlesien auf. Der Vater ist berufsmäßiger Soldat, ein Söldner, der mal dem einen, mal dem anderen Fürsten seine Dienste anbietet und es darüber zum Adelstitel gebracht hat.

Als Jugendlicher heuert der Sohn bei den preußischen Dragonern an. Der junge Mann ist weder adelsstolz noch bildungssatt, ein guter Reiter und wagemutiger Kämpfer, doch undiszipliniert.

1806, als Napoleon über Preußen herfällt, ist er Sekondeleutnant, ein niedriger Offiziersrang, und das schon seit 13 Jahren, denn niemand will ihn befördern.

Bei Auerstedt schlägt ihm ein Franzose den Säbel auf den Kopf, und Schill wäre wohl einer jener namenlosen Hunderttausenden gewesen, die während der Napoleonischen Kriege hingemetzelt werden – wenn nicht mit diesem Hieb eine fast wahnwitzige Verkettung glücklicher Umstände eingesetzt hätte, die ihn nach oben spült. Der körperlich wenig imposante Schill hatte nämlich aus Versehen einen zu großen Dragonerhut zugesandt bekommen. Damit der ihm nicht vom Schädel rutschte, hatte er ihn mit Watte auspolstern lassen – die wiederum mildert die Kraft des Hiebes. Schill wird verletzt, doch nicht getötet.

Der nächste glückliche Zufall: Der Verwundete rettet sich in eine der wenigen Festungen, die unter dem Ansturm nicht kapitulieren – Kolberg an der Ostsee. Und dort rückt nach einigen Monaten ein neuer Kommandant ein: Neidhardt von Gneisenau.

Leutnant Schill liegt in der kleinen Festung am Ostseesaum danieder. Während seiner Genesung wird ein großer Teil Preußens besetzt, flieht König Friedrich Wilhelm III. ins ferne Königsberg, befindet sich die reguläre preußische Armee in Auflösung. Viele Generäle sind diskreditiert. Welche Schmach.

Und welche Freiheit.

Schill, kaum ist die Wunde verheilt, bekommt im Winter 1806 von Gneisenaus Vorgänger sechs Kavalleristen zugeteilt, um Patrouillen durchzuführen. Mit ihnen verlässt er die Schanzen und Kanonen, schweift frei durch das Umland: Wälder, Felder, Gehöfte, tausend Verstecke für seine schnelle Reiterschar.

Den „kleinen Krieg" nennen das die Militärtheoretiker des Zeitalters, heute würde man sagen: Guerillakampf. Schill legt Hinterhalte, überfällt feindliche

NUR DER ZUFALL RETTET SCHILLS LEBEN

Trupps, raubt Vorräte des Gegners, verschwindet wieder, bevor starke Kräfte herangeritten kommen können. Leutselig redet er mit Bauern und Mägden, fragt sie nach den Stellungen der Fremden. Die Bauern, für altpreußische Offiziere höchstens Objekte der Verachtung, sind ihm Verbündete: Sie sind seine Augen, seine Versorger, sein Versteck.

Schon nach seinem ersten Streifzug kehrt Schill mit acht gefesselten Franzosen wieder, den ersten gefangenen Gegnern überhaupt in Kolberg. Jubel!

Mit dem Jubel kommen Freiwillige: versprengte Soldaten wie Schill, die von ihren Einheiten getrennt worden sind, dazu Freiwillige aus dem Volk.

Dem fernen König werden diese und andere Taten überbracht. Seine Majestät zeigen sich entzückt: „Solche Männer sind jetzt dem Vaterlande teuer!“

Acht Freikorps werden zwischen 1806 und 1807 in Preußen aufgestellt: Einheiten, die von Offizieren selbst organisiert werden, Desperado-Truppen aus Versprengten und Freiwilligen.

Das Schill'sche Korps ist eines davon; am 11. Februar 1807 meldet Schill per Brief an den König, er verfüge bereits über 13 Offiziere, 1454 gemeine Soldaten und 11 Geschütze.

Tolldreiste Überfälle im weiten Pommernland, einmal wird sogar ein französischer General gefangen genommen. Napoleon schickt Schill zwar kaum Truppen entgegen, erwähnt in einem Armeebefehl aber den lästigen „Banditen“ und „Elenden“ – welche Ehre, immerhin, dass der Eroberer halb Europas den jungen Hasardeur bemerkt.

Auch die Bürger im übrigen Preußen werden auf Schill aufmerksam: „Allenthalben hörten wir Rühmliches vom wackeren Schill“, schreibt ein Publizist im Herbst 1807, „allenthalben nennen die Leute ihn mit Freudeglanz in den Augen.“ Der Offizier, der 13 Jahre lang übergangen worden ist, wird vom fernen König zum Major befördert. Friedrich Wilhelm III. verleiht ihm den Orden Pour le Mérite. Schill: ein Held?

„Ich glaube nimmermehr, dass er die Talente des Anführers eines großen Korps habe; sein Ideengang ist springend, ohne irgend etwas zu ergründen. Bei der Lebhaftigkeit seines Charakters wirken andere auf ihn, benutzen ihn als ihr Werkzeug. So ist es gekommen, dass ein anfänglich bescheidener junger Mann durch Lobsprüche und Ruhm ist schwindelig geworden.“ So beurteilt ihn in einem Schreiben ausgerechnet sein Vorgesetzter, Neidhardt von Gneisenau, der Verteidiger von Kolberg.

Das Auge des Kommandanten, der die Festung gegen die Übermacht verteidigt, ist nicht von Rachsucht und Patriotismus umflort. Mit dem kühlen Blick des erfahrenen Militärs, der sich daranmacht, eine ganze Armee zu reformieren, erkennt er die Schwächen der Freikorps. Die mögen schnell und verwegen sein, doch sind sie auch undiszipliniert und zuweilen wenig standhaft.

Einmal geben Schills Männer fast kampflos ein strategisch wichtiges Wäldchen auf, Kolberg wäre beinahe gefallen, Gneisenau schimpft über diese Feigheit.

Und die Bauern? Die helfen den Reitern des Freikorps nicht allein aus glühender Vaterlandsliebe, sondern auch, weil sie Schills Desperados fürchten: Sein Korps ist eine „Geißel der Gegenden, worin es haust“, klagt Gneisenau.

Schließlich schickt der Kommandant das Freikorps zu einem Teil der Armee, der weiter westlich steht, weil er Kolberg auch ohne Schills verlotterten Haufen verteidigen kann.

Allein, Schill ist beliebt, beim König und beim Volk. Und Gneisenau weiß, wie wichtig Propaganda ist, um den Kampfeswillen der Soldaten, ja aller Untertanen anzustacheln.

Macht nicht Napoleon es vor? Im Pariser „Moniteur“ und anderen Zeitungen Europas wird der Korse verherrlicht, wird jedes Scharmützel zur Schlacht, wird jedes Treffen zum Sieg stilisiert, bis nicht nur die Grande Armée, sondern sogar die Feinde an des Kaisers militärisches Genie glauben.

Worum kümmert sich in dieser Zeit der König? Friedrich Wilhelm III. hat sich davongemacht und mag Todesurteile gegen Offiziere wie den Kommandanten von Spandau unterschreiben. Aber wen von seinen Untertanen erreicht der schon? Wer soll für ihn kämpfen – und warum überhaupt?

Gneisenau tut deshalb Unerhörtes: Er spricht zu seinen Soldaten! Er hält Reden vor den Bürgern der umkämpften Stadt! Mit patriotischen Worten stählt er den Widerstandsgeist, rührt Veteranen zu Tränen, bringt widerwillige Bürgersleute plötzlich dazu, an den Geschützen zu dienen.

Und er verfasst, auch das eine Revolution, sogar Zeitungsartikel: „Deutsche, spiegelt euch daran!“ So verherrlicht Gneisenau den Abwehrkampf der kleinen, eigentlich wenig bedeutenden Festung Kolberg zur nationalen Tat.

In Preußen, wo es nur Verlierer gibt, wirken die Verteidiger Kolbergs wie die einzigen Sieger. Und

Napoleon gibt Berlin eine neue Verwaltung nach seinen Vorstellungen. Ein siebenköpfiges, von den reichen Bürgern der Stadt gewähltes Komitee soll künftig formal die Geschicke der Metropole lenken (Alexanderplatz, 1806)

Während Napoleon in Berlin ist, erholt sich Ferdinand von Schill von den Folgen einer Kriegsverletzung. Der Sohn eines Kavallerieoffiziers, bis dahin ein unbedeutender Leutnant bei den preußischen Dragonern, hat sich in die Festungsstadt Kolberg gerettet, deren Kommandant sich den Franzosen nicht ergeben will. Bald sieht Schill hier die Aussicht auf Ruhm niemand wird nun populärer als der Freikorpsführer Schill, der zwar keine Schlachten gewinnt, den Franzosen aber immerhin schon einen General gestohlen hat.

Mag Gneisenau auch wenig von dem Draufgänger, ja Angeber Schill halten – als Offizier erkennt er in Schill eine Waffe ganz neuer Art: Der Freikorpsführer ist der Held eines gedemütigten Volkes, der Mann, der weiterkämpft, der Heros des Widerstandes.

„Durch Schills Popularität und allverbreiteten Namen", erklärt Gneisenau einem Mitarbeiter, „können noch schöne Dinge getan werden; wir müssen daher solche verherrlichen, soviel wir können." Zynismus, vielleicht. Aber auch mit Zynismus kann man Kriege gewinnen.

Als sich Preußen jedenfalls in Tilsit dem Diktat beugt, als der König geflohen und Berlin besetzt ist, als das Reich zerlegt worden ist wie ein geschossenes Tier und die Armee zu einer Zirkustruppe schrumpft, da wird Kolberg, das bis zum letzten Kriegstag verteidigt worden ist, zum einzigen „Triumph" – und Schill mit seinem Korps zum bekanntesten Helden.

Er ist der Mann der Stunde, steht in der Gunst des Königs und ist berühmt bis in die Straßen von Berlin.

Berlin ist die sechstgrößte Stadt Europas, aber was heißt das schon? Vor Napoleons Einzug leben dort, nach einer Statistik, etwa 150 000 „Zivilpersonen" und 25 000 „Militärpersonen" (Soldaten und deren Familien). Berlin besteht aus gut 7000 Häusern (kaum eines höher als drei Geschosse), etwa 30 Kirchen, einem Dutzend Kasernen, einem Dampfmaschinenschornstein, dem Schloss der Hohenzollern. Eine rund 17 Kilometer lange Ziegelmauer umgibt die Stadt, in etwa vier Stunden kann ein Spaziergänger in ihrem Schatten ganz Berlin umwandern.

Die Berliner Mauer ist bis zu vier Meter hoch und ganz neu, erst 1802 vollendet. Sie soll den Schmuggel hemmen, denn auf alle Waren, die nach Berlin gebracht werden, wird Steuer erhoben.

An den Toren – das 1791 vollendete Brandenburger Tor ist das bei Weitem prachtvollste – belegen „Accisebediente" die Einfuhren mit Abgaben. Außerdem ist ganz Berlin ein Gefängnis, zumindest für Militärs. Entlang der Mauer halten alle paar Hundert Meter Wachen Ausschau nach Deserteuren, und am Molkenmarkt hängen am „Schandpfahl" die Steckbriefe der flüchtigen Soldaten.

Im Umland weht, so ein leidgeprüfter Bewohner, der „pestilenzialische Geruch" von Müllkippen und Abdeckereien, weht der Staub, wenn Truppen auf dem sandigen „Exercier-Platz" nahe dem Brandenburger Tor üben.

Von Kolberg aus startet Schill einen Kleinkrieg gegen die Franzosen. Anfangs unterstützen ihn bei seinen Streifzügen nur sechs Reiter

Im Januar 1807 gelingt Schill, nun Anführer eines Freikorps, sein bis dahin größter Coup: In Arnswalde können seine Männer einen französischen General (oben) gefangen nehmen

„Wie konnte bloß jemand auf die Idee kommen, mitten in all dem Sand eine Stadt zu gründen?", fragt sich der französische Romancier Stendhal, der Berlin 1808 besucht. Wer Geld hat, lebt in den Villen Richtung Potsdam, erfrischt sich in einer der vielen „Coffeewirthschaften" des Umlandes, wandelt durch den Tiergarten oder kutschiert über den „Churfürstendamm" hinaus zum Jagdschloss Grunewald.

Doch schon vor dem Krieg lebte fast jeder zehnte Berliner in Armut. Die Prostitution aus materieller Not ist so verbreitet, dass die Verwaltung 1792 eine „Verordnung wider die Verführung junger Mädchen zu Bordellen und zur Verhütung der Ausbreitung venerischer Übel" erlassen hat: Sie verbietet, unter anderem, dass sich die Damen in der Nähe der Gymnasien feilbieten.

Ob sie sich daran halten? 20 Armenwächter patrouillieren durch die Straßen, jagen Bettler und bringen sie ins gefürchtete Armenhaus „Ochsenkopf" – wenn sie die Armen überhaupt finden.

Denn abends versinkt die Stadt im Dämmer, um Mitternacht vollends in Finsternis. Zwar entzünden und reinigen die gut 60 Mann der „Erleuchtungs-Invaliden-Compagnie" die ölbefeuerten Straßenlaternen. Doch die 2072 Zentner Brennstoff kosten pro Jahr rund 38 000 Taler – und so erlöschen die Funzeln um Mitternacht; in Vollmondnächten werden sie gar nicht erst angesteckt. Daher trägt, wer nachts auf die zumeist ungepflasterten Straßen hinauswill, besser eine Laterne in der Hand, um sich nicht in einer der offenen Kloaken den Fuß zu brechen.

Kein Zweifel: Berlin ist schon vor dem Einzug Napoleons keine glitzernde Metropole. Mit den Franzosen jedoch wird es nur noch schlimmer. So montieren sie unter anderem die Quadriga vom Brandenburger Tor ab: Napoleon hat das Monument seiner Garde geschenkt, die Kupferarbeit wird in Kisten nach Paris verfrachtet. Zurück bleibt nur eine eiserne

Haltestange, eine Narrenkappe der Schmach auf Berlins prachtvollstem Tor.

Auch in Schlössern und Wohnungen der Adeligen nehmen sich die Franzosen erlesene Kunstwerke; zwar stellen sie zumeist Quittungen aus, doch das ist wohl nur ein schwacher Trost.

Zeitweise quartiert Napoleon bis zu 30 000 Soldaten in der Stadt ein. Vom Brot bis zum Branntwein und dem Heu für die Pferde müssen die Berliner alles bezahlen und zudem weitere Kriegskontributionen aufbringen.

Die preußische Verwaltung, die unter französischer Aufsicht weiterarbeitet, lässt sich dafür immer neue Steuern einfallen: Vermögensteuern für alle, die mindestens 12 000 Taler besitzen, doch auch Sonderabgaben für, zum Beispiel, Dienstboten und Apothekengehilfen.

Allein durch die neuen Abgaben bringt die Stadt mehr als eine Million Taler auf. Doch schon die Einquartierung der Truppen kostet rund neun Millionen Taler: Ende 1808 ist Berlin mit 4,5 Millionen Talern verschuldet. (Die Schuld wird die Stadt mehr als ein halbes Jahrhundert lang abtragen.)

Ein Graf Dönhoff muss für die bei ihm einquartierten Soldaten 30 000 Taler aufbringen. Der Verleger und Buchhändler Friedrich Nicolai klagt in seinem Testament vom Juni 1808, er habe seit Herbst 1806 die Hälfte seines Vermögens „und darüber eingebüßt“.

Und die Armen? Schon vor dem Krieg hat ein Weber pro Woche weniger als zwei Taler verdient. Nun kriseln die Tuchmanufakturen und die Handwerksbetriebe. Zahlen gibt es hier kaum, doch verüben wohl fast täglich Bedürftige aus Not Selbstmord, viele Bäckereien schließen, weil ihnen der von den Franzosen festgesetzte Brotpreis zu niedrig ist.

Daher ist es nicht nur die Schmach der Niederlage, die in Berlin Unruhe und Rebellentum befeuert, es ist auch die schiere Not: Je länger Napoleon bleibt, desto ärmer wird die Hauptstadt.

Allerdings ist jede patriotische Geste, ja jedes aufmüpfige Wort ein Risiko – nicht nur wegen der Tausenden von fremden Soldaten. Schon vor dem Konflikt haben 4400 Franzosen in Berlin gelebt, die größte Ausländerkolonie der Stadt. Manche kollaborieren nun mit der Besatzungsmacht und denunzieren ihre Mitbürger, die sie nur zu gut kennen. So ist etwa der Chef der Zensurbehörde ein französischer Prediger aus Berlin.

Kritische Zeitschriften wie „Das Vaterland“ des Kunstlehrers Wilhelm Gubitz oder „Der Freymüthige“ des Dichters August von Kotzebue werden oft nach wenigen Ausgaben eingestellt, ihre Herausgeber wandern zuweilen wochenlang in Haft.

Wer kritisch denkt, der trifft sich in Privatwohnungen – etwa beim Buchhändler Reimer in der Kochstraße 14.

Nur Unter den Linden 38, im Saal der Akademie, regt sich offener Widerspruch, und was für einer! Im Winter 1807 auf 1808 hält dort an 14 Sonntagen der Philosoph Johann Gottlieb Fichte „Reden an die deutsche Nation“, in denen er fordert, dass sich „die gesunkene Nation aufrichte zu neuem Leben“.

Die Reden sind öffentlich, der Eintritt kostet den happigen Preis von „nicht voll zwei Taler“, die Texte werden sogar gedruckt und passieren die Zensur.

Französischer Schlendrian? Französischer Respekt vor der Philosophie? Niemand jedenfalls fällt Fichte ins Wort, keinen Tag Haft muss er dafür je verbüßen. Vielleicht bleiben die Besatzer einfach deshalb nachgiebig, weil sich kein Berliner von den gelehrten Diskursen zur Unruhe hinreißen lässt.

Bis zum 3. Dezember 1808 jedenfalls regt sich in Preußens Hauptstadt kein gewaltsamer Widerstand. An diesem Tag ziehen Napoleons Soldaten ab – aber nicht, weil sie von Patrioten bedrängt werden, sondern weil ihr Kaiser einen neuen Krieg führt: nun in Spanien, wo Aufstände seine Herrschaft bedrohen.

Der französische Stadtkommandant übergibt symbolisch die Stadtschlüssel dem greisen Prinzen Ferdinand, dem letzten lebenden Bruder des legendären Königs Friedrich des Großen (und dem prominentesten Hohenzollern, der in Berlin geblieben ist). Dann ziehen die Franzosen ab, unter klingendem Spiel durch das Potsdamer Tor, so friedlich, wie sie einmarschiert sind.

Die Gewalt wird sich erst nach ihnen zusammenbrauen. Und sie kommt mit Major von Schill und seiner Truppe.

Am 10. Dezember 1808 dürfen erstmals seit dem Einzug Napoleons preußische Soldaten wieder in Berlin einrücken: angeführt vom 2. Brandenburgischen Husarenregiment mit Schill an der Spitze. Der Offizier ist im Mai 1808 in Königsberg von Seiner Majestät huldvoll empfangen worden. Dessen Gattin, die im Volk populäre Königin Luise, überreichte ihm eine Brieftasche aus rotem Leder mit der Widmung: „Für den Braven Herrn von Schill“.

Nun reitet er – als Allerallererster! – durch das Bernauer Tor in die Hauptstadt. Das Volk steht Spalier. Blumenregen! Honoratioren! Ein Festschmaus für jeden Offizier im Nationaltheater! Mag Berlin, wie der wenige Wochen später zurückkehrende Wilhelm von Humboldt klagen wird, „zu einem Dorf geworden“ sein, für den aus der schlesischen Provinz stammenden Schill muss es noch immer wie eine glänzende Metropole wirken.

Der kleine Offizier, zwei Jahre zuvor noch ein Niemand, wird als Held, ja als Befreier von Preußens Hauptstadt gefeiert. Was mag in ihm vorgehen? Niemand weiß es, doch man muss an Gneisenaus Worte denken: Schill ist durch Lobsprüche schwindelig geworden …

Nach wie vor aber wagt sich der König nicht in die Kapitale zurück. Und an seinen Hof sind die starken Minister gekettet: Kein Scharnhorst, kein Gneisenau ist in Berlin. Schill muss sich nicht nur als Kommandeur eines Husarenregiments fühlen, sondern als Herr der Hauptstadt.

DER KÖNIG ZÖGERT, SCHILL HANDELT

„Major von Schill mit seinen braven Husaren, zu haben bei dem Kupferstecher Haas in der alten Schönhauser Straße Nr. 26 in Berlin“ – so steht es unter einer der Radierungen, die, als Flugblätter, in Berlin plötzlich überall auftauchen, die französische Zensur ist ja mit Napoleons Soldaten verschwunden: Schill, goldbetresst, den Säbel schneidig gezogen, auf stolzem Rosse oder strammstehend, einfarbig oder zart koloriert und manchmal von einer Gloriole umstrahlt wie von einem Heiligenschein.

Das ist längst kein populärer Offizier mehr, das ist ein Volksheld. Der Soldat, der sich von Napoleon nicht hat unterkriegen lassen! Und, subtiler, ungesagt, aber mindestens so wirkmächtig: der Offizier, der Bürgern nicht schnöselig, sondern leutselig gegenübertritt.

Schill predigt seinen Männern Korpsgeist. Die meisten haben bereits unter ihm gekämpft, denn sein Regiment ist aus dem nach dem Friedensvertrag aufgelösten Freikorps gebildet worden. Untereinander sind die Offiziere per Du, egal wie hoch der Rang ist.

Wer sich trotzdem über Vorgesetzte beschweren muss, kann sich an einen eigens eingerichteten „Ehrenrat“ wenden, um Gehör zu finden. In einer Dienstanweisung legt Schill fest: „Wir müssen uns bestreben, uns durch Bescheidenheit und zuvorkommende Höflichkeit in so weit es unser Stand erlaubt die Liebe des Publikums zu erwerben, dessen Achtung wir bereits zu besitzen das Glück haben. Durch einen richtigen Diensteifer und durch Strenge im Dienst selbst, ohne unsere Untergebenen unnötigerweise zu quälen, müssen wir uns bemühen, sie und uns oben: zu vervollkommnen; auf der anderen Seite uns aber ihre Liebe zu erwerben suchen.“

Schills Schnauzbart unter der Husarenkappe ziert bald Tabaksdosen und Porzellan, Kalenderblätter und – als Spritzfigur – sogar Tortenguss. Wenn Preußen in der dunkelsten Stunde der Niederlage ein Idol hat, dann ihn.

Und der Herr Major besucht die Treffen des „sittlich-wissenschaftlichen Vereins“. Das ist eine antinapoleonische Tarnorganisation. Ihr Ziel: den Volksaufstand gegen die Franzosen vorzubereiten. Einer ihrer Köpfe: Georg Bärsch, ein enger Vertrauter Gneisenaus.

D

Denn Scharnhorst und Gneisenau, die ja im fernen Königsberg am Hof ausharren müssen, drängen den König längst zur Rebellion, zum, wie Scharnhorst in einer Denkschrift formuliert, „allgemeinen Aufstand in Pommern, der Neumark, in der Mark und im Magdeburgischen, in Niedersachsen, Westphalen, Hessen, Thüringen und Franken, an einem Tage sucht man sich aller festen Plätze durch Verrat und Überfall zu bemeistern“.

Es ist der Plan zu einem Guerillakrieg. Und Scharnhorst nennt Seiner Majestät auch gleich einige Offiziere, die er für geeignete Anführer hält – unter anderem den Major von Schill.

Doch Friedrich Wilhelm III. zögert. Vertreibung des verhassten Napoleon, gut und schön. Aber „Verrat und Überfall“? Gar durch das Volk? Klingt das nicht verdächtig nach Revolution?

Wer garantiert, dass sein Volk nach dem Franzosenkaiser nicht gleich auch noch den Preußenkönig über die Klinge springen lässt? Andererseits: Irgendwie muss man doch die Franzosen loswerden.

Und so äußert sich der Monarch vage, unbestimmt, hinhaltend. Kein Befehl zum Aufstand, keine eindeutige Ablehnung. Scharnhorst und Gneisenau kommen schließlich zum Schluss, dass sie den Kampf planen können, aber in einem kuriosen Zustand der Halblegalität: Man lässt sie gewähren, doch niemand bei Hofe will es so genau wissen.

Und so geht Gneisenaus Vertrauter Bärsch nach Berlin, um dort mit anderen Verschwörern im „sittlich-wissenschaftlichen Verein“ zusammenzuarbeiten. Als Schill dazustößt, wird er, so lässt sich vermuten, von Bärsch beeinflusst – Gneisenau weiß ja längst, wie leicht der Major zu manipulieren ist, er selbst hat mitgeholfen, ihn zum Volkshelden zu machen.

Schill nimmt Bärsch als Adjutanten in sein Husarenregiment auf, Gneisenaus Mann ist nun fast ständig in seiner Nähe.

Später wird Bärsch behaupten, „übertriebene Schmeicheleien“ hätten Schill dazu verlockt, „eine Rolle zu übernehmen, zu deren Ausführung ihm die erforderlichen Fähigkeiten fehlten“. Doch ist es nicht Gneisenau, der durch Bärsch jene übertriebenen Schmeicheleien einflüstert? Und ist es nicht Scharnhorst, der Schill die Rolle eines Anführers im Volksaufstand zugedenkt?

Niemand weiß mehr, was genau in den ersten Wochen 1809 in Berliner Sa-

lons und Kasernenhöfen gewispert worden ist. Aber muss Schill nicht glauben, was doch auch Scharnhorst und Gneisenau vermuten: dass der König irgendwie für den Aufstand ist, es aber nur nicht so genau wissen will? Dass man dem König also am besten dient, indem man ihm alles verschweigt? Dass dieses eine Mal ein Offizier auch ohne ausdrücklichen Befehl handeln soll?

Ja muss Schill nicht glauben, dass ihm seine Vorgesetzten die Meuterei geradezu befehlen? Für Schill, noch nie ein besonders disziplinierter Soldat, sieht das jedenfalls wohl wie ein Freibrief zum Losschlagen aus. Fehlt bloß noch die passende Gelegenheit.

In einer Epoche, in der Nachrichten mit dem gemächlichen Tempo der Postkutsche durch Europa reisen, harrt Schill ungefähr ein Vierteljahr in Berlin aus. Im April 1809 verdichten sich nach und nach Gerüchte zu Gewissheiten. Der unbesiegbare Napoleon, so scheint es, gerät ins Taumeln: Am 9. April erklärt Wien Paris den Krieg, die ersten Meldungen über vorrückende Habsburgertruppen klingen bald ermutigend.

In Spanien hat sich das Volk gegen die Franzosenherrschaft erhoben und wehrt sich gegen die Besatzer mit einem mörderischen Guerillakrieg – es ist ja gerade dieser Konflikt, der Berlin befreit hat, weil die Truppen von der Spree nur deshalb abgezogen worden sind, um sie jenseits der Pyrenäen einzusetzen. Auch in Tirol haben die Bauern um Andreas Hofer zu den Waffen gegriffen.

Und schließlich: Selbst im Königreich Westphalen gärt es. Der von Napoleon neu geschaffene Staat, den sein Bruder Jérôme regiert, besteht etwa zur Hälfte aus früheren westlichen Provinzen Preußens. Dort haben ehemalige Offiziere Anfang April vergebens versucht, die Festung Magdeburg zu stürmen. Und selbst aus Kassel, der Hauptstadt des Königreichs, bringt ein Bote Nachrichten von einer Erhebung nach Berlin.

Jetzt oder nie! Die Zeit scheint reif zu sein, halb Europa sich im April 1809 gegen Napoleon aufzulehnen. Doch aus Königsberg: kein Wort. Friedrich Wilhelm III. hält sich bedeckt. De facto ist Preußen mit Frankreich zwangsweise verbündet, auch wenn es formal neutral ist. Der König müsste, wenn überhaupt, mit Napoleon marschieren, nicht gegen ihn. Scharnhorst und Gneisenau sind meist am Hof. Nirgendwo werden offiziell Truppen ausgehoben.

Für Schill, so sieht es aus, gleicht Preußen einem gefesselten Riesen. Irgendjemand muss die Bande durchhauen, dann bricht der Sturm schon los.

„Lieber ein Ende mit Schrecken als ein Schrecken ohne Ende!“ Dieser Spruch soll auf Schill zurückgehen, und selbst wenn das erfunden wäre, so passt er doch perfekt: Der Husarenmajor hält es in Berlin einfach nicht mehr aus, während um ihn halb Europa brennt.

Sein Regiment ist zwar eine regulär vom König aufgestellte Truppe. Doch er hat ihr längst einen neuen, nicht länger nur auf den Monarchen, sondern auch auf die deutsche Nation (was immer das genau sein mag) ausgerichteten Geist eingetrichtert.

Erst im Dezember 1808 endet die Besatzungszeit Berlins. Napoleon (hier in Potsdam) braucht Soldaten für die Niederschlagung eines Aufstands in Spanien und lässt Truppen aus Preußen abziehen – zumal jetzt Frieden herrscht zwischen Berlin und Paris. Bald darauf reitet Schill an der Spitze eines Husarenregiments in die Hauptstadt ein, deren Bevölkerung ihn als Helden feiert

Zudem sind ihm die Männer seit Kolberg ergeben. So sind die Husaren ein wenig noch altpreußisches Regiment, ein wenig schon neupatriotische Volkstruppe, ein wenig Privatarmee eines Condottiere – ein Haufen Haudegen zwischen den Zeiten und Loyalitäten.

Ein Haufen Haudegen, mit denen Schill seinen eigenen Krieg führen kann.

Und so beschließt er irgendwann im April 1809, mit seinem Regiment gen Westen auszurücken und den Kampf gegen Napoleon aufzunehmen.

Ob er sich dabei mit jemandem beraten hat? Ob es Unterredungen gibt in dem patriotischen Tarnverein? Mitverschwörer, Hintermänner? Schwer zu sagen. Den König informiert ganz sicher niemand. Scharnhorst und Gneisenau wissen wahrscheinlich auch nichts, und selbst die Offiziere seines eigenen Regiments lässt Schill vermutlich im Dunkeln. Andererseits: Gneisenaus Vertrauter Bärsch reitet mit.

Auf jeden Fall begehen Schills Husaren, als sie am 28. April 1809 nach Potsdam galoppieren, gewissermaßen gleich zwei todeswürdige Verbrechen: Ihr Ritt ist eine Massendesertion, denn das ganze Regiment verschwindet ja unerlaubt vom Posten. Und es ist eine Meuterei, denn Schill und die Seinen verstoßen gegen den Befehl, in Berlin zu bleiben.

Rein formal stürzen sich Soldaten des preußischen Königs ohne dessen Zustimmung in einen unerklärten Krieg – ein einzigartiger Skandal.

Eigentlich.

Andererseits: Ist Schill wirklich so größenwahnsinnig? Seine Strategie ist doch, sieht man genauer hin, gar nicht so absurd. Sie ist sogar exakt das, was Scharnhorst und Gneisenau seit Monaten fordern und was sie in Denkschriften ihrem König vorgelegt haben: Schill soll mit seiner schnellen, kampferprobten Truppe nach Westen eilen und in das Königreich Westphalen eindringen.

Dort würden die Husaren den Volksaufstand unterstützen, Freiwillige zu den Waffen eilen und das ganze Königreich Westphalen würde in Flammen stehen. Napoleon würde anrücken, sicherlich – doch er müsste zugleich auch gegen die Großmacht Österreich kämpfen.

Sein Kaiserreich wäre überdehnt, der Aufstand in Westphalen könnte ihm den Todesstoß versetzen – und Preußens König bliebe gar nichts anderes übrig, als sich offiziell gegen Frankreich zu stellen und mitzumachen.

Am Ende wäre Preußen der Sieger über Napoleon, würde seine westlichen Provinzen zurückgewinnen – und Schills Leute wären keine Deserteure mehr, sondern die Avantgarde eines erneuerten Staates! Mag sein, dass am 28. April der Meuterer und Volksheld Schill beim Auszug aus Berlin schon von einem neuen und dann noch viel, viel triumphaleren Einzug träumt.

Allein: Zwischen Wagemut und Größenwahn, Patriotismus und Meuterei, zwischen genialem Schachzug und lächerlichem Manöver liegt ein feiner Grat – und Schill findet sich schon nach wenigen Tagen auf der falschen Seite dieses Grates wieder.

Am 2. Mai rückt das Husarenregiment in Dessau ein und spielt den „Dessauer Marsch“ dabei. Jubel!

Schill lässt einen Aufruf drucken, verteilen, es ist sein Programm: „An die Deutschen. Meine in den Ketten eines fremden Volkes schmachtenden Brüder! Der Augenblick ist erschienen, wo ihr die Fesseln abwerfen und eine Verfassung wiedererhalten könnt, unter welcher ihr seit Jahrhunderten glücklich lebtet. Ziehet die Sturmglocken! Alles greife zu den Waffen – Sensen und Piken mögen die Stelle der Gewehre vertreten. Wer feige genug ist, sich der ehrenvollen Aufforderung zu entziehen, den treffe Schmach und Verachtung, der sei zeitlebens gebrandmarkt! Ein edles deutsches Mädchen reiche nie die Hand einem solchen Verräter!“

Sturm und Drang und Volksaufstand. Sensen und Piken in der Hand des Volkes, das klingt nach Französischer Revolution. Und in dem Verräter, der sich der Aufforderung zum Kampf entzieht, kann man da nicht auch den König wiedererkennen?

Alles, was Friedrich Wilhelm III. von einem Volksaufstand befürchtet, alles, was ihn zögern und zaudern lässt, alles das steckt in diesen Zeilen.

Schill verliert hier eine Schlacht, ohne auch nur einen Schuss abzugeben, und er weiß es nicht einmal. Denn er verliert wohl spätestens mit dem Aufruf an diesem Tag die Gunst des Königs.

Weiter! Am 4. Mai setzen die Reiter bei Bernburg über die Saale. Die preußischen Husaren haben die Grenze zum Königreich Westphalen überschritten, aus den Meuterern sind nun auch noch Invasoren geworden.

Doch, ach, genau an jenem Tag erreichen Schill gleich mehrere niederschmetternde Nachrichten: Österreichs Armee ist von Napoleon geschlagen worden. In Jérômes Königreich ist zudem der Volksaufstand kollabiert – genau genommen ist er schon

Schill weigert sich, den Friedensschluss mit Frankreich zu akzeptieren, und bekämpft Napoleons Verbündete ab April 1809 auf eigene Faust – ein Fall von Meuterei

Nur mit geringem Erfolg bekämpfen Schills Männer den Feind. Die erhoffte Zustimmung des preußischen Königs zu dem Kriegszug bleibt aus

niedergeschlagen worden, als Schill noch in Berlin war, doch war das dort nicht bekannt geworden.

Zudem überbringt ein Bote die Order des preußischen Stadtkommandanten von Berlin: Der Herr Major möge gefälligst sofort umkehren und sich den Folgen seiner Handlungen stellen.

Schill holt seine Offiziere zum Rat zusammen. Was nun? Mit ein paar Hundert Mann in einem fremden Königreich gegen die Verbündeten Napoleons anrennen? Oder umkehren, um in Berlin als Deserteure abgeurteilt zu werden? Schill, glaubt man dem Bericht eines Augenzeugen, ist ratlos, schlägt vage einen dritten Weg vor: Umkehr nach Preußen, sich dort aber irgendwo verschanzen und auf eine neue Gelegenheit zum Aufstand hoffen.

Doch die Geister, die Schill gerufen hat, suchen ihn nun heim. Die Meuterer meutern, die Offiziere stellen sich gegen ihren Kommandeur: „Nach langem und heftigem Streite“, so schreibt einer der Teilnehmer, „wurde beschlossen, weiter vorzudringen und einen ehrenvollen Untergang gegen überlegene Macht der Schande vorzuziehen, den Feind ohne Schwertschlag triumphieren zu sehen.“

DAS ENDE KOMMT IN POMMERN

Den Schwertschlag bekommen die Husaren dann schon am nächsten Tag. Bei Dodendorf treffen sie auf zwei französische und vier westphälische Kompanien, etwa 800 Mann, zwei Geschütze.

Attacke des Freikorps, Blut und Tote. Schills Pferd stirbt unter ihm, sieben seiner Offiziere werden niedergemacht. Die Regimenter der Westphalen wanken zwar. Doch die französischen Truppen weisen alle Angriffe ab. Das Gefecht endet unentschieden.

Wohin? Bald weichen sie doch zurück. Am 13. Mai sind sie wieder auf dem Ostufer der Elbe und damit in Preußen. Am 14. Mai wird ein Befehl Friedrich Wilhelms III. bekannt: Schills Privatkrieg habe seine „höchste Missbilligung“ erregt. Der Monarch fordert die „strengste Ahndung der Schuldigen“.

Im Klartext: Werden sie nicht von den Franzosen erschossen, dann wahrscheinlich von den Preußen exekutiert.

Wohl kein Gneisenau, kein Höfling findet ein gutes Wort für Schill. Wie auch? Würde sich irgendjemand in Preußens Regierung offen zustimmend zeigen, so könnte Napoleon das als Verrat deuten und das geschrumpfte Reich vollends zerschlagen.

Schill jedoch tut alles, um die peinliche Verlegenheit des Königs noch maximal zu steigern. Statt nun wenigstens in Preußen zu verharren, führt er seine Desperados ins benachbarte Herzogtum Mecklenburg. Sein Ziel ist die Stadt Stralsund – die wiederum ist von Franzosen besetzt, gehört aber eigentlich zum Königreich Schweden.

Frankreich, Westphalen, Mecklenburg: In nur wenigen Tagen gelingt es dem verdammten Husarenmajor, gleich drei europäische Staaten gegen das bereits arg gebeutelte Preußen aufzubringen. Seine Majestät, darf man vermuten, ist nicht amüsiert.

Ein Plan ist dahinter längst nicht mehr zu erkennen. Wahrscheinlich weicht Schill nach Stralsund aus, weil er die Stadt schon von einem früheren Aufenthalt her kennt, weil sie einen Hafen hat und weil er vielleicht hofft, dass über die Ostsee irgendwie britische Schiffe zu Hilfe eilen. Doch die Zeit läuft ihm davon.

Am 25. Mai erreicht Schills Vorhut Stralsund. Der Major galoppiert morgens mit bloß 45 Kavalleristen in die kleine Hafenstadt, die nicht zur Festung ausgebaut ist, die Wälle haben die Franzosen weitestgehend zerstört. Nur 30 französische Artilleristen schützen die Stadt. Erbitterte Straßenkämpfe, am Ende sind die Verteidiger geschlagen.

Nun rückt der Rest von Schills Truppe ein, es sind vielleicht 1300 Mann.

Doch ihm sitzen bereits 5000 Verfolger im Nacken. Für Napoleon ist der Major noch immer so unbedeutend, dass er keines seiner eigenen Regimenter gegen ihn in Marsch setzt. Nahe Hamburg jedoch sind verbündete Niederländer und Dänen positioniert – und die erhalten den Befehl, diese verrückten Freischärler zusammenzuhauen.

Am Mittwoch, dem 31. Mai 1809, stehen die Niederländer und Dänen vor Stralsund. Was nun geschieht, darüber sind verschiedene Berichte überliefert, die sich in manchen wichtigen Einzelheiten widersprechen. Klar scheint indes zu sein: Besonders heroisch ist der letzte Kampf des Majors von Schill nicht.

Ein Sturmangriff, ein einziger nur, dann sind die Niederländer und Dänen bereits in Stralsund. Schüsse, Säbelhiebe, Bajonettstiche – das Gefecht, wohl eher ein Gemetzel, dauert vielleicht kaum mehr als 15 Minuten.

Am Ende lässt der kommandierende General der Niederländer einige Reiter, die sich besonders heftig gewehrt haben, nach Preußen abziehen. 543 Desperados werden gefangen genommen – die meisten von ihnen werden später als Galeerensträflinge ans Ruder gekettet. Elf verhaftete Offiziere kommen vor ein Kriegsgericht und werden erschossen.

W

Was aber geschieht mit Schill? Der verlässt, warum auch immer, wohl schon nach wenigen Minuten seinen Posten am Wall und eilt, scheinbar planlos, durch die Gassen von Stralsund. Über das, was dort geschieht, kursieren unterschiedliche Aussagen.

Zitieren wir hier diejenige, die es noch am besten mit ihm meint. Sie stammt von einem Zeugen namens Lieske, den die Berliner Polizei eine Woche später befragen wird: „Major von Schill kam mit zwei Husaren und zwei Ulanen in die Stadt, durch die Frankenstraße nach dem neuen Markt, welcher von drei Kompanien Holländern besetzt war. Er wurde von ihnen mit überhaupt an 300 Schüssen empfangen, aber nicht getroffen. Mitten durch die feindliche Infanterie ritt er beim Zeughaus vorbei nach dem alten Markt, hieb, was ihm in den Weg kam, nieder, wobei er aber zugleich einen Hieb auf den Kopf erhielt. Verfolgt von feindlichem Infanteriefeuer, kam er bis zur Fährstraße, wo er durch drei Schüsse und einen Bajonettstich von der rechten zur linken Seite in den Unterleib den Tod fand."

Die Sieger trennen dem Toten den Kopf ab und schicken ihn in einer Art Marmeladenglas zu König Jérôme. Napoleons Bruder überlässt den Schädel später einem Naturforscher in Leyden zu Studienzwecken – und erst nach 20 Jahren wird das Haupt beigesetzt, in Braunschweig, wo 14 von Schills Kameraden verurteilt und hingerichtet wurden und wo sein Haupt noch heute ruht.

„Schill hat geendet, und zwar als tapferer Mann. Sein Versuch auf die Deutsche Nation ist misslungen", notiert nach dem Abenteuer einer, der es wissen muss: Gneisenau.

„Noch will ich mein Urteil über diese Angelegenheit verschieben, indem ich nicht weiß, ob dieser meteorische Mensch mit großen Ansichten zu Werke geschritten ist oder bloß als gewöhnlicher Parteigänger gehandelt hat."

Die „großen Ansichten" sind für Gneisenau die patriotischen Ideen vom Volkskampf. Als „Parteigänger", ein alter militärischer Ausdruck, schimpft er Kämpfer, die nicht aus Idealismus oder Pflichtgefühl Kriege führen, sondern aus bloßer Ruhm- und Geldsucht.

Nationaler Volkskämpfer oder ruhmsüchtiger Führer einer Privatarmee? Für den Husarenmajor ist das am Ende vielleicht gar kein Widerspruch gewesen. Schill war einfach zu patriotisch, *und* er war zu eigensinnig, um tatenlos in einer Kaserne zu sitzen, während in Europa der Krieg lodert.

In der Napoleonischen Ära, in der gewaltige Heere in epischen Feldzügen in Ägypten einfallen oder nach Moskau marschieren, wirkt der Schill'sche Zug wie eine Karikatur: ein wenig tragisch, ziemlich lächerlich und völlig unbedeutend. Napoleon wird deshalb keine schlaflose Nacht durchlitten haben.

Und Friedrich Wilhelm III. tut nach dem Ende Schills das, was er am besten kann: nichts. Preußen bleibt ein Satellitenstaat der Franzosen, wird weder sanktioniert noch belohnt. 1809 scheint, vergleicht man es mit anderen Jahren jener dramatischen Epoche, geradezu eine Atempause zu symbolisieren, eine kurze Zeitspanne, während der in Europa nichts Entscheidendes geschieht.

Und doch ist Schill der Bote einer neuen Zeit. Er deutet an, was kommen wird: das Ende Napoleons, der Aufstieg der Nationalstaaten, der Traum von der Einheit der Deutschen.

Schill ist erst ein gutes Jahr tot, da wendet sich Napoleon gegen Russland. Das Kaiserreich des Westens gegen das Kaiserreich des Ostens. Und Preußen liegt dazwischen. Scharnhorst reist 1811 zu Geheimgesprächen an den Zarenhof.

Für ihn ist das die ersehnte Gelegenheit: gemeinsam mit den Russen gegen die Franzosen zu kämpfen. Und Gneisenau schlägt seinem König erneut einen Volkskrieg vor: einen Aufstand, noch bevor Napoleon in Russland einmarschiert!

UNTER DER HERRSCHAFT NAPOLEONS

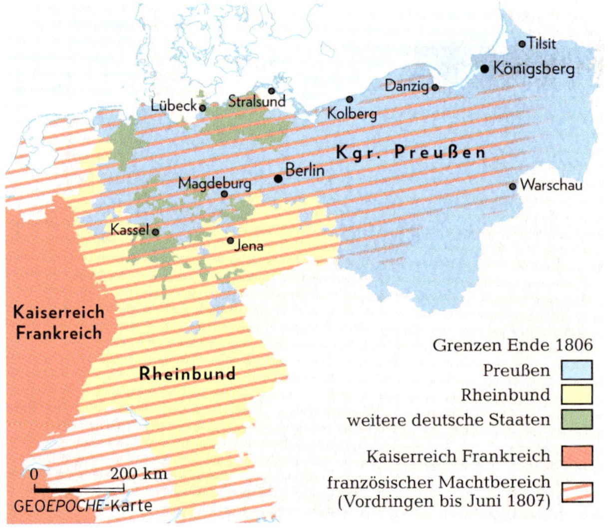

Im Sommer 1807 kontrolliert Frankreich fast das gesamte Gebiet des kurz zuvor aufgelösten Heiligen Römischen Reiches: Im Süden hat Napoleon die Fürsten in den Rheinbund unter seiner Führung gezwungen, Preußen ist größtenteils besetzt. Nur wenige Festungen hält die preußische Armee noch, darunter Kolberg

Nach nur einem Monat ist der eigenmächtige Kriegszug des Husarenmajors am Ende: In Stralsund können die Rebellen einem feindlichen Sturmangriff nicht standhalten. Bei Kämpfen in der Ostseestadt kommt Ferdinand von Schill ums Leben (oben Bildmitte). Doch viele seiner Landsleute verehren den gescheiterten Offizier als einen Vorkämpfer deutscher Freiheit

Seine Majestät notiert neben die Denkschrift: „als Poesie gut". Und schließt dann ein Bündnis mit Napoleon, sagt ihm die Hälfte seiner geschrumpften Armee für dessen Russlandfeldzug zu. Gneisenau tobt, schreibt von „Feigheit" und „Schande"!

Am Ende sind es dann Russlands Soldaten und Russlands Winter, die Preußen retten: Mit 600 000 Soldaten fällt Napoleon im Sommer 1812 ins Zarenreich ein – nach sechs Monaten kehrt ein elend zugerichtetes Fünftel zurück.

Mit den nachrückenden Russen verhandelt General Hans David Ludwig von York. Der erzkonservative preußische General befehligt ein Hilfskorps in Ostpreußen, das praktisch im Weg der Zarenarmee steht. Am 30. Dezember 1812 unterzeichnet York nahe dem Örtchen Tauroggen eigenmächtig eine Konvention, mit der er den Truppen des Zaren den Durchzug gewährt – es ist, wie bei Schill, erneut de facto eine Meuterei.

Wieder der patriotische Ungehorsam eines Offiziers, der das Stillhalten des Königs nicht länger ertragen mag.

Diesmal jedoch ist Napoleon tatsächlich entscheidend geschwächt. Diesmal ist auch der Druck der Offiziere, ist der Druck im Volk einfach zu groß, als dass Friedrich Wilhelm III. noch länger passiv bleiben kann. Am 28. Februar 1813 wechselt Preußens König endlich die Seiten und unterzeichnet ein Bündnis mit dem Zaren.

Gerade noch rechtzeitig.

Napoleon ist bald überall auf dem Rückzug. In Deutschland toben die Befreiungskriege. Und aus dem erratischen Husarenmajor Ferdinand von Schill wird in der nationalistischen Propaganda endgültig ein Vorkämpfer deutscher Freiheit: „Ja, als die Wucht von Schanden / Den Nacken Deutschlands bog, / Ist einer aufgestanden, / Der stolz den Degen zog. / Als viele wie Memmen erblichen / Und kuschten feig und still, / Ist dieser nicht ausgewichen: / Sein Name klinget Schill." So wird ihn später der patriotische Verseschmied Ernst Moritz Arndt loben – und jeder mag sich denken, wer wohl die Memme hier ist.

Nun geschieht genau das, was sich Schill schon 1809 erträumt hat: Nationalstolze Rebellen erheben sich gegen Napoleon, während zugleich die Armeen europäischer Großmächte vorrücken.

Vom 16. bis zum 19. Oktober 1813 treffen Franzosen und ihre Verbündeten bei Leipzig auf Russen, Preußen, Schweden und Österreicher. Napoleon verliert, ein halbes Jahr später muss er abdanken. Sein Kaiserreich ist am Ende. Preußen ist wieder Großmacht.

„Völkerschlacht" wird das entscheidende Gemetzel von Leipzig bis heute genannt.

Ferdinand von Schill hätte dieser Name sicher gefallen. ⬢

Bei **Cay Rademacher**, *Jg. 1965, kam Schill im Geschichtsstudium kein einziges Mal vor – obwohl er doch als Prototyp eines Medienhelden überraschend modern ist.*

LITERATUREMPFEHLUNGEN: Hermann Klaje, *„Ferdinand von Schill"*, in: Walter Menn (Hg.), *„Pommersche Lebensbilder"*, Bd. IV, Böhlau: kleine, etwas altmodisch geschriebene Biografie. Veit Veltzke (Hg.), *„Für die Freiheit – gegen Napoleon. Ferdinand von Schill, Preußen und die deutsche Nation"*, Böhlau: Ausstellungskatalog über Leben und Nachleben des Deserteurs und Nationalhelden.

Als Autor des »Werthers« genießt Goethe europaweiten Ruhm, doch in Weimar wandelt sich der gefeierte Literat zunächst zum Beamten. Neue Werke vollendet er jahrelang kaum noch, stattdessen kümmert er sich um die herzoglichen Finanzen

AM HOF DER MUSEN

Das geistige Zentrum Deutschlands ist um 1800 nicht Wien, Berlin oder Hamburg, sondern ein verwinkeltes Städtchen in Thüringen. Ausgerechnet in Weimar, dem Regierungssitz eines unbedeutenden Herzogtums, versammeln sich einige der größten Dichter und Philosophen ihrer Zeit. Sie nutzen die beispiellose Freiheit, die ihnen die kunstsinnige Herrscherfamilie gewährt. Und zwei Männer übertreffen sie alle: Johann Wolfgang von Goethe und Friedrich Schiller

Text: MATHIAS MESENHÖLLER

Bei schönem Wetter, wenn Weimar in diesen Septembertagen 1794 herbstlich leuchtet, treten die beiden Herren aus dem Haus am Frauenplan. Sie meiden die engen Gassen und spazieren in den Park und die Gärten vor dem Städtchen, zu den Flussauen der Ilm.

Der eine, ein langer, dürrer, rotblonder Mann mit ungesundem Teint und gelben Tabakflecken unter der Nase, spricht den nasalen Dialekt seiner schwäbischen Heimat und gestikuliert lebhaft.

Der andere ist kleiner, korpulent, hält in gemessener Würde die Arme auf dem Rücken verschränkt. Höflich grüßt er Passanten in Frankfurter Hessisch, ohne jedoch das Gespräch zu unterbrechen – während sein Begleiter so ins Gespräch vertieft ist, dass er die Menschen nicht einmal wahrnimmt.

Es handelt sich um den 34-jährigen Friedrich Schiller, einen Arzt und Philosophieprofessor an der nicht weit entfernten Universität Jena. Der vornehmer dahinschreitende Mann ist der zehn Jahre ältere sächsisch-weimarische Geheimrat Johann Wolfgang von Goethe.

Zwei Erfolgsautoren – die einander über Jahre beargwöhnt, beneidet und gemieden haben. Die auf den ersten Blick alles trennt: Herkunft und Auftreten, Denkstil und Arbeitsweise, politische und Moralvorstellungen. Nun hat sie die Idee zu einer neuen Zeitschrift zusammengeführt, von der beide zu profitieren hoffen. Schiller bezieht für zwei Wochen eine Suite von drei Zimmern in Goethes großzügigem Haus am Frauenplan.

Vorab warnt der Gast den Hausherrn: Seine angegriffene Gesundheit, chronische Krämpfe, Schlaflosigkeit, Blähungen machten ihm einen geregelten Tagesablauf fast unmöglich. Tatsächlich aber quälen ihn die Beschwerden in der Folgezeit kaum; in einem Brief führt er dies auf das „ordentliche Abendessen" im Hause Goethe zurück, den Verzicht auf Obst, Kaffee, Tee und Bier; stattdessen trinke er nun mehr Wein als sonst.

Möglicherweise aber trägt vor allem der intellektuelle Austausch mit Goethe zu Schillers Wohlbefinden bei. Denn die 14 Tage werden zu einem einzigen, nicht endenden Dialog. Über Erlebnisse, Theorien, Projekte, Beobachtungen.

Die beiden lesen sich gegenseitig aus ihren Texten vor, zeigen einander Manuskripte. Die Gemeinsamkeiten, stellt sich heraus, sind größer, die Unterschiede weniger trennend als gedacht – oder sie ergänzen sich gar.

Anderes lässt sich übergehen. So erspart der Gastgeber dem sittsamen Schiller eine Begegnung mit seiner Haushälterin Christiane Vulpius – von der jeder weiß, dass sie Goethes Geliebte ist, das Paar einen vierjährigen Sohn hat.

Sie bleibt im Hintergrund, sorgt dafür, dass Schillers Zimmer in Ordnung sind, das Essen auf den Tisch kommt, der Wein. Vorgestellt wird sie dem Besucher nicht. Kein Wort des Grußes oder Dankes von Schiller an sie, auch später nicht, in dem intensiven Briefwechsel mit Goethe, der nun einsetzt.

Der Kontakt wird nie mehr abreißen. In diesen zwei Wochen schließen Schiller und Goethe Freundschaft. Mehr noch: Sie schließen einen Pakt. Ein Bündnis, das Literaturgeschichte machen, beide zu ihren größten Leistungen anregen und ihnen gewaltigen Ruhm eintragen wird. Und bittere Missgunst.

Zehn Jahre wird der Bund halten, bis zu Schillers Tod 1805. Er wird Weimar zu einem legendären Ort der Geistesgeschichte machen. Und damit eine Entwicklung krönen, die fast ein halbes Jahrhundert zuvor eingesetzt hat: den Aufstieg des thüringischen Residenzstädtchens zu einem Zentrum gelehrten Lebens von europäischer Bedeutung.

Weimars Verwandlung zur Kulturmetropole beginnt im Februar 1755 mit einem Brief. Darin fragt ein Hofbeamter des Herzogtums Sachsen-Weimar-Eisenach beim Fürsten von Braunschweig-Lüneburg an, ob er bereit sei, dem 17-jährigen, noch unmündigen Weimarer Herzog Ernst August eine seiner Töchter zur Frau zu geben.

Der Braunschweiger schickt als Angebot ein Porträt nach Weimar. Das zeigt aber nicht dessen geliebte älteste Tochter, sondern die eher unscheinbare, knapp 1,55 Meter kleine und leicht bucklige zweite Tochter Anna Amalia.

Für Sachsen-Weimar muss das reichen: Der dortige Jungherzog ist überaus kränklich und auf eine baldige Hochzeit angewiesen, will er seinem Haus noch einen Erben verschaffen.

Alles beginnt mit einer fremden Braut

Im Frühjahr 1756 zieht Anna Amalia als neue Herzogin in Weimar ein, eine 16-Jährige in einem blauen, golddurchwirkten Kleid. Nach anderthalb Jahren bringt sie den ersehnten Stammhalter zur Welt und wird bald abermals schwanger.

Kurz darauf stirbt Herzog Ernst August so plötzlich wie erwartet. Am 24. Oktober 1758, ihrem 19. Geburtstag, wird die Witwe als Regentin des Herzogtums anerkannt. Ein wenig mag sie sich fühlen wie gestrandet.

Denn Anna Amalia ist in Braunschweig und Wolfenbüttel an einem der kultiviertesten und wohlhabendsten deutschen Fürstenhöfe aufgewachsen, einem Zentrum der frühen Aufklärung. Weimar hingegen ist ein mittelalterlich verwinkeltes, schäbiges Landstädtchen.

Die Tage beginnen mit Hahnenschreien und Entengeschnatter. Schweine und Ziegen laufen umher, der Stadthirte treibt die Kühe der Bürger die Gassen hinab. Über Straßen, durch die offene Kanäle und Bäche voller Dung und Kehricht fließen; stellenweise führen nur Trittsteine von Haus zu Haus.

Die Ratten sind eine Plage, ebenso tollwütige Hunde, Wanzen, Flöhe und anderes Ungeziefer sowieso.

Die Mehrheit der rund 6000 Einwohner lebt karg oder ärmlich in ein- oder zweistöckigen, mit Stroh oder Schindeln gedeckten, schlecht gebauten, noch schlechter verputzten Häuschen. Diebstähle sind verbreitet, viele Menschen wildern, andere betteln.

Abends werden die Tore geschlossen, doch die Stadtmauer ist baufällig und leicht zu überklettern. Die wenigen Wandlaternen sind oft defekt, oder es ist der Fischtran ausgegangen, der sie leuchten lässt.

Zweimal pro Woche erscheint eine Lokalzeitung von einer Doppelseite, der etwa zu entnehmen ist, wann wieder ein Zahnarzt durchreisen wird. Wer es sich leisten kann, bestellt Fisch, Butter, Wein von außerhalb, weil die Ware der örtlichen Händler schlecht ist.

Die Landstraßen nach Erfurt im Westen und Jena im Osten sind in einem so erbärmlichen Zustand, dass zuweilen selbst die Bauernkarren ausbleiben und das Getreide knapp wird.

Das herzogliche Schloss immerhin ist ansehnlich, verfügt über einen Komödiensaal und eine gut ausgestattete Bibliothek. Doch selbst das übersteigt eigentlich die Mittel: Der Staat, den Anna Amalia übernimmt, ist massiv verschuldet, kann von höchstens 100 000 Untertanen Steuern einfordern, fast alle einfache Bauern und Handwerker.

In Sachsen-Weimar-Eisenach – das aus mehreren unverbundenen Gebieten und Ämtern besteht und mit einer Fläche von knapp 2000 Quadratkilometern zu den kleineren deutschen Fürstentümern zählt – gibt es weder nennenswerten Handel noch Manufakturen, kaum Bodenschätze, wenig Reichtum.

Dennoch lässt Anna Amalia den Etat des Hofes erhöhen und weiter Schulden machen, um ein wenig Glanz zu entfalten. Zwischen 1761 und 1765 baut sie für die von ihr besonders geliebte, stetig wachsende Büchersammlung

Der Poet, Übersetzer und Philosoph Christoph Martin Wieland kommt 1772 als Lehrer des Thronerben nach Weimar. Er soll den jungen Herzog im Geiste der Aufklärung erziehen. Nebenbei gibt er eine literarische Zeitschrift heraus ein eigenes Palais prunkvoll um – und öffnet diese neue Bibliothek auch bürgerlichen Lesern. So kennt sie es aus dem heimatlichen Wolfenbüttel; in Mitteldeutschland ist derlei noch unüblich.

Ähnlich steht das Hoftheater, das an drei Abenden in der Woche ein Potpourri aus Musik, Drama, Ballett bietet, jedem offen, der an eine der kostenlosen Karten gelangt. Die Herzogin setzt eine bessere Ausstattung für die Landesuniversität Jena durch, höhere Professorengehälter, eine strengere Studienordnung.

1772 gelingt ihr ein besonderer Erfolg: Aus dem benachbarten Erfurt kann sie den Dichter und Philosophieprofessor Christoph Martin Wieland abwerben, als Erzieher ihrer Söhne.

Wieland hat sich mit sinnenfrohen Romanen und Versen einen Namen gemacht, zudem als Shakespeare-Übersetzer. Er ist ein hagerer Mann mit einer schwarzen Pockennarbe auf der spitzen Nase. Zuweilen wankelmütig, meist freundlich, oft enthusiastisch, aber auch aufbrausend und im Jähzorn ungerecht.

Anna Amalia engagiert ihn, damit die heranwachsenden Söhne den Geist der Aufklärung aus erster Hand empfangen. Zudem soll er als Hofdichter und geistreicher Gesellschafter an ihrer Tafel glänzen, kurz: als intellektuelles Statussymbol. Dafür erhält der Autor ein gutes Gehalt und nach Volljährigkeit des Thronerben eine lebenslange Pension.

Seine freie Zeit nutzt Wieland, um einen lang gehegten Plan zu verwirklichen: die Gründung einer Zeitschrift nach dem Vorbild des französischen „Mercure de France". In dem literarisch-politischen Journal „Der Teutsche Merkur" publiziert er ab April 1773 Erzählungen, Gedichte und Buchbesprechungen, politische und wissenschaftliche Beiträge, Vermischtes und Leichtes.

Die erste Ausgabe bringt die Übertragung eines französischen Liedes sowie eines englischen Gedichts, gehobene und unterhaltsame „poetische Kleinigkeiten" deutscher Dichter, ausführliche Betrachtungen zu Wielands Singspiel „Alceste", eine anmutige Erzählung aus der Antike sowie die umfassende Rezension eines Pariser Literaturjournals.

Als Erzieher bewirkt Wieland, dass Anna Amalias älterer Sohn Karl August zu einem selbstbewussten, freisinnigen, eigenwilligen jungen Mann heranwächst.

Ende 1774 wird der junge Herzog auf eine Bildungsreise an den Rhein und nach Paris geschickt. Einer der Begleiter, ein kunstbegeisterter Offizier, besteht darauf, in Frankfurt am Main den jüngsten literarischen Star des Landes zu besuchen: Johann Wolfgang Goethe, den erst 25-jährigen Autor des „Götz von Berlichingen" und der „Leiden des jungen Werthers".

In einem Gasthof kommt es zu der Begegnung, aus der Weimars Weltruhm hervorgehen wird. Der 17-jährige Thronerbe und der Dichter finden auf Anhieb Gefallen aneinander: die gleiche Lebenslust, ähnlich ungestüme Temperamente, geistige und politische Nähe.

Karl August lädt Goethe zu einem Besuch an seinen Hof ein, wiederholt den Vorschlag mehrmals über das folgende Jahr und lässt den Gast schließlich mit einer Kutsche in Frankfurt abholen.

Am 7. November 1775 trifft Goethe in Weimar ein. Zwei Monate zuvor hat der inzwischen volljährige Karl August die Regierungsgeschäfte von seiner Mutter übernommen.

Bald sind die beiden jungen Männer zu sehen, wie sie in den gefrorenen Auen Schlittschuh laufen – ein zuvor verpöntes Vergnügen, das nun Mode wird. Viele bei Hof, auch Anna Amalia und Wieland, sind entzückt von dem Neuankömmling, der so witzig erzählen kann, Verse improvisiert, bereitwillig aus seinen Werken und Entwürfen vorliest.

Im Frühjahr und Sommer bemüht sich Karl August, den berühmten Freund länger an Weimar zu binden: Er schenkt Goethe ein Gartenhaus in den Weinbergen vor der Stadt, verleiht ihm gar den Titel eines Geheimrats mit Sitz im Kabinett sowie einem üppigen Gehalt.

Den Herzog bewegen Sympathie und Faszination, die Hoffnung auf intelligenten Rat, nicht zuletzt Renommierstreben: Ähnlich wie der bewunderte Friedrich II. von Preußen den Philosophen Voltaire möchte auch er einen großen Geist an seiner Seite haben.

Unter den übergangenen Beamten weckt die willkürliche Berufung Unmut.

In Weimar residiert Goethe in einem repräsentativen Stadthaus, das ihm sein Freund Herzog Karl August überlässt. Zur Empörung vieler Bürger lebt der Dichter dort in wilder Ehe mit einer Geliebten – seiner Haushälterin

Und nicht nur dort. Manche Bewohner Weimars sind abgestoßen von den oft derben Belustigungen, zu denen sich Goethe und Karl August animieren.

So knallen die Kumpane auf dem Marktplatz schon mal mit Peitschen um die Wette. Sie laufen auf Stelzen, raufen und boxen, liefern sich wilde Pferderennen. Zerreiten bei ihren Jagden den Bauern die Felder, zechen, würfeln, bändeln auf den Dörfern mit Mädchen an.

Etliche Unternehmungen sind reine Schindereien, bei denen die Übermütigen sich selbst in fremde Häuser einladen, ihre Gastgeber verhöhnen, Tapeten zerstechen, Gemälde zerschneiden, Weinfässer einen Hang hinabtreten.

In den deutschen Landen spricht sich schnell herum, wie locker das geistige Klima in Weimar ist. Junge Intellektuelle reisen von überall her an und beginnen in der Stadt ein wüstes „Genietreiben": Allenthalben werden Theaterbühnen improvisiert und Szenen gespielt, wird gelärmt, getrunken, anstößiges Zeug geredet und lustvoll gegen Sitte und Konventionen verstoßen.

Auch die örtlichen jungen Männer machen bei dem wilden Gebaren mit, kleiden sich in das modische Werther-Kostüm (siehe Seite 49), tragen hohe Stulpenstiefel, gelbe Beinkleider aus Leder, gelbe Weste und blauen Frack, gern ohne Kragen, die langen Haare offen.

Karl August hält es zeitweilig für en vogue, sich kaum noch zu waschen und zu kämmen, ist voller Schmutz und Ungeziefer. Sein Intimus Goethe flucht ordinär und kraftmeiert im Gossenjargon „Scheißerei", „scheißig", „Scheißkerl".

Doch anders als die meisten Angereisten hat Goethe ein feines Gespür für Grenzen. Er versteht, wann und wo es geboten ist, sich zu fangen, einfühlsam, ja galant aufzutreten. Bündnisse zu schließen. Etwa mit Wieland, dessen gezierte Sprachkunst er einst in einem Pamphlet verhöhnt hat. Der 16 Jahre Ältere verzeiht es ihm rasch, ja verliebt sich geradezu intellektuell in den „göttlichen Menschen". Zumal der um Entschuldigung gebeten hat und Wieland mit Achtung und Vertrauen begegnet.

Schon früh werben sie gemeinsam dafür, einen weiteren klugen Kopf an die Ilm zu ziehen: Johann Gottfried Herder.

Der studierte Theologe ist ein Großtalent, enzyklopädisch gebildet, hat mit literaturgeschichtlichen, theologischen und philosophischen Schriften Aufsehen erregt. Goethe kennt und achtet ihn seit einer ausgedehnten Begegnung einige Jahre zuvor.

Nun, mit Anfang dreißig, versauert Herder als Hofprediger des Grafen von Schaumburg-Lippe im winzigen Bückeburg, ohne Gesprächspartner und Perspektive. In Weimar aber ist die Stelle des Generalsuperintendenten, Oberhof- und Stadtpredigers unbesetzt.

Goethe und Wieland schlagen vor, Herder auf den Posten zu berufen. Die Pastoren des Herzogtums wehren sich erbittert: Wozu einen Auswärtigen holen? Noch dazu einen Freigeist, der im Zweifel viel zu gelehrt ist, um verständlich zu predigen? Karl August aber setzt sich über die Einwände hinweg.

A

Am 20. Oktober 1776 hält Herder seine Antrittspredigt – und gewinnt die Zuhörer mit warmherziger Klugheit: „so wahr, so simpel, so fasslich, und doch alles so tief gedacht, so rein gefühlt", wie Wieland jubelt.

Bald schart der begnadete Redner eine begeisterte Gemeinde um sich. Doch all jene, die engeren Umgang mit Herder haben, lernen einen herrischen, unleidlichen Menschen kennen, bei dem die Ungeduld des Hochbegabten zu intellektuellem Dünkel wird (und das Leid des häufig Kranken zu Hypochondrie).

Und so groß und zahlreich Herders Talente auch sind: Zufriedenheit gehört ebenso wenig dazu wie Takt. Kaum eingetroffen, nennt er seine neue Heimat Weimar ein „unseliges Mittelding zwischen Hofstadt und Dorf".

Ganz unrecht hat er damit nicht. Selbst die wohlhabenden Bürger leben eher einfach. Besucher in Goethes Gartenhaus mögen eine Weinsuppe erhalten, Eierkuchen – oder selbst gewilderten Fisch aus der Ilm.

Zuweilen sendet Charlotte von Stein, die Frau des herzoglichen Oberstallmeisters (und Goethes platonische Geliebte), eine Wurst oder einen kalten Braten als Gruß zu ihm, wofür Goethe sich mit selbst angebautem Spargel, Pfirsichen oder Blumen revanchiert. Sachsen-Weimar-Eisenach ist eine kleine, bescheidene, provinzielle Welt.

Aber auch eine liberale, und darin liegt ihr Reiz für wache Geister. Hier können sie freier leben als in den Residenzstädten Berlin, Wien oder Dresden. Hier werden sie nicht bedrängt vom Absolutismus eines großen Gebieters, der den Ton vorgibt, Propaganda verlangt und kalt auf Etikette hält. „In Weimar", wird ein Reisender später schreiben, „war es licht und geistig warm."

Bei Anna Amalia und Karl August finden Künstler und Gelehrte Wertschätzung, etliche von ihnen ein Auskommen – während fast überall im Reich begabte Männer zu Hungerlöhnen Kanzleidienste leisten und hochnäsigen Adelsnachwuchs unterrichten. Und oft zugrunde gehen.

Zudem bietet der abgelegene Intelligenzler-Hof seinen Mitgliedern Anregung untereinander sowie mit den Professoren der wenige Kilometer entfernten Universitäten Erfurt und Jena – und über Besucher, Briefe, Journale und die Bibliothek auch mit der ganzen Welt. In der thüringischen Provinz versammelt sich ein Häuflein geistiger Kosmopoliten.

Es ist eine Schar vielseitig begabter und interessierter Männer und Frauen, zu denen unter anderem der Gymnasiallehrer, Märchensammler und Schriftsteller Johann Carl August Musäus gehört, der ursprünglich Pfarrer war, dann aber bei einem Dorftanz gesehen und aus dem Amt gejagt wurde.

Oder die Sängerin und Schauspielerin Corona Schröter, die Karl August aus Leipzig an sein Hoftheater geholt hat, wo ihr Goethe die Rolle der Iphigenie in seinem gleichnamigen Stück auf den Leib schreibt.

Sowie der Bibliothekar und Italienforscher Christian Jagemann, der Bildhauer Martin Gottlieb Klauer, der Maler Georg Melchior Kraus, der philosophische Sonderling und bekennende Atheist August von Einsiedel.

Und schließlich Friedrich Justin Bertuch, der Theaterstücke schreibt, den „Don Quichote" ins Deutsche übersetzt, an Wielands „Teutschem Merkur" mitarbeitet – dann aber sein Talent auf der kaufmännischen Seite des Literaturbetriebs entdeckt, Verleger wird, später weitere Unternehmen gründet.

Goethe selbst stellt in diesen Jahren die Kunst hintan. „Regieren!!", notiert er am 8. Oktober 1777 ins Tagebuch, unterstrichen, mit zwei Ausrufezeichen. Und meint damit zugleich sich und Karl August. Für beide scheint es Zeit, erwachsen zu werden. Es ist ein eigenwilliger, radikaler Schritt: Der Dichter entsagt dem Literatentum, um sich in der praktischen Welt zu beweisen. Zwar schreibt er weiter, doch fast nur für den Gebrauch bei Hof.

Nun also die Politik. Als herzoglicher Rat kümmert sich Goethe um die Trockenlegung von Sümpfen, den Brand- und Hochwasserschutz; er bedrängt Karl August, sich persönlich einzuschränken, die Steuern der überlasteten Bauern zu senken, die verheerenden Parforcejagden über ihre Äcker zu verringern, neue Bewässerungsmethoden einzuführen.

Er versucht in Ilmenau den Silberbergbau wiederzubeleben und reduziert die sächsisch-weimarische Armee (ein weitgehend nutzloses, überaus teures Fürstenspielzeug); vom Artilleriekorps bleibt einzig eine Haubitze zum Salutschießen.

Kleine Schritte. Mehr entspräche auch nicht Goethes politischem Naturell. Scharfe Brüche widerstreben ihm. Ebenso abstrakte Ideale.

1782 überträgt Karl August ihm die Oberaufsicht über die Finanzen des Herzogtums und lässt den Freund vom Kaiser in den Adelsstand erheben. Im selben Jahr siedelt Goethe in ein geräumiges Haus am Frauenplan über, eines der schönsten Weimars.

Vor allem Herder tut sich schwer mit Goethes Vorrang. Selbst betont bürgerstolz, ätzt der alte Gefährte nun gegen den „baronisierten" Goethe, die vornehmen „Assembleen" in dessen „adlig Haus", seine „Anbetung" durch die Fürsten nicht nur der Weimarer Residenz, sondern auch der benachbarten Höfe.

Auch Wieland empfindet, dass Goethe zunehmend karg zu ihm wird, schroff, „politischer Frost um ihn her". Doch besitzt er die Gabe, neidlos anerkennen zu können, was anderen gelingt. Wieland vermag Goethe gleichzeitig zu schelten und zu verehren.

Das liegt vermutlich auch daran, dass er seit Karl Augusts Volljährigkeit das gut dotierte Leben eines Pensionärs führt, produktiv ist, mit dem „Teutschen Merkur" Erfolg hat. Das Journal lockt mit Fortsetzungsgeschichten, gefällig gemischten Essays, Unterhaltung, Nachrichten, aber auch vernichtenden Rezensionen, „weil das liebe Publikum von Zeit zu Zeit gern jemanden hängen oder geköpft sieht". Viele Leser verbinden mit Weimar in diesen Jahren vor allem den Namen Wieland.

> **Goethe ist mir im Weg, notiert Schiller**

1783 nähern Herder und Goethe sich wieder an. Herder plant eine philosophische Natur- und Kulturgeschichte der Menschheit von den Anfängen bis zur Gegenwart zu verfassen, die den Geheimrat fasziniert. Der Grundgedanke: Die Menschen sind Teil der Natur, nicht von Gott über diese gesetzt. Dennoch entwickeln sie sich zu etwas Höherem, zur „Humanität", das heißt zur Herrschaft von Vernunft und Gemeinsinn.

Dass innerhalb dieser Entwicklung jede Nation ihren eigenen (etwa durch das Klima beeinflussten) Weg einschlägt, folgt nach Herder einem tiefen Sinn und darf nicht von anderen oder aus späterer Zeit verurteilt werden. Die „Ideen zur Philosophie der Geschichte der Menschheit", Herders mehrbändiges Hauptwerk, werden Generationen von Philosophen und Historikern beeinflussen.

Goethe, der sich zu der Zeit mit naturkundlichen Studien beschäftigt, steuert Beobachtungen und Anregungen bei. Als ihm jedoch ein Verleger im Sommer 1786 eine Werkausgabe seiner gesammelten Schriften vorschlägt, wird ihm schmerzhaft bewusst: Während Wieland und Herder publizieren, Ruhm ernten, hat er seit über zehn Jahren nichts von Gewicht veröffentlicht. Er hat auch wenig geschrieben. Nur Anfänge, nichts künstlerisch Vollendetes. Als Autor ist er tot.

Abermals trifft er eine radikale Entscheidung. Am 3. September 1786 packt er einen Stapel unfertiger Manuskripte zusammen und macht sich ohne Abschied davon. Anfang November meldet er sich per Brief – aus Rom.

Italien: Sehnsuchtsort aller Gebildeten. Wer nie dort war, kann nicht mitreden. Hier hofft Goethe, sich als Künstler wiederzufinden.

Karl August ist verschnupft. Aber er versteht den Ausbruch auch. Der Herzog gewährt dem Freund nachträglich bezahlten Urlaub, aus dem am Ende fast zwei Jahre werden; Goethe nutzt sie zum Schauen, Genießen – und um die Dramen „Iphigenie auf Tauris" und „Egmont" zu vollenden, „Torquato Tasso" voranzutreiben.

Als er am 18. Juni 1788 nach Thüringen zurückkehrt, erwarten ihn sein Fürst, der Hof, die gelehrten Freunde.

Und: Friedrich Schiller.

Der oberste Prediger der Stadt, Johann Gottfried Herder, mehrt seinen Ruhm mit geschichtsphilosophischen Schriften. Doch er schafft auch Grundlagen für die moderne Sprach- und Kulturwissenschaft. Dass der fünf Jahre jüngere Goethe dennoch mehr gilt bei Hofe, kann der Theologe nur schwer ertragen

Der 28-jährige gelernte Militärarzt, der als Regimentsmedikus aus dem Dienst des Herzogs von Württemberg desertiert ist, um Bühnenautor zu werden, sucht einen Mäzen, aber auch nach Kontakt zu den „Weimarischen Göttern", wie er sie in einem Brief nennt.

Die Uraufführung seines ersten Dramas „Die Räuber" hat Mannheims Theater im Jahr 1782 in ein „Irrenhaus" verwandelt, so ein Zeuge: „Rollende Augen, geballte Fäuste, stampfende Füße, heisere Aufschreie. Fremde Menschen fielen einander schluchzend in die Arme, Frauen wankten, einer Ohnmacht nahe, zur Tür."

Schiller versteht sich auf Effekte. Und er hat keine Hemmungen, sie einzusetzen, stellt größte Bosheit und riesige Gemeinheit, Verzweiflung und Leidenschaft ungebremst auf die Bühne, legt den Figuren drastische Bilder und Worte in den Mund, steigert die Handlung durch grausame Wendungen zu aufwühlender Wucht.

Ebendas stößt Goethe an den „Räubern" ab. Sie sind ihm zu laut, zu wüst, zu sehr Kopfgeburt, maßlos in ihrem Freiheitspathos und Tyrannenhass.

Außerdem geht ihm auf die Nerven, dass jedermann in Weimar von Schiller zu schwärmen scheint. Während Wieland, Herder, Anna Amalia den Neuen freundlich aufnehmen, begegnet Goethe ihm kühl, hält ihn auf Distanz.

Schiller, der nicht weit von Goethe entfernt wohnt, sieht die Gäste am Frauenplan kommen und gehen, ohne selbst je eingeladen zu sein. Er dürstet nach Beachtung – und mokiert sich zugleich über den Kult, den Goethes Jünger um den Bewunderten treiben. Macht sich in Briefen erbittert Luft: Goethe sei „ein Egoist in ungewöhnlichem Grade. Ein solches Wesen sollten die Menschen um sich herum nicht aufkommen lassen."

Und: „Ich betrachte ihn wie eine stolze Prüde, der man ein Kind machen muss, um sie vor der Welt zu demütigen." Und: „Dieser Mensch ist mir im Weg."

Im Herbst 1788 veröffentlicht er in Leipzig eine fast 550 Seiten starke Abhandlung über den Freiheitskampf der Niederlande zwei Jahrhunderte zuvor. Eigentlich ein Abfallprodukt: Schiller, der bevorzugt historische Quellen nach Stoff für seine Dramen durchsucht, will auch Material lukrativ verwerten, das für die Bühne nicht taugt. Also schreibt er Geschichte auf wie niemand sonst in Deutschland: für ein großes Publikum, zugleich wissenschaftlich gehaltvoll und literarisch unterhaltsam.

Goethe erfasst den Wert der neuen Arbeit schnell – und den des populären Autors für Sachsen-Weimar-Eisenach. Ohne seine persönliche Distanz zu mildern, bewirkt er, dass Schiller eine Professur in Jena angeboten wird. Der Autor nimmt an. Und erfährt anschließend, dass die Stelle unbesoldet ist, er allein von den Hörergeldern der Studenten leben muss, die er anzieht.

Grollend (und nur halb im Scherz) schreibt er einem Freund: „Könntest du mir eine Frau von 12 000 Talern verschaffen, die Akademie in Jena möchte mich dann im Arsch lecken."

Das von Weimar nur 20 Kilometer entfernte Jena, mit 5000 Einwohnern noch kleiner als die Goethe-Stadt, hat an seiner Universität rund 800 Studenten.

Viele tragen lange Haare, farbige Jacken und hohe, bunte Mützen oder

Der Dichter und Dramatiker Friedrich Schiller, der sich 1799 in Weimar niederlässt, ist jünger, radikaler und unerbittlicher als Goethe. Dennoch schmieden die beiden einen Pakt: Denn sie verbindet ihr Wille zur Perfektion

große Hüte, die sie demonstrativ und unhöflich aufbehalten, wenn sie einem ihrer Professoren begegnen. Sie rauchen auf der Straße, streiten und lärmen in den Wirtshäusern, schlagen sich und verschrecken die Bürger. Zuweilen rollen sie im Wagenkorso durch die Stadt, sturzbetrunken und außerstande zu gehen. Und sie verehren rebellische Geister, Männer wie den Verfasser der „Räuber".

Am 26. Mai 1789 ist Schillers Antrittsvorlesung für 18.00 Uhr angekündigt. Um 17.30 Uhr fasst der Hörsaal keine Besucher mehr; ein neuer Saal wird ausgerufen, der größte der Stadt. Die Wartenden springen auf, rennen und drängen die Straße hinab, um einen Platz zu ergattern. Anwohner glauben erschreckt, es sei ein Feuer ausgebrochen.

Als Schiller das Gebäude erreicht, ist der mehr als 300 Menschen fassende Saal überfüllt, der Vorraum ebenfalls, selbst unter den offenen Fenstern stehen Zuhörer. Donnerndes Beifallklopfen empfängt den neuen Professor.

Schiller spricht leidenschaftlich, gedankenstark über wissenschaftliches Ethos, den Zweck der Geschichte und ihres Studiums. Es wird ein Triumph. Die Studenten ehren ihn mit einem Konzert und Fackelzug, dem dreifach ausgebrachten Ehrenjubel: „Vivat!"

Im Sommer wird er sich verloben, im Winter heiraten: Charlotte von Lengefeld ist zwar keine Frau von 12 000 Talern, dafür von Verstand, freundlichem Wesen und altem Adel, mit Verbindungen zum Weimarer Hof.

Während Schiller sich eine bürgerliche Existenz aufbaut, gerät Goethe ins Gerede. Erst wird bekannt, dass er ein Verhältnis hat; dann, dass die Geliebte schwanger ist; schließlich, dass er sie und das Kind zu sich nehmen, aber nicht heiraten will. Vor dem Gesetz ist das Hurerei und strafbar. Doch sind Paragrafen für die kleinen Leute gedacht, nicht für die großen; Mätressen und uneheliche Kinder gehören zum höfischen Leben.

Anstoß erregt, dass Goethe *offen* in wilder Ehe zu leben gedenkt. Und dass die Verbindung nicht standesgemäß ist.

Christiane Vulpius ist die Tochter eines unehrenhaft entlassenen, herzoglichen Angestellten; für ihren Lebensunterhalt arbeitet sie in einer Kunstblumen-Manufaktur. Sie ist hübsch, aber nicht eigentlich schön, kaum gebildet. Es mag ihre Ausstrahlung sein, das Unkomplizierte, das Goethe anzieht.

Karl August scheint die Angelegenheit gelassen zu nehmen. Doch die Frauen am Hof sind empört, namentlich die selbst fortwährend betrogene Gemahlin. Und da Schicklichkeit und Recht auf ihrer Seite sind, muss Goethe zumindest das repräsentative Haus am Frauenplan räumen; sein herzoglicher Freund weist ihm ein bequemes Domizil etwas außerhalb zu. Offiziell wird Christiane als „die von-Goethesche Haushälterin" geführt.

O

Oft sitzt der Dichter nun in dem Häuschen vor der Stadtmauer, vergnügt, eine weiße Fuhrmannsmütze auf dem Kopf, lange Flauschhosen und abgetretene Pantoffeln an den Beinen, auf den Knien der kleine Sohn August. Christiane daneben mit dem Strickstrumpf. Geht er in Gesellschaft, bleibt sie meist daheim.

Weimar ist reich an Gelegenheiten zu kultivierter Geselligkeit, bei denen vorgelesen, kritisiert, musiziert und gesungen, debattiert wird. Ihr Vorbild ist die „Tafelrunde", die Anna Amalia nach dem Ende ihrer Regentschaft eingerichtet hat, immer montags, in ihrem Stadtpalais, im Sommer auch auf dem Landsitz Tiefurt. Die Herzoginmutter schreibt selbst Gedichte, malt, komponiert. Bei ihr gilt der Stand wenig, Talent viel, ein geistreicher Niemand mehr als ein wohlgeborener Langweiler. Alle Koryphäen der Stadt sind geladen – und verpflichtet.

Wieland, der älteste unter Weimars Großen, bewegt sich hier mit selbstverständlicher Zwanglosigkeit und genießt das Recht, bisweilen auf dem Sofa neben Anna Amalia einzuschlafen. Legendär aber auch die heftigen, lautstarken Wortgefechte, bei denen sich Goethe, Herder und er intellektuell messen.

Seit 1789 kommt ein ideologischer Konflikt hinzu: Während Wieland und Herder die Französische Revolution anfangs begrüßen, lehnt Goethe sie früh ab, ist erschüttert von dem Aufruhr (was ihn freilich nicht hindert, dem Sohn eine Spielzeugguillotine zu kaufen).

Doch trotz aller Differenzen sorgt er dafür, dass Herders Gehalt erhöht, die Arbeitslast gesenkt und dessen Schulden diskret getilgt werden, um den schwierigen Freund davon abzuhalten, einem Ruf an die Universität Göttingen zu folgen.

Zum Undank lässt Herder keinerlei Zweifel daran, dass er Goethes Privatleben für hochgradig unmoralisch hält. Herder ist ein aufgeklärter Kleriker, aber eben doch ein Kleriker und sittenstreng.

Die Schüler des örtlichen Gymnasiums etwa warnt er vor dem Theater: „Sich mit dieser Bande einzulassen, mit Komödianten Umgang zu haben, ist einem Gymnasiasten durchaus unanständig, niederträchtig und abscheulich!"

Das führt abermals zu Streit, denn Goethe, der das Theater leitet, rekrutiert die Gymnasiasten häufig als Chorsänger und Statisten. Herder beschwert sich beim Herzog, erreicht aber nur, dass die Proben außerhalb der Unterrichtszeit stattfinden.

Wieland wiederum stichelt angesichts Christianes Gewohnheit, sich weiterhin Demoiselle, also „Fräulein" rufen zu lassen, Goethe habe wohl gewisse poetische Momente, in denen er Christiane für die Jungfrau Maria, sich selbst für den Heiligen Geist und den gemeinsamen Sohn für das Jesuskind halte.

Er selbst wird wegen seiner 13 Kinder „Papa Wieland" genannt, führt ein auskömmliches Leben als kommerziell erfolgreicher Autor von heiteren Versepen und satirischen Schwänken – deren eingängige Leichtigkeit die Mühe nicht ahnen lässt, mit der Wieland seine Texte oft über Jahre immer neu bearbeitet.

Herder nennt ihn Schiller gegenüber einen flachen und frivolen Geist. Schiller teilt das im Grunde und denkt ähnlich von Anna Amalia, behält es aber für sich. Das kleine Weimar mag

IM GEIST DER ANTIKE

Ab 1750 erheben deutsche Maler, Bildhauer und vor allem Architekten die Werke der Griechen und Römer zum Maßstab ihrer Kunst. Die Ära des Klassizismus beginnt

Das gemeinsame Wirken Goethes und Schillers in den Jahren zwischen 1794 und 1805 werden Literaturwissenschaftler später die „Weimarer Klassik" nennen – und damit die herausragende Stellung dieser Dekade in der Geschichte der deutschen Dichtung hervorheben.

Die beiden Dichter selbst allerdings empfinden ihr Werk in einem anderen Sinne als „klassisch": Sie verstehen darunter die Orientierung an den ästhetischen und sittlichen Idealen der Antike. Wie viele ihrer Zeitgenossen sehen sie in der Kunst der Griechen und Römer vollkommene Harmonie, Humanität, Klarheit, Rationalität und Mäßigung – und eifern dem in ihrer Dichtung nach, indem sie etwa die gefühlsbetonte Sprache ihrer Frühwerke durch strenge Verse in der Art antiker Dramen und Lyrik ersetzen und die Protagonisten ihrer Werke nach einer höheren Harmonie streben lassen.

Auf andere Kunstgattungen hat die Idealisierung der Antike noch größeren Einfluss: In der Malerei und Bildhauerei wird in den Jahrzehnten um 1800 der „Klassizismus" zur beherrschenden Stilrichtung – vor allem aber in der Architektur.

Neu ist dieser Rückgriff keineswegs: Spätestens seit dem Beginn der Renaissance im 15. Jahrhundert, als italienische Künstler und Denker die Werke der Hellenen und Römer neu entdeckten und den vermeintlich minderwertigen Leistungen des Mittelalters vorzogen, folgen immer wieder Kunstschaffende in Europa den antiken Vorbildern.

Die abermalige Begeisterung ab etwa 1750 lösen Ausgrabungen in Pompeji und Herculaneum aus, vor allem aber wissenschaftliche Schriften wie die des in Rom lebenden deutschen Archäologen Johann Joachim Winckelmann.

Geradlinige, klare Formen sollen es nun auch in der zeitgenössischen Kunst sein. In der Malerei, etwa in den Werken des Franzosen Jacques-Louis David, bedeutet das einen schlichten Bildaufbau, scharf abgegrenzte Konturen, zurückhaltende Farbgebung. Die Bildhauer der neuen Stilrichtung zeigen ihre Figuren meist in einer ruhigen Körperhaltung. Als Material dient ihnen vor allem weißer Marmor. Denn die Meister kennen fast nur alte Kopien und Abgüsse der antiken Kunstwerke – und gehen davon aus, dass auch die Originale hell gewesen sind. (Dass Statuen und Tempel ursprünglich oft in bunten Farben prangten, werden Forscher erst ab 1815 herausfinden.)

Und so erstehen auch die meisten Gebäude, die ab etwa 1770 im neuen Stil gebaut werden, in leuchtendem Weiß oder blassem Gelb. Es sind streng gegliederte Bauten mit tragenden Säulenreihen und flachen Dreiecksgiebeln, die sich deutlich von den organischen Formen des Spätbarock und des Rokoko absetzen. Schnell breitet sich der Klassizismus in Europa aus, wird in Madrid, London und Sankt Petersburg zur Mode.

Als Gründungsbau des Klassizismus in Deutschland gilt Schloss Wörlitz, ab 1769 für den Fürsten von Anhalt-Dessau errichtet. Etwa 20 Jahre später baut der Architekt Carl Gotthard Langhans ein gewaltiges Portal für die Berliner Stadtmauer, das dem Torbau der Athener Akropolis nachempfunden

Die Befreiungshalle über der Donau in Niederbayern, ein mächtiger Kuppelbau wie das Pantheon in Rom, soll an den Sieg über die Truppen Napoleons 1815 erinnern

Deutschlands heimliche Kulturhauptstadt sein, über irdisches Geplänkel erhaben ist es nicht.

Friedrich Schiller ist erst 31 Jahre alt, als sein Körper den Dienst zu versagen beginnt. Zu viele Jahre hat der Dichter ihn mit Aufputschmitteln und Rosskuren traktiert, nur für den Geist und über den Leib hinweggelebt.

Am Abend des 3. Januar 1791 bekommt er heftiges Fieber, hat Hustenanfälle, dann verliert er das Bewusstsein.

Es folgen Wochen, in denen er Blut spuckt, unter Atemnot, Schüttelfrost und Magenkrämpfen leidet. Seine Studenten halten bei ihm Nachtwache. Die Ärzte reinigen den gebeutelten Körper mit Abführ- und Brechmitteln, lassen ihn zur Ader, setzen Blutegel an.

Der Herzog schickt einige Flaschen Madeira zur Stärkung. Schiller erholt sich, übersteht im April einen schweren Rückfall. Vermutlich handelt es sich um eine Organtuberkulose, die Lunge und Darm befallen hat.

Schiller ist Mediziner genug, um zu begreifen, dass die Krankheit ihn nicht mehr verlassen, sondern immer wiederkehrend quälen und schließlich töten wird. Seine Zeit ist begrenzt. Was er noch schaffen will, muss er nun angehen.

Im Jahr darauf schließt er sein zweites großes historisches Werk ab, eine knapp 500-seitige Geschichte des Dreißigjährigen Kriegs. Sie erzielt enorme Auflagen, fehlt bald in kaum einem gebildeten Haushalt. Schiller darf sich zu Recht als einflussreichster Historiker deutscher Sprache fühlen.

Doch das ist es nicht, woran er seine befristete Existenz setzen will. Vielmehr wendet er sich wieder der Kunst zu, diesmal endgültig. Er beginnt ein Theaterstück über den Feldherrn Albrecht von Wallenstein, den wichtigsten General des Dreißigjährigen Krieges.

Und er versucht noch einmal eine Annäherung an Goethe.

Gemeinsam mit dem jungen, ehrgeizigen Verleger Johann Friedrich Cotta in Stuttgart will Schiller ein neues literarisch-philosophisches Journal auf den Markt bringen, das die besten Schriftsteller, Denker, Publizisten aus Deutsch-

Das Brandenburger Tor, das Preußens König Friedrich Wilhelm II. ab 1788 in Berlin errichten lässt, ist dem Portal der Akropolis in Athen nachempfunden

Die klassizistischen Architekten verzichten auf barocke Schnörkel. Klar und harmonisch sollen ihre Werke sein – so wie das einem antiken Tempel ähnelnde Königliche Hoftheater in München (1825)

ist: das Brandenburger Tor. Zum Vollender des Klassizismus in Preußen aber wird Karl Friedrich Schinkel. Mit seinen zahlreichen Gebäuden, etwa der Neuen Wache in Berlin, prägt er das Angesicht der Hauptstadt wie kein Zweiter.

Bis in die 1830er Jahre beherrscht der Klassizismus die europäische Architektur, dann löst ihn der Historismus ab, mit dem mehrere Stile wiederauferstehen: Schon bald gibt es Neubarock, Neugotik, Neurenaissance und Neuromanik. Und am Ende des 19. Jahrhunderts lebt auch die antike Tradition ein weiteres Mal auf: im Neoklassizismus. **Andreas Sedlmair**

Jean Paul, einer der erfolgreichsten Romanautoren seiner Zeit, verbringt ab 1798 zwei Jahre in Weimar. Seine große Popularität, vor allem bei weiblichen Lesern, verdankt er einer Eigenschaft, die Schiller weitgehend fehlt: Humor land zusammenführt. Das aber bedeutet auch: Goethe.

Am 13. Juni 1794 lädt Schiller „Euer Hochwohlgeboren", den Herrn Geheimrat, brieflich zur Mitarbeit ein.

Goethe zögert. Und sagt schließlich zu, nicht ohne Kalkül: Seine Werkausgabe samt der neuen Stücke ist wenig erfolgreich, mancher Leser empfindet ihn bereits als ausgeschrieben. Der Literaturmarkt ist größer geworden, aber auch rauer und kommerzieller. Schiller kombiniert Qualität mit Publikumserfolg. Da mag sich etwas gewinnen lassen.

Wenig später das erste längere Gespräch in Jena. Ein zweites. Anfang September lädt Goethe Schiller nach Weimar ein: Der Hof gehe für einige Zeit nach Eisenach, da lasse sich doch einmal ausgiebig reden.

Inzwischen hat Karl August den Bann gehoben und Goethe mit Christiane an den Frauenplan zurückkehren lassen. Einen Bau aus ursprünglich zwei Häusern, im Inneren verwinkelt, voller Treppen und enger Durchgänge. Gewachsen, nicht geplant. Im Oberstock und in der Mansarde gibt es knapp 30 Zimmer, zu ebener Erde Wirtschaftsräume, im Hinterhaus Kammern für die Dienstboten. Ein Hausgarten dient der Erholung und liefert Obst, Artischocken, Kräuter, Gemüse, bietet Goethe Raum für botanische Experimente. Am 14. September 1794 bezieht Schiller hier eine Suite von drei Gästezimmern.

Es scheint unwahrscheinlich, dass diese beiden Männer sofort Gefallen aneinander finden. Goethe lässt während des Dichtens mitunter im Nebenzimmer Musiker spielen, um sich in die rechte Schreibstimmung zu versetzen, betrachtet die Kunst als Teil eines glücklich gelingenden Lebens.

Schiller stimuliert sich mit dem Geruch fauler Äpfel in der Schreibtischschublade, raucht und schnupft, putscht sich mit Kaffee, Likör, Wein und beißendem Arrak auf, ruiniert seinen Körper, um dem Leben Kunst abzutrotzen.

Er denkt abstrakt, moralisch, prinzipiell – Goethe bevorzugt die konkrete Anschauung, liebt und respektiert in allen Dingen die Natur. Er ist ein Empfangender, dem das Gelingen zufliegt, und ähnlich geht er mit seinen Figuren um, lässt sie etwa im Schlaf mit sich ins Reine kommen.

Schiller könnte so etwas nie akzeptieren. Er verlangt dem Personal seiner Stücke freie, bewusste Handlungen ab –

Weimar wird zur Kapitale der Kunst

so wie er selbst um Szenen und Worte kämpft. Goethe, der von sich sagt, er brauche das Dunkle, die Ahnung, Intuition, ist immer wieder verblüfft, wie durchdacht Schiller zu Werke geht.

Und wie grausam, so empfindet es Goethe: gegen mühevoll hervorgebrachten Text, aus dem Schiller mitleidlos alles streicht, was die Komposition stört, ablenkt, mildert. Und gegen seine Figuren, denen er nichts erspart, die er ohne Gnade ihre Schicksalswege hinabzwingt.

Doch die Unterschiede stoßen sich nicht ab. Sondern ziehen sich an. Beide spüren, dass der andere etwas geben kann, was einem selbst fehlt. Und beide sind sich einig in einem ernsthaften, sehr hohen Anspruch an ihre Kunst.

Es ist dieses Interesse am Werk, das die beiden grundverschiedenen Charaktere verbindet und das sie im September 1794 aneinander entdecken.

Schiller wird ihre Freundschaft später ein „auf wechselseitige Perfektibilität gebautes Verhältnis" nennen.

Von den Weimarern neugierig beäugt und betuschelt, wird sein Besuch bei Goethe am Frauenplan zum Einschnitt in beider Leben. Und in der deutschen Literaturgeschichte.

Als Schiller nach zwei Wochen abreist, haben er und Goethe einen Freundschafts- und Arbeitsbund geschlossen. Von nun an besuchen sie sich regelmäßig, dazwischen gehen Briefe und Manuskripte hin und her. Botenfrauen bewältigen die rund 20 Kilometer zwischen Jena und Weimar für wenige Groschen in vier Stunden.

Die geplante Zeitschrift wird gegründet und erscheint ab 1795 monatlich; nach einer Gruppe griechischer Göttinnen heißt sie „Die Horen". Als sie im Herbst Goethes erotische „Römische Elegien" bringt, schimpft Herder, der Titel müsse fortan mit einem *u* gedruckt werden. Doch das Heft verkauft sich reißend.

Im Jahr darauf dann ein Rundumschlag. Unter dem Titel „Xenien" („Gastgeschenke") veröffentlichen Goethe und Schiller eine Sammlung Zweizeiler, die den Literaturbetrieb und dessen Großtuer und Kleingeister verspotten; beim Verfassen in Schillers Jenaer Arbeitszimmer lachen die beiden so laut, dass Charlotte der Schicklichkeit wegen die Fenster schließt. Abermals ist der Erfolg ansehnlich. Die Zahl neuer Feinde auch.

Etwa zur gleichen Zeit erscheint Goethes „Wilhelm Meisters Lehrjahre", ein Schauspieler- und Bildungsroman. Viele Kritiker schmähen ihn als langweilig, andere als unzüchtig – doch jüngere Leser feiern das Buch begeistert: Es entspricht ihrem Wunsch nach Subjektivität und subtiler Ironie. „Romantiker" nennen sich diese auf ihr Ich, ihr Erleben versessenen jungen Leute: weil auch das Leben selbst erregend wie ein Roman sein soll.

Fast zwei Jahrzehnte hat Goethe daran gearbeitet – erst mit Schillers Hilfe und Kritik ist der Abschluss gelungen. Goethe schreibt ihm: „Sie haben mir eine zweite Jugend verschafft und mich wieder zum Dichter gemacht, welches zu sein ich so gut als aufgehört hatte."

1797 gehen die Freunde einen Balladen-Wettstreit ein: wer wohl in kurzer Zeit die besseren dieser Erzählgedichte ersinnen könne. Goethe liefert unter anderem den „Zauberlehrling“, doch Schiller setzt sich mit dem „Taucher“, „Die Kraniche des Ibykus“, „Der Handschuh“, „Der Ring des Polykrates“ klar durch.

Kleine Meisterwerke, mit leichter Hand hingeworfen. Und eine erholsame Ablenkung von dem Monumentalwerk, an dem Schiller sich abarbeitet, dem „Wallenstein“-Drama. Düster, gewaltig.

Goethe schlägt eine Aufteilung des Stoffes auf drei Stücke vor. Seinen Hinweisen verdankt Schiller es wohl auch, dass sich seine intellektuell brillante Konstruktion mit Natur und Leben füllt. Angesichts des beglückenden Zusammenwirkens nimmt er es ruhig hin, dass die „Horen“ nicht genug renommierte Autoren finden und wieder eingehen.

Im April 1799 kommen alle drei „Wallenstein“-Teile in Weimar auf die Bühne. Die Trilogie schildert den Sturz eines skrupellosen Aufsteigers, eine Welt der politischen Kämpfe, verstörend trostlos: dramaturgisch höchst raffiniert, meisterhaft in Verse gebracht.

Es ist sofort klar, dass Schiller mit diesem Werk zukünftigen deutschen Dramatikern den Maßstab gesetzt hat.

Goethe inszeniert es persönlich – und in erlesener Form: Beide Dramatiker wenden sich entschieden gegen ein Theater, das möglichst naturgetreu sein will.

Um zu wirken, lautet ihre Maxime, muss Kunst als Kunst erkennbar sein, aus dem Gewöhnlichen herausragen. Deshalb Reime und Rhythmus und langes Üben mit den Schauspielern, bis sie den komplizierten Text wunschgemäß wiedergeben. Zu dieser hohen Form von Kunst wollen Goethe und Schiller das Publikum erziehen. Doch sie scheitern.

Denn auch wenn Schiller gefeiert wird wie noch kein Bühnenautor vor ihm – der meistgespielte Weimarer Dramatiker bleibt August von Kotzebue, dessen Rührstücke etwa über Ehebruch und Reue ungemein populär sind.

Und kein Autor findet so viele Leser wie Goethes Schwager Christian August Vulpius mit seinen spannenden Serienerzählungen um den Räuberhauptmann Rinaldo Rinaldini.

Unter den jüngeren Intellektuellen ist dagegen die Ironie verbreitet sowie ein Widerwille gegen den hohen Ton – der Philosoph Friedrich Schlegel etwa erklärt, er sei bei Schillers „Lied von der Glocke“ vor Lachen vom Stuhl gefallen.

Ende 1799 siedelt Schiller nach Weimar über. Das Leben dort ist teurer als in Jena, doch er hat einen Plan: jedes Jahr ein Stück. Und beinahe hält er das durch. 1800: „Maria Stuart“. 1801: „Die Jungfrau von Orleans“. 1803: „Die Braut von Messina“. 1804: „Wilhelm Tell“.

Wie ein absterbender Baum, der sich noch einmal an Früchte verausgabt, stößt der von Kopfschmerzen, Rheumaschüben, Magenkrämpfen gequälte Schiller Meisterwerke aus. Schon Zeitgenossen empfinden sie als Klassiker, mustergültige, kaum zu übertreffende Leistungen, universal. Bald wird daraus so etwas wie eine Marke: „Weimarer Klassik“, ähnlich der „Wiener Klassik“ in der Musik – der Ära Haydns, Mozarts und Beethovens.

Längst hat Goethe eine fast zärtliche, fürsorgliche Zuneigung zu dem kranken Freund entwickelt. 1802 bringt er Herzog Karl August dazu, Schiller in den erblichen Adel erheben zu lassen. Der so Geehrte freut sich vor allem für seine Frau Charlotte, die nun „mit ihrer Schleppe am Hof herumschwänzelt“.

Er überwindet seine Vorbehalte und verbringt auch einmal einen Abend mit Christiane Vulpius, aber hinter Charlottes Rücken. Denn so herzlich sie Goethe auch verbunden ist – noch mehr hält sie auf gesellschaftliche Formen: Christiane wird ignoriert, nie eingeladen.

Im Sommer 1804 verschlimmern sich Schillers Koliken. Im Herbst melden süddeutsche Zeitungen bereits seinen Tod. Als bekannt wird, dass dies falsch ist, schickt sein Verleger Cotta vor Freude 40 Flaschen Portwein und zehn Flaschen teuren Malaga.

Das Frühjahr kommt. Der Arzt rät zu mehr Bewegung. Schiller kauft sich ein Pferd.

Am Abend des 1. Mai 1805 begegnet er Goethe auf dem Weg ins Theater. Doch der Freund kehrt um, ihm sei unwohl. Schiller geht allein weiter, bezieht seine Loge. Ein belangloses Unterhaltungsstück. Da bricht er zusammen. Schüttelfrost. Abtransport.

Über eine Woche quält er sich, will Märchen und Rittergeschichten vorgelesen bekommen. Möchte über den Unterschied zwischen Komödie und Tragödie reden. Zum Schluss erkennt er die Menschen um sein Bett nicht mehr.

Am 9. Mai 1805 gegen Abend stirbt Friedrich Schiller mit 45 Jahren.

Eine knappe Stunde später erreicht die Nachricht das Haus am Frauenplan. Christiane verheimlicht sie dem kranken Goethe. Erst am nächsten Morgen bringt sie es ihm vorsichtig bei.

Erschüttert zieht Goethe sich zurück. Weder verabschiedet er sich von dem aufgebahrten Freund, noch geht er zur Beerdigung. Goethe kann den Tod nicht ausstehen; er will grundsätzlich nichts mit ihm zu tun haben.

Und dieser Tod ist wie ein Riss in seinem Leben, als hätte sich etwas von ihm selbst abgetrennt.

Er versucht ein unfertiges Drama zu vollenden, das Schiller hinterlassen hat. Es gelingt ihm nicht. Er nimmt die Arbeit an seiner großen Tragödie „Faust“ wieder auf, zu der Schiller ihn stets so entschieden gedrängt hat. Auch damit kommt er nur mühselig voran.

Da findet am 14. Oktober 1806 auf dem Territorium Sachsen-Weimar-Eisenachs jene Schlacht statt, die das Ende der alten Ordnung in Deutschland besiegelt: Bei Jena und Auerstedt schlägt eine französische Armee unter Napoleon Bonaparte das preußische Heer.

Am Abend erreichen die Sieger Weimar, fallen plündernd und sengend ein. Auch am Frauenplan dringen Soldaten ein, randalieren, fordern Wein und Essen. Goethe ist schon zu Bett gegan-

Ein Schloss für das Wissen der Welt: Ohne die fürstliche Bibliothek zu Weimar wäre die kulturelle Blüte der Stadt undenkbar. Unter Goethes Leitung wächst der Bestand im Laufe der Jahre auf rund 80 000 Bände

gen. Er wirft einen Morgenmantel über, kann die Lage wohl beruhigen.

Was später in der Nacht geschieht, ist ungewiss. Bruchstückhaften Berichten zufolge marodieren zwei betrunkene Schützen durch die Zimmer, gelangen in Goethes Schlafkammer und bedrohen ihn mit Degen oder Bajonett.

Christiane geht dazwischen, laut, verzweifelt, ruft geistesgegenwärtig Hilfe herbei, während der 57-Jährige in sich zusammenfällt, alle Nerven verliert. Vermutlich rettet Christiane sein Leben.

Fünf Tage später heiraten die beiden in der Sakristei der Jakobskirche. Eine Mesalliance, die in der Stadt noch mehr giftige Kommentare provoziert als ihre wilde Ehe zuvor.

Einzig die zugezogene Schriftstellerin Johanna Schopenhauer – Mutter eines 18-jährigen Sohnes namens Arthur, der später als Philosoph berühmt werden wird – zeigt sich bereit, Christiane ohne Vorbehalte in ihrem Salon zu empfangen: „Wenn Goethe ihr seinen Namen gibt", schreibt sie in einem Brief, „können wir ihr wohl eine Tasse Tee geben."

Am 10. April 1807 stirbt Anna Amalia an einem Schlaganfall. Ihr Leichnam, in ein Kleid aus weißem Atlas und einen karmesinroten Mantel mit Hermelinaufschlag gekleidet, wird im Paradebett ihres Palais aufgebahrt; mehrere Stunden dauert der Vorbeizug der Trauernden. Abermals fehlt Goethe. Und auch als sechs Jahre später Wieland beerdigt wird, bleibt er fern.

Nun ist er endgültig ein Überlebender, ein Übriggebliebener. Zunehmend auch ein Unverstandener: Seine Bereitschaft, Napoleons Hegemonie als Friedensordnung hinzunehmen, die Verachtung für patriotische Phrasen, sein kosmopolitischer Vorbehalt gegen den Kult der Nation machen ihn bei vielen Zeitgenossen suspekt.

Später sucht er nach Verbindungen zwischen der klassischen und der nun herrschenden romantischen Kunstauffassung. Spielerisch kombiniert Goethe Textsorten vom Märchen bis zum Sachbericht, erlesene mit einfacher, fast naiver Sprache, bettet alles in komplexe, scheinbar ziellos kreisende Strukturen, den Romantikern nicht unähnlich. Ein wenig wirkt es, als habe ihn der Tod Schillers, dem er für den Rest seines Lebens nachtrauern wird, auch befreit.

Goethe hält nun regelrecht Hof, selbst Fürsten pilgern herbei, etwa Ludwig I. von Bayern. Mit der Zeit aber fühlen sich Besucher in Weimar an ein Museum erinnert. Goethe wird bewundert und gefeiert – aber kaum noch gelesen oder abgelehnt.

Er weiß es und schreibt für spätere Generationen: den Roman „Wilhelm Meisters Wanderjahre" etwa oder die Gedichtsammlung „West-östlicher Divan". Das größte und fantastischste, sein Lebenswerk hält er sogar bis zu seinem Tod zurück: den zweiten Teil des „Faust". Der erste Teil ist 1808 erschienen, ein sperriges Meisterwerk, das erstmals 1829 aufgeführt wird – wohl als Hommage in Goethes 80. Geburtsjahr.

Am 22. März 1832 gegen Mittag schläft Johann Wolfgang von Goethe friedlich ein. Ein *writers' writer*: ein Poet, der Generationen von Schriftstellern inspirieren wird – ansonsten aber häufiger zitiert als gelesen wird, bis heute.

Das klassische Weimar ist da bereits Vergangenheit, die epochale Rolle des Städtchens in der Literaturgeschichte ausgeklungen: Eine kreative Explosion wie die Begegnung Goethes und Schillers lässt sich nicht beliebig wiederholen.

Dennoch, Weimars Nimbus als Ort, an dem sich deutsche Provinz und Weltgeist verbunden haben, wird bleiben. Jene heitere Aura – die Goethe, der sich auch für einen einfachen Reim nie zu schade war, einst mit den Worten pries:

„Spiel und Tanz, Gespräch, Theater,
Sie erfrischen unser Blut;
Lasst den Wienern ihren Prater:
Weimar, Jena, da ist's gut."

Dr. Mathias Mesenhöller, *Jg. 1969, ist Autor im Team von* GEO*EPOCHE. Das Lesen und Schreiben über die Weimarer Großen empfand er mit Goethes Wort über die Freundschaft zu Schiller: als „glückliches Ereignis".*

LITERATUREMPFEHLUNGEN: Dieter Borchmeyer, *„Weimarer Klassik. Portrait einer Epoche"*, Beltz: ausführliche, überaus kundige und dennoch gut verständliche Einführung. Annette Seemann, *„Weimar. Ein Reisebegleiter"*, Insel: zum Nachspüren vor Ort.

SCHÖPFER DES MODERNEN PREUSSEN

Nur Reformen können die Hohenzollernmonarchie nach der Niederlage gegen Napoleon retten – davon ist Staatskanzler Karl August von Hardenberg überzeugt. Und tatsächlich gelingt es ihm, Preußen zu modernisieren. Doch mit seinem wichtigsten Anliegen scheitert er

Text: DIRK HEMPEL und FRANK OTTO

Kaum je ist ein Staat von einer einzigen Niederlage so hart getroffen worden wie Preußen durch das Debakel von Jena und Auerstedt im Jahr 1806 und seine Folgen. Das Heer der Hohenzollern, die sich stets vor allem über ihre militärische Stärke definiert haben, ist nahezu vernichtet, die königliche Familie flieht nach Osten.

Preußen ist keine Großmacht mehr, verliert rund die Hälfte seines Territoriums, muss seine Armee erheblich verkleinern und eine hohe Kriegsentschädigung sowie die Kosten der französischen Besatzung tragen – eine Summe, die Berlin kaum aufbringen kann.

Doch dieser Absturz steht am Anfang einer tiefgehenden Reform. Denn die totale Niederlage demütigt auch die altgedienten preußischen Eliten und stärkt jene, die überzeugt sind, dass grundlegende Veränderungen nötig sind. Und so kommt eine Gruppe von Beamten an die Macht, die ihre seit Längerem angestrebten Reformpläne nun endlich umsetzen können – Männer wie Karl August Freiherr von Hardenberg.

Der 57-jährige Hannoveraner ist gerissen, berechnend und diplomatisch, und er ist davon überzeugt, nur eine „Radikalkur" könne den Staat vor dem Untergang bewahren – und zugleich helfen, einen Volksaufstand gegen Napoleon vorzubereiten. Doch das verlangt höchste Geheimhaltung, denn die französischen Besatzer überwachen die preußische Regierung rigoros.

1810 wird Hardenberg Staatskanzler und damit Regierungschef. Bereits unter seinem Vorgänger Heinrich Friedrich Karl vom Stein haben erste Reformen begonnen, wurden Regierung und Verwaltung modernisiert, den Kommunen mehr Rechte gewährt, wurde das Ende der Leibeigenschaft verkündet. Doch als der französische Geheimdienst einen Brief Steins abfing, in dem Pläne für den Volksaufstand erwähnt wurden, ließ Napoleon den Minister aus dem Amt jagen, ächten und seine Güter beschlagnahmen.

In dem Finanz- und Verwaltungsexperten Hardenberg sieht der Franzosenkaiser nun den Einzigen, der in der Lage ist, der Geldnot Preußens abzuhelfen – und so die geforderten Kontributionen aufzubringen.

Hardenberg, der mit Einverständnis des preußischen Königs de facto wie ein Diktator regiert, bürdet seinem Land schwere Abgaben auf, etwa eine allgemeine Gewerbesteuer. Zugleich aber führt er die Gewerbefreiheit ein: Per Edikt schafft er den Zunftzwang ab, erlaubt der Bevölkerung, den Beruf frei zu wählen und unbeschränkt Unternehmen zu gründen (mit wenigen Ausnahmen, wie Apotheken). Das soll das ökonomische Potenzial des Landes entfesseln.

Und als sich 1813 Preußen tatsächlich gegen Napoleon wendet, setzen Hardenberg und Offiziere wie Gerhard Johann David von Scharnhorst die allgemeine Wehrpflicht durch. Zudem verfügen die Heeresreformer gegen den Widerstand des adeligen Offizierskorps, dass eine Laufbahn in der Armee für jedermann möglich sein muss, unabhängig vom gesellschaftlichen Stand.

Doch nach dem Sieg über Napoleon und der Neuordnung Europas 1815 gewinnen die alten Eliten wieder an Geltung. Aristokraten und Militärs warnen König Friedrich Wilhelm III., eine vom Monarchen längst versprochene und von Hardenberg betriebene Verfassung würde die Macht des Herrschers schmälern – und bringen den Monarchen so gegen seinen Premier auf.

Dessen Einfluss schwindet rasch. Der von ihm erarbeitete Entwurf für eine Verfassung, die dem Volk mehr Mitsprache ermöglicht hätte, verwirft Friedrich Wilhelm III. Zwar darf Hardenberg bis zu seinem Tod 1822 Staatskanzler bleiben, zu jener Zeit ist er aber schon seit Jahren politisch isoliert.

Seine Neuerungen jedoch wirken noch lange nach. In einem der größten Reformprojekte der deutschen Geschichte hat er das Fundament eines modernen preußischen Staates geschaffen: eine leistungsfähige Finanzverwaltung sowie eine effiziente Wirtschaftsverfassung mit unbeschränkter Berufswahl und einem offenen ökonomischen Wettbewerb. ⬢

Er ist ein geschickter Diplomat, ein geistreicher Gesprächspartner und ein Freund der Frauen. Doch in der preußischen Elite hat Karl August von Hardenberg (1750–1822) viele Gegner. Sie nehmen ihm übel, dass sie durch seine Reformen einen Teil ihrer Privilegien verlieren

Die Hauptstadt Europas

Das Jagdschloss Schönbrunn südwestlich von Wien nimmt ab Herbst 1814 einen Großteil der 1500 Menschen auf, die sonst in der Hofburg leben –

Vom September 1814 an wird Wien, die größte Metropole an der Donau, für neun Monate zum Zentrum des Kontinents. Denn dort treffen sich die Häupter Europas, um über eine Neuordnung ihrer Staatenwelt zu beraten. Doch der Wiener Kongress ist nicht nur das wichtigste politische Ereignis des Jahrhunderts, sondern auch ein monatelanges Fest, ein fortwährender Ball

—— Text: MARITA LIEBERMANN

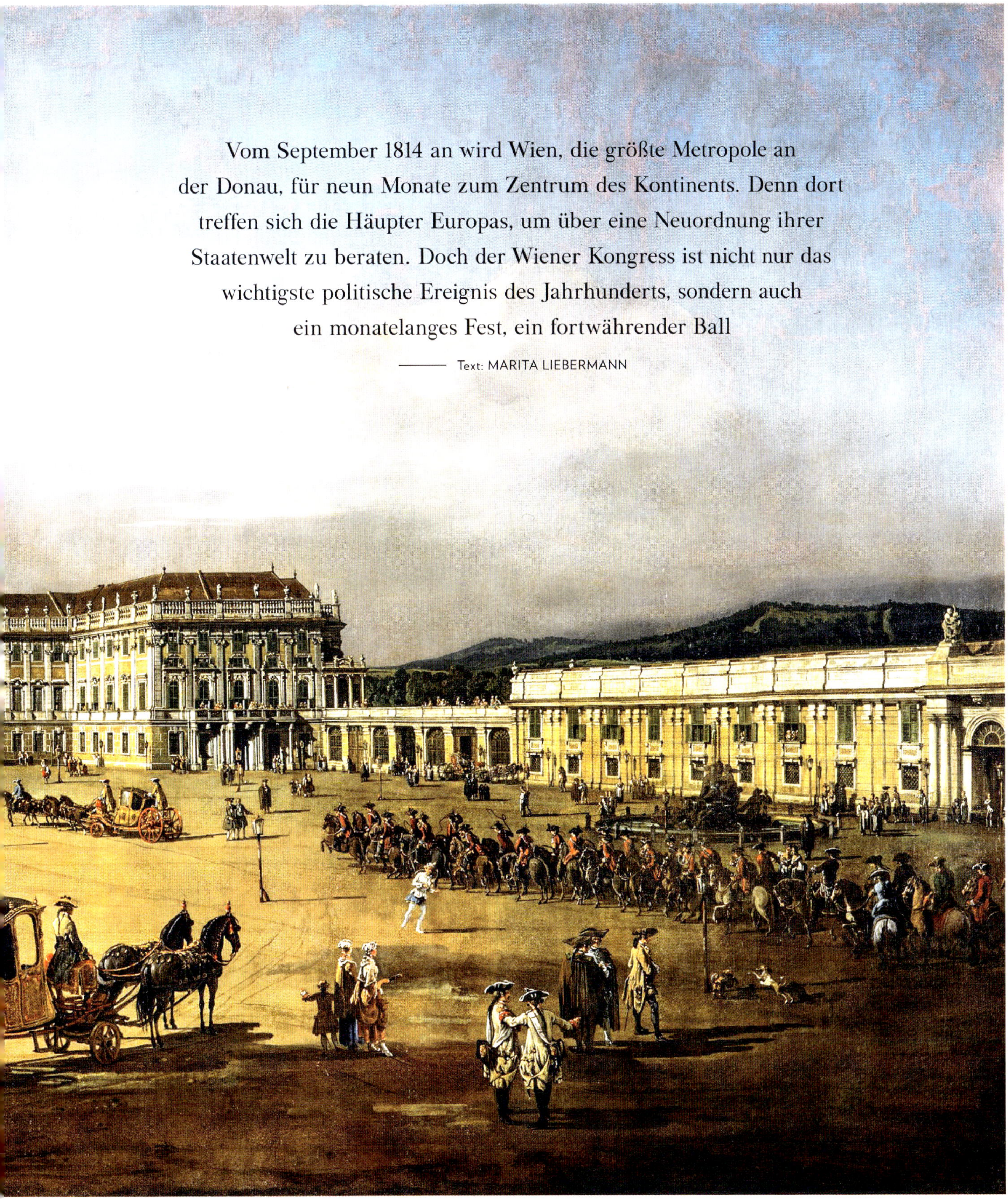

dem weitläufigen Palast der Habsburger in der Kapitale. Dort sind nun die ranghöchsten Gäste des Wiener Kongresses untergebracht

M

Musik schallt aus allen Richtungen durch den Wiener Prater. Auf einer schnell zusammengenagelten Bühne zupft ein Sänger an seiner Harfe, ein paar Schritte entfernt fahren Burschen auf Karussellpferden zu den Orgeln der Leierkastenmänner. In einigen Gaststätten tanzen Paare Walzer, umringt von Schaulustigen.

Auch die kleineren Wirtshäuser haben viele Kunden zu bedienen an diesem Wochenende im Oktober des Jahres 1814. An Dutzenden Holztischen, die im Freien um die Schenken verteilt sind, sitzen Bürgerfamilien in der milden Herbstsonne. Einige Männer schieben eine Kugel auf den Kegelbahnen.

Zu Tausenden genießen die Wiener die Praterwiesen, die sich zwischen Wäldchen aus hohen Laubbäumen erstrecken. So „unvergleichlich schön" finden ausländische Besucher die Eichen, Linden, Buchen und Erlen, dass einer in seinem Reisebericht voller Bewunderung von den „grünen Massen" schreibt.

Nur ein kurzer Fußweg oder eine zügige Kutschfahrt trennt den Prater von der Jägerzeil, einer Vorstadt, die wie der Park auf einer Donauinsel östlich des Zentrums liegt.

Heute hat die Ausflügler nicht allein das schöne Wetter angelockt: Sie wollen eine Attraktion sehen, die es einzig im Wien dieser Wochen zu bestaunen gibt. Daher begeben sie sich nun in einen Bereich des Praters, in dem sonst vornehmlich die Aristokraten der Stadt spazieren fahren: zu der von Kastanien gesäumten Hauptallee.

Dort rollen gewöhnlich nur elegante Kutschen neben hoch zu Pferde passierenden Würdenträgern; jetzt aber stehen aufgeregte Menschen dicht an dicht auf dem Fußweg. Voller Spannung verfolgen sie, wie luxuriöse Wagen und herausgeputzte Reiter aufeinanderfolgen. Denn auf der Kastanienallee präsentiert sich heute der Adel aus ganz Europa.

Festliche Militäruniformen, goldene Orden und blanke Metallknöpfe glänzen in der Sonne; üppige Federbüsche wehen auf Hüten. Auf den Türen eines besonders großen Gefährts prangen die breiten Wappen eines Admirals aus England.

Mehrere Dutzend Zweispänner und Vierspänner haben die gleiche Form und Farbe: Es sind die Kutschen, die Kaiser Franz I. von Österreich eigens für die fremden Adeligen hat bauen lassen, die in jenen Wochen als seine Gäste in der Hauptstadt weilen.

Mitglieder der ehrwürdigsten europäischen Adelsfamilien fahren in den Equipagen am Praterpublikum vorüber. Englische Lords und französische Prinzen, Herzoginnen aus Deutschland, Zar Alexander I. und auch der österreichische Monarch mit seiner Gemahlin: die Hochwohlgeborenen des ganzen Kontinents.

Denn in der Donaumetropole hat ein Kongress begonnen, der fast neun Monate andauern wird und über nicht weniger als die Zukunft aller Völker des Erdteils entscheiden soll.

Napoleon ist geschlagen; seit knapp einem halben Jahr lebt er im Exil als Herrscher auf der Mittelmeerinsel Elba. Einige Hundert seiner Getreuen sind ihm dorthin gefolgt. Der selbst ernannte Kaiser der Franzosen hat in den mehr als 20 Jahren, in denen Europa mit Krieg überzogen wurde, die politischen Verhältnisse auf dem Kontinent von Grund auf erschüttert: Er hat neue Staaten wie das Königreich Italien im Norden der Apenninen-Halbinsel geschaffen, alte wie Preußen zerstückelt oder sie gleich ganz aufgelöst wie die Kurfürstentümer Köln und Trier; hat die Grenzen Frankreichs bis zur Elbe ausgedehnt, mit ihm verbündete Fürsten zu Monarchen ernannt, seinen Familienmitgliedern Territorien der Besiegten zugeteilt und das Ende des gut 800-jährigen Heiligen Römischen Reiches erzwungen.

Die wichtigsten Delegierten: Acht Mächte entscheiden über Europas Zukunft, darunter Preußen, England und Russland

30 000 Besucher drängen sich 1814 durch das ohnehin schon von Fiakern und Marktkarren verstopfte Wien (hier der Platz Freyung im Stadtzentrum)

Und nun suchen die Vertreter der Großmächte einen Weg, Ordnung und Frieden wiederherzustellen. Einfach zu den alten Verhältnissen zurückzukehren ist keine Option: Wenn die Großmächte wie vor Napoleon erneut beginnen, um die Vorherrschaft zu ringen, wird keine Ruhe einkehren in Europa. Es gilt daher, ein Gleichgewicht der Kräfte herzustellen, Kompromisse zu suchen und aus Rivalen Partner zu machen, die für die Sicherheit des Erdteils verantwortlich sind.

Kaiser und Zar, Könige und Fürsten haben sich persönlich eingefunden, alle maßgeblichen Regierungen sind zusammengekommen: Keine europäische Stadt hat je ein vergleichbar spektakuläres Treffen ausgerichtet. Es ist aber auch keine andere Metropole für die so bedeutsamen Friedensgespräche infrage gekommen. Von Anfang an waren sich die Herrscher darüber einig, dass die Verhandlungen nur in Wien stattfinden können.

Denn zum einen liegt Österreichs Kapitale im Herzen Europas. So günstig ist ihre Position am Schnittpunkt wichtiger Verkehrswege, dass sie zu den bevölkerungsreichsten Wirtschaftszentren des Kontinents zählt. Mit 300 000 Einwohnern ist sie mit Abstand die größte unter den deutschen Städten (Berlin folgt mit 228 000 Menschen).

Zum anderen sprechen die Menschen in Wien viele Sprachen, denn die Vertreter etlicher Völker leben hier zusammen. Zur österreichischen Monarchie gehören etwa Regionen in Italien, Kroatien, Ungarn, Tschechien und Polen, und auf der Suche nach einem besseren Leben strömen die Untertanen aus allen Gebieten des Reiches in die Hauptstadt.

Zum Dritten ist Wien wie keine andere Kapitale ein Symbol der alten Ordnung. Schließlich residieren hier seit 1278 fast durchgehend die Habsburger – Mitglieder jener Dynastie, der 368 Jahre lang nahezu ununterbrochen die Träger des höchsten Titels im Abendland entstammten: die Kaiser des Heiligen Römischen Reiches.

Bis Napoleon kam.

Ende Oktober 1805 besiegte seine Armee die österreichischen Truppen und zog am 13. November kampflos in Wien ein; Napoleon nahm persönlich in Schloss Schönbrunn Quartier. Allerdings endete die Besatzung bereits Mitte Januar 1806, nachdem Kaiser Franz II. einen harten Friedensvertrag unterzeichnet hatte, der erhebliche Gebietsverluste vorsah.

Eine weitere Konsequenz der österreichischen Niederlage war, dass Franz II. als römisch-deutscher Kaiser abtrat – und, um zu verhindern, dass Napoleon sich zu seinem Nachfolger aufschwang, am 6. August 1806 gleich das Heilige Römische Reich mit auflöste. (Um wenigstens formal noch den gleichen Rang wie Napoleon innezuhaben, hatte der Herrscher schon zuvor ein österreichisches Kaisertum begründet; dessen Krone durfte er – als Franz I. – weiterhin tragen.)

Doch der Kampf gegen Napoleon war damit noch lange nicht beendet: 1809 standen abermals französische Truppen vor Wien. Diesmal aber verteidigten die Österreicher ihre Kapitale; erst nach tagelangem schwerem Beschuss marschierten die Belagerer am 13. Mai in die Stadt ein.

Um Franz I. zusätzlich zu demütigen, der wiederum einen drückenden Frieden abschließen musste, ließ Napoleon die Bastionen an der Hofburg sprengen: jene steinernen Festungswerke, die sich in nächster Nähe des Schlosses befanden, von dem aus der Habsburger sein Reich regierte.

Nun, im Jahr 1814, empfinden viele Wiener die zerstörten Bastionen noch immer als Schandfleck. Die Gäste hingegen sind begeistert von der Schönheit der Stadt.

In seinem Tagebuch schwärmt etwa der Buchhändler und Verleger Carl Bertuch aus Weimar – wie viele andere Besucher aus Neugier auf die Ergebnisse des Kongresses angereist – von den breiten weißen Häusern und roten Dächern im Zentrum. Wien habe etwas Heiteres, findet Bertuch, der von einer Anhöhe aus auf die Metropole blickt: auf jenes Oval voller Gebäude und Plätze, aus dem mittig der hohe Turm des Stephansdoms herausragt.

Wie eingerahmt von der grünen Auenlandschaft liegen die Palais und Straßen da, wie beschützt von der Kuppel der Karlskirche vor den südlichen Stadtmauern.

Dreimal musste der Habsburger Franz I. vor Napoleons Übermacht kapitulieren

Österreichs Außenminister Klemens Fürst von Metternich leitet den Kongress

Doch die meisten Arbeiter, die an jenem Oktobertag 1814 die internationale Aristokratie im Prater bestaunen, wachen am nächsten Morgen nicht in der Innenstadt auf. Sie leben nicht in einem der besseren Gebäude, die mit Ziegeln oder Kupfer gedeckt sind, sondern in den ärmlichen Vierteln der insgesamt 33 Vorstädte – dort, wo viele Häuser noch Holzdächer haben.

Wie ein breiter Ring liegen diese vorgelagerten Bezirke um das Zentrum, das noch immer von den Mauern aus der Zeit der Türkenkriege im 16. Jahrhundert umschlossen ist.

Im Stadtkern ist Wohnraum so knapp und teuer, dass nur ein Viertel aller Einwohner sich hier ein Quartier leisten kann: Neben den Adeligen, Bankiers und hohen Staatsbeamten sind das wenige bessergestellte Kaufleute sowie jene hoch spezialisierten Handwerker, die Luxusgüter wie Schmuck oder Perücken fertigen und die Wohlhabenden im Zentrum als Kunden haben.

Die einzigen Armen, die in der Innenstadt leben, sind die Dienstboten. Ebenso wie die Stubenmägde, Kinderfrauen, Köche, Portiers, Stiefelputzer und Kutscher finden aber auch Handwerker aus den Vorstädten ihr Auskommen in den Vierteln der Reichen. Daher müssen sie sich in den Strom der fliegenden Händler und Bauern einfädeln, die in aller Frühe in die Stadt eilen, um ihre Waren zu vertreiben.

Um sechs Uhr morgens öffnen die Lebensmittelmärkte. Und je nachdem welche Produkte

Der Minister hört mit: Selbst bei Spaziergängen im Schlosspark des Belvedere lässt Metternich Wiener und Fremde bespitzeln

die Händler anbieten, müssen sie eine bestimmte Verkaufsstelle erreichen: Auf einem der Märkte versorgen sich die Köche der großen Häuser mit Geflügel, Eiern und Butter; anderswo kaufen sie Obst und Gemüse; Rindfleisch und Wild gibt es in wieder anderen Stadtteilen. Insgesamt bauen die Händler Hunderte Stände auf.

Und so ist es kein Wunder, dass sich an einigen der elf Stadttore die Fuhrwerke stauen. Manchmal ist der Andrang so groß, dass die Kutscher bis zu 45 Minuten warten müssen, ehe sie passieren können. Etwas Abhilfe hat die Obrigkeit mit einer Einbahnstraßen-Regelung geschaffen: Neben dem Kärntnertor im Süden ist eine zweite Einfahrt erbaut, und jedes Tor darf nur in eine Richtung durchfahren werden.

Dann aber müssen sich Ochsenkarren und Handwagen noch durch das verwinkelte Zentrum kämpfen – und verstopfen gemeinsam mit den Droschken die Gassen, in denen die ersten Innenstadtbewohner ihre morgendlichen Fahrten unternehmen. Bis zu 600 Wagen rollen täglich durch einige der Wiener Straßen, die teils kaum fünf Meter breit sind. Oft kommen zwei Kutschen nur mit Mühe aneinander vorbei.

Noch schwerer haben es allerdings die gut 30 000 Fußgänger, die sich tagsüber zwischen den Gefährten hindurchschlängeln. Zwar gibt es Gehsteige; größere, rechteckige Pflastersteine zeigen an, wo sie verlaufen. Aber die Wagen müssen häufig hierhin ausweichen. Fast unmöglich daher, durch Wien zu wandern, ohne eine Verletzung oder einen blauen Fleck davonzutragen – so berichtet es jedenfalls ein zeitgenössischer Chronist, der sich über den Verkehr ärgert.

Denn die Wiener Kutscher sind dafür berüchtigt, dass sie rücksichtslos und oft zu schnell über das holprige Pflaster jagen. Daher ist die Kaiserstadt der wohl einzige Ort in Europa, an dem Dienstboten den Equipagen voranrennen: Läufer, die nur dafür zuständig sind, den Gespannen ihrer Herrschaften den Weg zu bahnen – und dabei die entgegenkommenden Passanten notfalls zur Seite stoßen.

Seit Jahren nimmt die Zahl der Kutschen zu. Einwohner, die keinen eigenen Wagen haben, können sich einen der Fiaker mieten, die an bestimmten Straßen auf Kundschaft warten. Mehr als 600 Zweispänner sind täglich von sieben Uhr morgens bis zum späten Abend in Bereitschaft.

Die Fahrgäste dürfen zwischen verschiedenen Ausführungen wählen: offenen Coupés für die Touren in der Stadt und geschlossenen Landauern für Fahrten aufs Land. Oder man lässt sich Sesselträger in ihren roten Livreen kommen, die Passagiere in Sänften transportieren.

Nicht nur wegen der Verletzungsgefahr meiden die Begüterten den Fußmarsch. Vor vielen Haustoren sind Dunggruben ausgehoben, denen beißender Gestank entweicht – vor allem dann, wenn die Wohnungsbesitzer vergessen, die Falltüren über den mit Exkrementen und Unrat gefüllten Löchern zu verschließen. Wer sich nicht vorsieht, kann leicht in eine der Gruben fallen.

Der Schmutz ist allgegenwärtig. Die vielen Tierhufe und Wagenräder wirbeln unablässig Staub auf. Zudem sind die Straßen stets mit Pferdemist und dem Kehricht der Häuser bedeckt. Nicht selten verrichten auch Menschen ihre Notdurft in den Gassen.

Denn öffentliche Aborte gibt es nicht. Daher ziehen Buttenweiber umher: Die Frauen tragen große Holzeimer auf dem Rücken und bieten den Passanten an, sich für zwei Kreuzer zu erleichtern. Wenn jemand ihre Dienste braucht, setzen sie die Butten ab und schützen ihre Kunden mit einem großen Umhang vor unliebsamen Blicken.

Die reichen Gäste übersehen das Elend

Wiens Straßen sind schlammig, allerorten öffnen sich Abfallgruben, mancher verrichtet seine Notdurft mitten in der Stadt

Drei Tage dauert eine gründliche Reinigung aller Gassen der Stadt, die das für die Straßen zuständige Amt etwa alle drei Wochen ausführen lässt. Eigens dafür bestellte Tagelöhner kehren dann den Dreck und Kot in die Straßenmitte und spülen den morastigen Schlamm mit Fässern voller Wasser in die unterirdischen Kanäle, die sich in die Donau ergießen.

Gegen zehn Uhr schließen die Marktstände, und die Bauern machen sich von Neuem auf den Weg durch die Stadt, jetzt in Richtung des Umlandes, wo ihre Höfe liegen.

Die Maurer und Tischler, die am Morgen mit den Händlern zu den Toren hineingeströmt sind, legen zur gleichen Stunde oft eine erste Arbeitspause ein. Selbst die Tagelöhner unter den Handwerkern des Baugewerbes können in jenen Jahren für ihre Verhältnisse viel Geld verdienen.

Denn es wird permanent gebaut in Wien. In der Innenstadt gibt es keinen leeren Platz für ein neues Haus. Daher werden nachträglich Stockwerke auf alten Gebäuden errichtet. In den meisten Straßenzügen reihen sich ohnehin die vier- bis fünfgeschossigen Palais aneinander.

Etliche Immobilienbesitzer beklagen sich über den mangelnden Platz in ihren Wohnungen, doch gehören sie jetzt, während des Kongresses, zu den größten Profiteuren: Rund 30 000 Besucher (ein Chronist spricht sogar von 100 000

Fremden in der Stadt) reisen an – Gesandte und Beobachter mit ihren Verwandten, Bediensteten, Gattinnen und Mätressen – und müssen oft in privaten Unterkünften absteigen, da die Gasthäuser nicht für alle Touristen ausreichen.

Verzeichnisse leerer Zimmer und Appartements in der Innenstadt kommen in Umlauf: Werbung der geschäftstüchtigen Eigentümer, die nun für wenige Monate so viel Miete verlangen, wie sie sonst in einem guten Jahr einnehmen.

Aber auch unabhängig von den Gästen verteuert sich der Wohnraum beständig, da die Nachfrage kontinuierlich steigt durch den Zuzug aus allen Teilen des Kaiserreichs. So wird in den Vorstädten der Platz ebenfalls immer begehrter.

Denn die hohen Preise zwingen viele Menschen, ihre Quartiere im Zentrum aufzugeben und sich in einem der Bezirke vor den Toren eine Unterkunft zu suchen. Zudem haben in manchen dieser Viertel, wie in der Leopoldstadt im Nordosten, auch die wohlhabenden Aristokraten ihre Schlösser und Villen errichtet, um der Enge im Zentrum zu entkommen.

Immer häufiger finden die vielen ungelernten Arbeiter der unteren Schichten weder Bleibe noch Arbeit. Manchmal sehen mittellose Väter keinen anderen Ausweg, als in den Vorstädten Baracken für ihre Familien zu bauen.

An der Not der Armen ändert sich nun, da der Kongress Massen kaufkräftiger Fremder nach Wien bringt, wenig. Zwei staatliche Zufluchtsorte existieren inzwischen, in denen die Invaliden und Obdachlosen schlafen und essen können. Zudem sammeln ein kaiserliches Armeninstitut und eine Gesellschaft adeliger Frauen Spenden für Bedürftige sowie für Waisenhäuser und Spitäler, die sich um die Mittellosen kümmern.

Die Kongressteilnehmer scheinen das Elend indessen nicht zu sehen. Ein Besucher hält in seinem Bericht erfreut fest, dass es in Wien keine Bettler gebe. Allerdings hat der Kaiser bereits 1804 eine Art Verbesserungsheim eingerichtet, in das die Polizei alle „Müßiggänger", „Bettler" und „arbeitsscheuen Menschen" bringt. Sie sollen in den Anstalten lernen, brauchbare Mitglieder der Gesellschaft zu werden.

So hart der Alltag für manchen Wiener auch ist – jetzt herrscht Ausnahmestimmung, und so bilden sich an den Schauplätzen des Kongresses immer wieder Mengen von Neugierigen. Besonders häufig kommen sie an der Hofburg zusammen, jenem gewaltigen Gebäudekomplex, in dem Franz I. residiert.

Zwar berichten die Tageszeitungen ohnehin über jede Ankunft eines neuen Potentaten aus dem Ausland; aber das Volk will die hohen Gäste des Kaisers selbst in Augenschein nehmen. Und schon bald hat es sich ein Bild gemacht von den Eigenheiten der mächtigsten Souveräne Europas: Über den fettleibigen König Friedrich von Württemberg etwa heißt es rasch, er „frisst für alle".

Zar Alexander von Russland fällt dagegen immer wieder auf, weil er in Wien allerhand Mätressen hat: unter ihnen stadtbekannte Geliebte des österreichischen Außenministers Klemens Fürst von Metternich. Eine problematische Rivalität, denn der Zar und der Minister sind politisch oft unterschiedlicher Meinung. Und Metternich, der Präsident des Kongresses, bringt mit seinem selbstbewussten Auftreten den russischen Fürsten immer wieder gegen sich auf.

Zar Alexander vergnügt sich mit etlichen Mätressen, darunter auch mit Geliebten Metternichs

Napoleons ehemaliger Außenminister Talleyrand vertritt das besiegte Frankreich

Aber für die Politik interessieren sich die sensationsgierigen Passanten an der Burg nicht so sehr wie für den Rummel, den der Kongress mit sich bringt. Sobald einer der Monarchen den Palast verlässt, erfreuen sie sich etwa an den vielen Wachen und Fahnenträgern, die zu Ehren des jeweiligen Herrschers vor dem alten Gemäuer Aufstellung nehmen.

Der Palast, am südwestlichen Ende der Stadt dicht an den Wehranlagen gelegen, besteht aus gut einem Dutzend Bauten mit insgesamt mehr als 2000 Räumen und Kellern, die bis zu sieben Etagen tief in die Erde reichen. Nicht nur einheimische Weine lagern hier in zahlreichen Eichenholzfässern und etwa 60 000 Flaschen, sondern auch Madeira, Sherry, Burgunder, Rheinwein, Bordeaux und natürlich Champagner. Den Weinkeller ließen die Habsburger beim Herannahen der Franzosen zumauern, sodass Napoleon nur wenige Flaschen nach Paris mitnehmen konnte.

Um 1275 hat der damalige Herrscher von Wien, der König von Böhmen, die Burg errichtet, die sich die Habsburger im 14. Jahrhundert zu ihrer Residenz wählten und im Verlauf der folgenden Epochen erweiterten und immer prächtiger ausstatteten.

Kostbare Spiegel, kristallene Leuchter und aus dem tiefblauen Lapislazuli-Stein gearbeitete Tische schmücken die besonders prunkvollen Säle, in denen der Monarch zu Hoffesten lädt und feierliche Tafeln abhält.

Auch die kaiserliche Schatzkammer, die sich über eine Galerie und vier Zimmer erstreckt, ist in einem der Gebäude eingerichtet. Die Untertanen von Franz I. können die zahlreichen Preziosen besichtigen, wenn sie sich einige Tage vorher beim Schatzmeister anmelden: Neben dem Tafelgeschirr, den Statuen, Vasen, ganz aus Edelsteinen gefertigten Gefäßen und dem Familienschmuck des Hauses, den goldenen Ketten, Ringen und Diademen dürfen die Bürger den walnussgroßen gelben Diamanten bewundern, das wertvollste Stück der Kammer, das einst einem burgundischen Herzog gehört hatte.

Zudem sind in der Hofburg mehrere Abteilungen der Reichsverwaltung untergebracht. Und schließlich hat die kaiserliche Familie mit ihrem Gefolge und ihren Bediensteten ihre Wohnräume in der Palastanlage bezogen; mehr als 1500 Personen leben ständig hier.

Für die Dauer der Verhandlungen ist ein Großteil der Bewohner nach Schönbrunn umgesiedelt, in das Jagdschloss südwestlich von Wien. Denn im kaiserlichen Domizil im Zentrum sind nun die ranghöchsten Kongressteilnehmer einquartiert, die von dort aus durch unterirdische Gänge ungesehen zur nahe gelegenen Staatskanzlei gelangen, wo die Verhandlungen stattfinden.

Gemeinsam in einem Plenum konferieren die insgesamt 64 Delegationen allerdings nie. Entscheiden dürfen ohnehin nur jene Staaten, die nach dem Triumph über Napoleon im Mai 1814 in Paris die Friedensverträge unterzeichnet haben: Neben den Großmächten England, Russland, Preußen und Österreich sind das Schweden, Spanien, Portugal – sowie das besiegte Frankreich.

Die Vertreter der Großmächte treffen sich in der Regel zu Einzelgesprächen oder in informellen Runden, um zu beraten. Einige besonders komplexe Themen – etwa die Frage der Neuordnung Deutschlands – erörtern speziell dafür eingesetzte Kommissionen. Da es um Macht und Territorien geht, haben die einzelnen Abgesandten oft sehr unterschiedliche Interessen. Verhandlungskrisen sind der Alltag bei diesem Kongress, der in den Augen eines österreichischen Teilnehmers „eine unförmige Masse“ ist, aus „unverträglichen Elementen zusammengesetzt“.

Umso wichtiger ist es für die Gastgeber, die Verhandlungspartner mit einem Rahmenprogramm voller Vergnügungen und Genüsse von den politischen Zwistigkeiten abzulenken. Allein in der Hofburg, in der die zum Kongress angereisten Monarchen mit ihren Familienmitgliedern speisen und logieren, nehmen jeden Tag gegen 14 Uhr etwa 500 Menschen an Dutzenden von Tafeln Platz, unter ihnen der Zar von Russland sowie die Könige von Dänemark, Preußen, Bayern und Württemberg.

Die großen Plätze und Durchgänge zwischen den einzelnen Trakten der riesigen Burganlage sind für jedermann frei zugänglich – und stets voller Menschen. Minutiös können die neugierigen Wiener das Kommen und Gehen der Schneider, Boten und Lieferanten verfolgen, die den Fürsten zu Diensten sind. Der eine oder andere unterhält sich vielleicht mit einem Koch aus den Hofküchen, möglicherweise erzählt ein Laufbursche, was er in den Vorratsräumen gesehen hat. Mit etwas Glück erfahren die Leute, welchen Mittagsbraten die Souveräne serviert bekommen: Gans oder Ente, Hase, Kapaun, Fasan, eine Kalbshaxe oder einen Rehrücken.

64 Delegationen reisen an, darunter der Erbprinz von Nassau. Zu sagen haben kleine Herrscher wie er aber nichts

Die Kongressteilnehmer genießen den Luxus, den Wien, die jahrhundertelange Residenz der Habsburger und Heimatstadt alter aristokratischer Familien, zu bieten hat.

Die Wiener Seidenhersteller liefern kostbare Stoffe, die Goldschmiede fertigen Schmuck, den die ausländischen Reisenden an den Damen der Kaiserstadt bewundern. So sprachlos machen die Juwelen der Wienerinnen die Gäste auf einem Fest, dass ein Berichterstatter von den anwesenden Preußen zu hören bekommt, mit den Geschmeiden könnte man drei Feldzüge finanzieren.

Die glanzvollste Auswahl an Geschäften für das elegante Leben hat sich am Graben angesiedelt, einer breiten Ladenzeile, die nordöstlich der Hofburg im Zentrum verläuft. Läden für Kleidung, Perücken, Duftwässer und Schmuck präsentieren hier ihre Auslagen.

Es ist Wiens belebteste Promeniermeile. Am Graben begegnen sich alle, die innerhalb der Stadtmauern ausgehen, tratschen über Bekannte oder tauschen die neuesten Anekdoten des Hofes aus. Auch die zahlreichen ausländischen Beobachter des Kongresses verabreden sich hier, wenn sie sich nicht in den Prateralleen unterhalten.

Nach ihren Spaziergängen und Ausfahrten kehren die Gäste des Kaisers zumeist in die Hofburg zurück, um sich für das Abendessen umzukleiden. Diejenigen unter ihnen, die sich der Etikette entziehen wollen, gehen mit den übrigen Diplomaten und Höflingen in den Lokalen der Stadt zu Tisch.

Beliebt ist der südlich vom Zentrum gelegene Gasthof „Zur Kaiserin von Österreich“, in dem die Gesandten in bunt gemischten Gruppen an langen Tischen sitzen. Manch einer lässt sich einen Braten mit Soße kommen, andere trinken Wein und plaudern über ihre Arbeit – mitunter etwas zu offenherzig.

Denn in Wien hat die Obrigkeit ihre Ohren überall.

Einer der kaiserlichen Minister ist ausschließlich damit beschäftigt, die Geheimpolizei zu koordinieren. Mit einem dichten Netz von Kontaktleuten überwacht diese Behörde die ganze Stadt. In Gaststätten und Wohnungen, auf Festen und bei Spaziergängen im Freien belauschen die

Spione Untertanen und ausländische Politiker sowie die Scharen privater Reisender, die der Kongress nach Wien gelockt hat. Ausführlich dokumentieren die Spitzel jedes mitgehörte Wort, verdächtigen grundsätzlich jeden Besucher, an staatsfeindlichen Umtrieben beteiligt zu sein.

Für die Friedensverhandlungen hat der Chef des Nachrichtendienstes zahlreiche zusätzliche Agenten ausschwärmen lassen; was immer die Souveräne tun und sagen, er will es lückenlos wissen. Als Diener, Kutscher und Kammerzofen verdingen sich seine Leute, durchwühlen Papierkörbe, kehren Aschereste aus Kaminen. Auch die geheimen Kabinette der Poststellen in der Staatskanzlei arbeiten rund um die Uhr. Selbst die Briefe der Kaiserin von Österreich oder des Zaren werden hier geöffnet und bei Bedarf kopiert.

Einen Einfluss auf den Kongress haben die Spitzel aber nicht; Metternich erfährt weniger über die Absichten der anderen Konferenzteilnehmer als über deren private Freuden und Leiden. Außerdem dürfte mancher Ausgespähte genau wissen, dass ihn Lauscher umgeben. Schließlich sind die Delegationen auch mit ihren eigenen Nachrichtendienstlern angereist, die Gegenspionage betreiben und so ihre Abordnungen nach außen hin schützen.

Und die Einheimischen scheinen sich ohnehin vor den Denunzianten vorzusehen. Einigen Touristen fällt jedenfalls auf, dass an bestimmten Orten in Wien nicht über Politik gesprochen wird: in den mehr als 70 Kaffeehäusern, die zu den am meisten besuchten Etablissements der Metropole zählen. Neben Kaffee – der nach der Aufhebung der von Napoleon verhängten Handelsblockade wieder reichlich vorhanden ist – servieren die Wirte heiße Schokolade, Punsch, Mandelmilch, Tee und Liköre, im Sommer auch Gefrorenes.

Aber ins Kaffeehaus gehen die Wiener nicht nur, um dort etwas zu sich zu nehmen. Billard oder Karten spielen die Männer dort, einige lesen die neuesten Zeitungen, und praktisch alle rauchen Tabakpfeifen. Manches Haus hat gesonderte Raucherzimmer, oft sind ganze Lokale von dichtem Qualm erfüllt.

Und pünktlich zum Kongress eröffnen einige edel eingerichtete neue Kaffeehäuser, die mit Spiegelwänden verkleidet und mit kostbaren Tapeten ausgestattet sind.

Häufig gibt es hier auch das wichtigste Unterhaltungsprogramm Wiens: Musik.

Bereits im 18. Jahrhundert haben zwei der bedeutendsten Komponisten in der Donaustadt gewirkt: Wolfgang Amadeus Mozart und Joseph Haydn, der während der zweiten französischen Besatzung 1809 gestorben ist. Nun begeistern erneut zwei Genies das Publikum: Ludwig van Beethoven (der aus Bonn kam) und Franz Schubert (geboren in einer Wiener Vorstadt). Trotz seiner schroffen Art hat Beethoven Förderer im Adel. Und Schubert ist dem Hofkapellmeister Antonio Salieri aufgefallen, der dafür gesorgt hat, dass der junge Komponist eines seiner ersten Stücke in der Kirche St. Augustin, gleich neben der Hofburg, präsentieren konnte.

Napoleon sprengt mit seiner Flucht aus Elba den Kongress

Preußens König Friedrich Wilhelm III. erhält unter anderem Teile Sachsens und des Rheinlands zugesprochen

Ob es die umherwandernden Spielleute im Prater sind, die Leierkastenmänner in der Stadt oder die Kapellen in den Gaststätten – an jeder Ecke hört der Besucher Wiens Musik. Aber nicht nur vor öffentlichem Publikum treten Pianisten und Geiger auf, sondern auch in den Salons der Aristokraten und gut situierten Bürger. Selbst ihre Dienstboten wählen viele Familienoberhäupter danach aus, ob sie ein Instrument spielen oder singen können.

Eine Salonmusik beginnt in der Regel um 19 Uhr, so wie ein privater Ball. Etwa zweimal in der Woche laden die wohlhabenden Wiener zu solchen Vergnügungen ein, mit denen sie vielleicht drei Stunden zubringen.

Jetzt, während des Kongresses, scheint ganz Wien ein einziges Fest zu sein. Bis spät in die Nacht amüsiert sich der europäische Adel auf Bällen, und er tanzt nicht mehr nur die langsame Polonaise, bei der die Paare durch den Saal schreiten, oder das gleichfalls ruhige Menuett, bei dem sich die Damen und Herren in gebührendem Abstand voneinander graziös über das Parkett bewegen: Die hohe Gesellschaft entdeckt vielmehr nun den Wiener Walzer, den das Volk in der Leopoldstadt schon länger tanzt. Anfangs gilt er noch als unzüchtig, da sich die Partner sehr nahe kommen. Doch bald begeistert er die Besucher aus ganz Europa.

Die aufsehenerregendste Festlichkeit aber kündigt der Hof für Ende November an: das Große Karussell in der Hofreitschule. Franz I. empfängt die internationale Hocharistokratie zu einem Ritterspiel in dem prachtvollen Gebäude seiner Burg, das im Winter als Reitschule dient. Weitläufige Säle führen zu einer Halle mit einer Pferdebahn in der Mitte, und ringsum ist auf 46 Säulen eine Zuschauergalerie aus Stein erbaut.

Wochen verbringen die Bediensteten des Kaisers mit den Vorbereitungen, 3500 Gäste sind geladen. Und so sehnlich erwarten den Tag der Vorführung auch die anderen, die nicht zu den Erwählten gehören, dass Fälscher etliche kopierte Einlasskarten zu hohen Preisen verkaufen.

An jenem Abend dann ertönen um acht Uhr die Fanfaren, das Spektakel beginnt. Im Mittelpunkt der Spiele stehen jeweils 24 Damen und Herren der Wiener Aristokratie. Die Frauen nehmen in der vordersten Sitzreihe der Galerie Platz. Mit Diamanten sind ihre Kleider aus Samt und Spitze besetzt, nach der Mode des 16. und 17. Jahrhunderts geschneidert. Und je sechs der Gewänder haben die gleiche Farbe: Es ist das Smaragdgrün, Karmesinrot, Blau und Schwarz, in dem auch die Kostüme der 24 Männer gehalten sind. Die treten in ihren samtenen Überwürfen und eng anliegenden Beinkleidern als Ritter auf, die sich hoch zu Ross für die Damen schlagen.

An beiden Enden des Kampfplatzes sind Tribünen mit goldbestickten Sesseln aufgestellt. Von dort aus verfolgen die Souveräne die Spiele, die eine Kapelle mit kriegerischer Musik begleitet. Die Recken imitieren Gefechte, galoppieren mit gestreckten Lanzen in zwei Gruppen aufeinander zu und versuchen, sich aus dem Sattel zu werfen. Nach ihrem letzten Manöver reiten sie noch einmal im Schritttempo um die Bahn, um ihre Damen und die Souveräne zu grüßen.

Anschließend begibt sich die ganze Gesellschaft zu Tisch. Es folgt ein Ball, der bis zum Morgen andauert.

Ob vom Hof organisiert oder in privaten Häusern: Kostümfeste, Empfänge, große Tafeln wechseln sich in schier unendlicher Reihe ab. Wer kein Tanzvergnügen besucht, kann am Abend aus dem Spielplan von fünf Theatern wählen.

Wie in einem skurril-fantastischen Märchen klingt der Tag für jene aus, die sich mit der Kutsche nach Mariahilf zum Apollosaal fahren lassen, einem Tanzpalast, der sich über insgesamt 31 Räume erstreckt. Mehrere Ball- und Speisesäle befinden sich in dem Gebäude, in dem die Gäste aus 13 Küchen mit Speisen versorgt werden.

In den Räumlichkeiten sind teils Bäume gepflanzt, teils wachsen hier duftende Gärten. In der Mitte eines Speisesaals erhebt sich ein riesiger Felsen, aus dem Quellen sprudeln, die sich in ein Becken mit Fischen ergießen. Lebende Schwäne schwimmen in Teichen umher.

Dienstags tanzt der hohe Adel hier im Apollosaal, der Donnerstag und der Sonntag gehören dem übrigen Publikum. Aber an die Trennung halten sich die Menschen der Metropole nicht immer strikt.

So findet am 12. Dezember 1814 ein Ball im Apollosaal statt, wie es ihn nur im Wien jener Zeit der Friedensverhandlungen geben kann: Vertreter aller Stände füllen zu Tausenden die Räume aus, und im großen Ballsaal mischen sich Könige unter Generäle, Staatsbeamte und Handwerker. Wohl alle Gäste freuen sich an diesem Wintertag an den Frühlingsgerüchen der Blumenwiesen.

Es ist einer der letzten Tänze des Kongresses.

London entsendet den Herzog von Wellington, den späteren Sieger von Waterloo

Graf Andreas Rasumowsky ist bereits seit 1793 russischer Gesandter am Wiener Hof

Denn Ende Februar 1815 ist das Fest vorbei. Napoleon gelingt mit gut 1000 Mann die Flucht von der Insel Elba nach Cannes – sein britischer Aufpasser ist Tage zuvor zu seiner Geliebten aufs italienische Festland gesegelt.

In Frankreich hat Ludwig XVIII. binnen Kurzem Zeit seine Untertanen völlig gegen sich aufgebracht: Arbeitslosigkeit, Steuern und Kornpreise steigen, eine Viertelmillion Soldaten stehen ohne Lohn und Brot da. Und so schließen sich Napoleon bei seinem Marsch durch Frankreich immer mehr Soldaten an, mit denen er wie im Triumph am 20. März in Paris einmarschiert.

Der König hat nichts entgegenzusetzen, flieht aus seiner Hauptstadt. Und Napoleon gelingt es, einen Großteil der Franzosen für sich zu gewinnen: Er kündigt an, dass er eine liberale konstitutionelle Monarchie anstrebt, und gibt den Auftrag, eine Verfassung dafür auszuarbeiten.

Doch zuvor hat er wohl andere Pläne. Auf Elba hatte er sich von Touristen über den Verlauf des Wiener Kongresses berichten lassen. Womöglich spekuliert er darauf, die Konflikte der Souveräne auszunutzen und erneut einen Staat nach dem anderen überrennen zu können. Doch nun haben die Großmächte wieder ein Ziel, das sie eint: Bonaparte zu vernichten.

Am 25. März bestätigen die Mächte Großbritannien, Russland, Österreich und Preußen, die sich bereits im Jahr zuvor gegen Paris verbündet hatten, ihre Allianz ein weiteres Mal.

Und nun arbeitet der Kongress fieberhaft. Am 9. Juni findet die abschließende offizielle Sitzung der Verhandlungspartner statt.

Über das Schicksal etlicher Territorien fällt jetzt die Entscheidung: Polen bleibt ein Spielball der Großmächte; die Hoffnungen des Landes, wieder ein souveräner und vereinter Staat zu werden, erfüllen sich nicht. Es verschwindet von der Landkarte, wird unter Russland, Preußen und Österreich aufgeteilt. Preußen tritt einige seiner Ländereien an Hannover ab und erhält im Gegenzug unter anderem fast das gesamte Rheinland und den nördlichen Teil Sachsens, von dem nur ein Rumpfkönigreich übrig bleibt.

In Italien darf sich die Habsburgermonarchie frühere Besitzungen, die an Napoleon verloren gegangen waren, wieder einverleiben, darunter die Regionen Istrien, Venedig und Mailand. Auch kommen die Großmächte überein, den Sklavenhandel zu ächten und die freie Schifffahrt auf den

Im Palais Liechtenstein und anderswo probieren sich die Delegierten in einem neuen, unerhört körperlichen Tanz: dem Wiener Walzer

Flüssen zu fördern. Die Neutralität der Schweiz wird für alle Zeiten garantiert.

Als Lösung für die Frage der Neuordnung Deutschlands schließen sich 34 Staaten und vier freie Städte im „Deutschen Bund" zusammen. Dieses Bündnis soll nur der Verteidigung dienen und hat keinerlei gemeinsame Regierung, Gesetze oder Verwaltung. Die Bundesversammlung in Frankfurt unter dem Vorsitz Österreichs darf zwar die Verfassung der Gemeinschaft ändern, muss dafür aber die Stimmenmehrheit im Plenum aller beteiligten Staaten einholen.

Mit der Unterzeichnung der Schlussakte am 9. Juni ist der Kongress offiziell beendet.

Die ersten Herrscher haben schon im März die Stadt verlassen. Sie sind zu ihren Kommandos geeilt, um den erneuten Krieg gegen Napoleon vorzubereiten und den vormaligen Kaiser der Franzosen ein für alle Mal zu besiegen.

Inzwischen passiert ein Regiment nach dem anderen Wien in Richtung Rhein.

Am 18. Juni treffen die Heere von Großbritannien und Preußen nahe dem Ort Waterloo im heutigen Belgien auf die französische Streitmacht zur Entscheidungsschlacht. Nach fast neunstündigen Gefechten ist Napoleon geschlagen; am 22. Juni dankt er ab und wird in die Verbannung auf die britische Insel St. Helena gebracht. Diesmal für den Rest seines Lebens.

In Wien kehrt wieder Ruhe ein. Sein bedeutendstes Ziel hat der Kongress erreicht: dauerhaften Frieden zu sichern durch einen Ausgleich der europäischen Großmächte. Ein Jahrhundert lang wird auf dem Kontinent kein europaweiter Krieg mehr ausbrechen.

Die Kosten der Verhandlungen lassen sich nur schätzen. Den Wiener Staatshaushalt haben sie zwischen 50 000 und 80 000 Gulden am Tag gekostet; insgesamt sind zwischen September 1814 und Juni 1815 umgerechnet bis zu 105 Millionen Euro aus den Staatskassen geflossen.

Nach dem Ende des Kongresses erlebt Wien daher eine tiefe Wirtschaftskrise, die besonders die einfachen Einwohner trifft. Und so bleibt von den bunten, rauschhaften Monaten der Feste, Bälle und Paraden, in denen ihnen die Welt der Reichen und Mächtigen greifbarer schien als je zuvor, für die meisten Wiener nur ein langer, beklemmender Kater.

Die Zeit, in der in Österreichs Kapitale die Stände gemeinsam tanzten, ist wieder vorbei.

Dr. Marita Liebermann, *Jg. 1973, beschrieb für* GEO*EPOCHE zuletzt eine wesentlich weniger lebendige Metropole: das verfallene, verlassene Konstantinopel des Jahres 1261.*

LITERATUREMPFEHLUNGEN: Anna Ehrlich, *„Kleine Geschichte Wiens"*, Verlag Friedrich Pustet: stellt die Stadthistorie in den Zusammenhang der europäischen Geschichte; Peter Csendes u. a. (Hg.), *„Wien. Geschichte einer Stadt"*, Böhlau: umfassende und ausführliche Darstellung der Metropole und ihrer Entwicklung.

DICHTER, TRÄUMER, AUSSENSEITER

Er macht es seinem Publikum nicht leicht: Heinrich von Kleist beschreibt in Dramen und Erzählungen eine Welt, die aus den Fugen geraten ist, zeigt Menschen, die zu schrecklichen Taten verleitet werden. Doch fast kein Zeitgenosse erkennt seine literarische Leistung

Text: HANNO SCHEERER

Die Wahrheit ist, dass mir auf Erden nicht zu helfen war", schreibt Heinrich von Kleist am 21. November 1811 an seine Halbschwester. Nur Stunden später schießt sich der Dichter am Kleinen Wannsee bei Berlin in den Mund – kurz nachdem er seine krebskranke Freundin Henriette Vogel auf deren Wunsch durch eine Kugel ins Herz getötet hat.

So beendet Kleist ein exzentrisches Schriftstellerleben, das eigentlich der geregelten Laufbahn eines preußischen Adeligen hätte folgen sollen. Denn er wird 1777 als Abkömmling einer alten pommerschen Familie geboren, die zahlreiche Offiziere der preußischen Armee stellt. Und auch Heinrich schließt sich mit 14 Jahren der Truppe an, nimmt am Rheinfeldzug gegen Frankreich teil, wird 1797 zum Leutnant befördert.

Aber der Heranwachsende ist mit den Ideen der Aufklärung infiziert, sieht zunehmend den Widerspruch zwischen seinen humanistischen Idealen und der gnadenlosen Disziplin im preußischen Militär. Und so scheidet er 1799 aus dem Dienst aus. Inzwischen Waise, versucht er, die Bedenken seines Vormunds und seiner Familie zu zerstreuen, indem er ihnen einen genauen „Lebensplan" vorstellt: Erst will er Mathematik, Logik und Latein studieren, dann Theologie, Philosophie und Physik, um Wissenschaftler zu werden.

Doch Kleist ist depressiv, passt „nicht unter die Menschen", wie er schreibt. Ständig schwankt er zwischen Krise und Aufbruch, kann nie lange an einem Ort bleiben, sich nicht für eine Sache entscheiden. Sein Studium bricht er nach drei Semestern ab, will in Frankreich Philosophie lehren. 1801 beschließt er, Schriftsteller zu werden, und zwar nicht irgendeiner, sondern der „größte Dichter seiner Nation". (Zugleich will er als Bauer in der Schweiz leben.)

Seine Werke sind jedoch derart schonungslos, dass sie das Publikum provozieren. Denn wie sein eigenes Leben ein Taumel ist, so beschreibt Kleist auch die Welt: als aus den Fugen geraten. In seinen Stücken führen kleine Irrtümer zu Morden, sind die wahren Identitäten der Figuren oft rätselhaft und bestimmen Zufälle das Schicksal der Charaktere.

Verstörend direkt schildert Kleist immer wieder exzessive Gewalt, etwa im Drama „Penthesilea", in dem die Heldin ihren Geliebten tötet und seinen Körper gemeinsam mit ihren Hunden zerfleischt. Die Novelle „Marquise von O...", in der Kleist eine Vergewaltigung und ihre sozialen Folgen darstellt, finden Leserinnen „abscheulich". Kein „Frauenzimmer" könne sie „ohne Erröten" lesen.

Nur drei von acht Dramen Kleists werden zu Lebzeiten aufgeführt. Ständig muss der junge Dichter nach neuen Einkommensquellen suchen, lässt sich in Berlin und Königsberg zum Finanzbeamten ausbilden, gründet in Dresden eine Literaturzeitschrift und gibt ab Oktober 1810 Berlins erste tägliche Zeitung heraus – ein Projekt, das nach einigen staatskritischen Artikeln von der Zensur in den Ruin getrieben wird.

Es ist aber nicht der drohende Bankrott, der Kleist verzweifeln lässt. Er scheitert vor allem an seinem Anspruch an sich selbst. Die Männer seiner Familie waren es gewohnt, auf dem Schlachtfeld Ruhm zu erlangen. Auch Kleist drängt es nach Anerkennung. Doch will er sie als Dichter erlangen – sein mangelnder Erfolg trifft ihn da umso härter.

Der Gedanke an einen finalen Schlussstrich kommt auf, nicht zum ersten Mal in seinem Leben. Aber nun hat er auf dem Weg in den Tod eine Gefährtin. Über einen Freund hat er Henriette Vogel kennengelernt, ist seither immer wieder bei der klugen und lebhaften Frau zu Gast gewesen. Vielleicht um einem qualvollen Tod zu entgehen, träumt auch die Krebskranke von einer schnellen Erlösung. Durch Henriette sei seine „Seele zum Tode ganz reif geworden", schreibt Kleist in einem seiner letzten Briefe.

Als ihr Entschluss feststeht und sie am See eintreffen, sind die beiden gelöst. Wie Kinder gehen sie tollend spazieren, berichtet später ein Augenzeuge. Dann feuert Kleist die Schüsse ab. Ein Ende wie aus einem seiner Stücke. ⬢

Heute gelten seine Komödie »Der zerbrochne Krug« und Novellen wie »Michael Kohlhaas« als Meisterwerke der deutschsprachigen Literatur. Zu Lebzeiten jedoch findet Heinrich von Kleist (1777–1811) nur wenige Leser, werden seine Theaterstücke kaum aufgeführt

EIN **JAHR** OHNE

Das Korn verschimmelt auf den Feldern, das Obst an den Bäumen will nicht reifen: Ein für die Bauern unerklärlicher Wetterumschwung verdirbt im Jahr 1816 die Ernte. Bald breiten sich Hunger und Verzweiflung aus. Besonders schlimm trifft es eine Region im preußisch beherrschten Rheinland: die Eifel

Text: MARION HOMBACH und GESA GOTTSCHALK

Ob Getreidebauer oder wie hier Winzer: Kaum ein Landbewohner bleibt von den Folgen des extremen Wetters verschont. Viele sehen in der Katastrophe eine Strafe Gottes – und manche erwarten gar das Ende der Welt

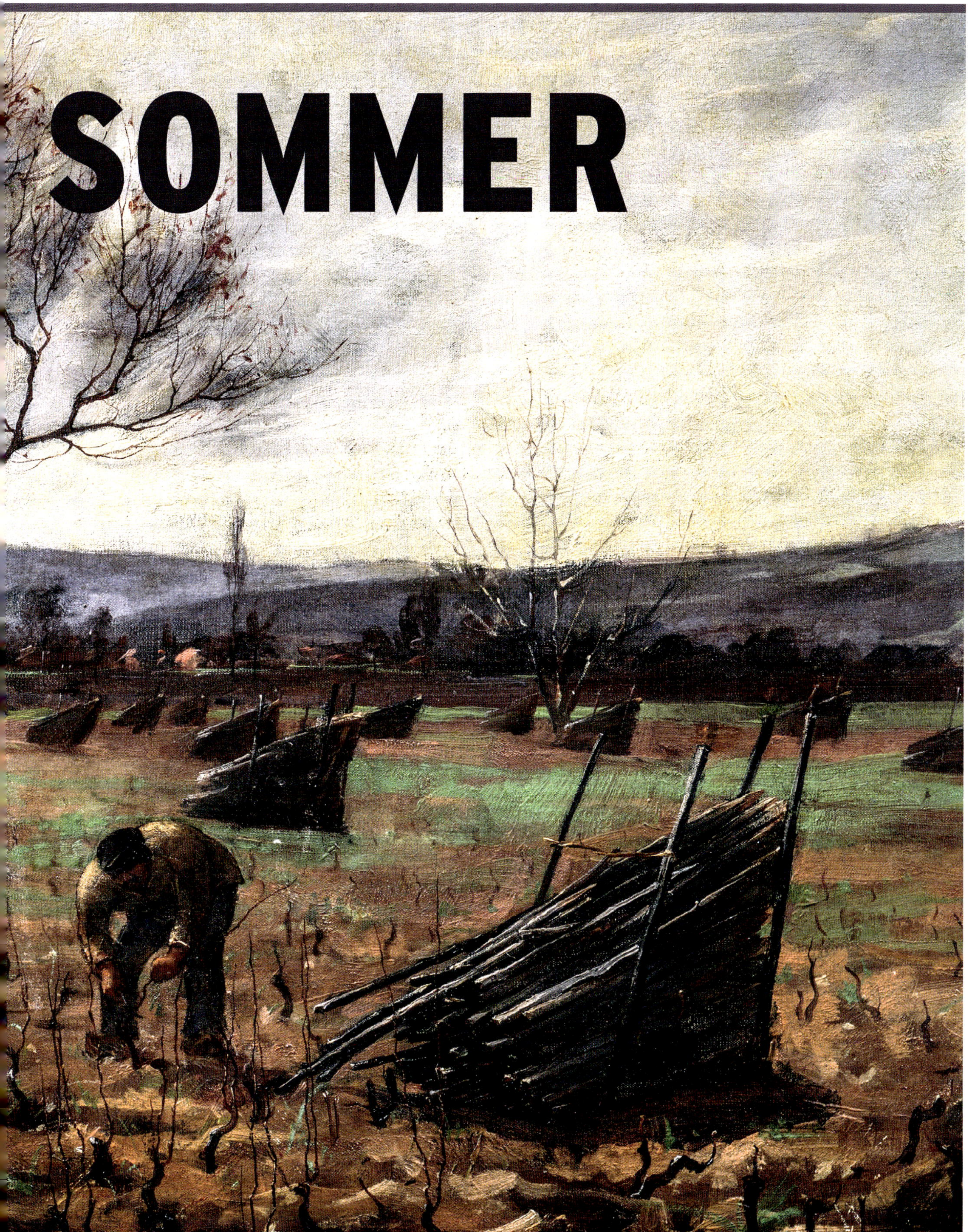

SOMMER

D

Bauern bei der Kartoffelernte: Schon in normalen Jahren können viele Landleute von dem Ertrag ihrer Felder kaum leben

Das Elend ist nach Adenau gekommen. Ein Elend, wie es noch keiner der 1200 Einwohner erlebt hat, nicht einmal hier, in einem der ärmsten Orte der Eifel. Es haust auch in den umliegenden Dörfern, in Mosbruch und Kottenborn, in Dümpelfeld und Gilgenbach. Es treibt die Hungernden aus ihren Hütten auf die Straße, ins nahe Koblenz, nach Mayen, auf der Suche nach Arbeit und Brot.

Verzweifelt stehen die Bauern auf ihren kargen, eh viel zu kleinen Äckern. Nur wenige Zentimeter Erde bedecken vielerorts den steinernen Boden der Eifel, selbst in guten Jahren ernten sie oft gerade genug, um die eigene Familie zu ernähren. 1816 aber ist kein gutes Jahr.

Es ist das schlechteste seit Menschengedenken. Seit dem Frühling hat es fast nur geregnet, die Körner sind in den Ähren verschimmelt, die Kartoffeln im Boden. Das Heu ist auf den überschwemmten Wiesen verdorben, die Trauben sind an den Reben erfroren.

Jetzt naht der Winter, und kaum einer der etwa 19 000 Menschen des Landkreises Adenau hat genügend Vorräte, um ihn zu überstehen. Sie können nur hoffen, auf die Gnade ihres Herrschers. Hilfe, hat Preußens König Friedrich Wilhelm III. (der auch über das Rheinland gebietet) versprochen, sei bereits auf dem Weg. Denn im Baltikum und in Russland haben die Felder genug hervorgebracht, dort hat er Roggen aufkaufen lassen. Noch aber ist nichts angekommen bei seinen ärmsten Untertanen.

Wie nahezu überall in Deutschland haben die Bauern von Adenau nur wenig geerntet, haben aus fast leeren Ähren kaum Getreide gedroschen. Ob in Bayern, Württemberg, in Schwaben, im Westerwald: Überall hungern Menschen, überall fragen sie sich, wie sie bis zum nächsten Sommer überleben sollen, überall ziehen Bettler umher, verteuern sich die Nahrungsmittel, bis sie für viele unbezahlbar sind, brechen Unruhen aus.

So mancher versucht, an der Not Geld zu VERDIENEN

Mütter töten ihre Säuglinge, weil sie sie nicht ernähren können, Eltern schicken ihre Kinder auf die Suche nach Essen. Auf dem Land hat fast niemand mehr Geld, um neue Dinge anzuschaffen – und so hungern nun auch die Menschen in jenen Gegenden, die vor allem vom Handwerk leben. Frauen gehen nicht länger in die Kirche, weil sie sich für ihre abgerissenen Kleider schämen.

Und gleichzeitig glauben viele, dass es für all dies nur eine Erklärung geben kann: Gott muss den Menschen zürnen. Er ertrage ihre Sünden nicht länger, vielleicht stehe sogar das Ende der Welt bevor. Daher habe er das Jahr 1816 werden lassen. Das Jahr ohne Sommer.

Tatsächlich gibt es eine sehr weltliche Erklärung für den Regen, den Schnee, den frühen Frost. Doch die Eifelbauern wissen nicht, was sich anderthalb Jahre zuvor viele Tausend Kilometer entfernt ereignet hat. Dass im April 1815 der Vulkan Tambora auf der indonesischen Insel Sumbawa Lava und Felsbrocken herausgeschleudert hat, mehrere Tage lang.

Der Tambora ist seit dem Ausbruch etwa 1350 Meter niedriger als vorher, die Eruption hat den Gipfel abgesprengt. Tausende Menschen waren sofort tot, unter der Asche erstickt, vom Geröll erschlagen, von einem Tsunami ins Meer hinausgezogen. Zehntausende weitere auf Bali und Lombok werden an den Folgen sterben, werden verhungern oder an Krankheiten zugrunde gehen.

Es ist der größte Vulkanausbruch seit Beginn der Geschichtsschreibung. Und seine Folgen wird nicht nur Indonesien erfahren, sondern die ganze Welt.

Denn in einer Aschesäule sind Partikel – darunter Millionen Tonnen Schwefeldioxid – hoch in die Atmosphäre geschleudert worden. Dort bildet sich Schwefelsäure, die von den Höhenwinden in den folgenden Monaten als feiner Dunst über die Erde verteilt wird. Dieser Dunst lenkt zwar nur einen kleinen Teil der Sonnenstrahlung ab – hält sich aber so lange, dass er über den Lauf des folgenden Jahres langsam, aber merklich die Welttemperatur abkühlt.

US-Zeitungen berichten ab Mai 1816 von einem „dichten Schleier" über Washington, einem „feinen Staub" über Virginia, einer „Sonne, die nicht die übliche Kraft" hat, in Boston. In England glüht im Herbst 1815 abends der Himmel, in den Abruzzen fällt gelblicher Schnee, dann fegt ein Blizzard bräunliche Flocken durch Ungarn.

Die schlimmsten Spätfolgen aber zeigen sich ein Jahr nach dem Ausbruch des Tambora – inzwischen haben sich nicht nur die Luft, sondern auch Boden und Ozeane abgekühlt: Wochenlang scheint etwa in Deutschland ab Mai 1816 die Sonne kaum, regnet es im Juni und Juli, verwüsten Stürme das Land. In der Schweiz treten im August die Flüsse über ihre Ufer, treiben Baumstämme und tote Kühe stromabwärts. In Tirol fällt Schnee, in Schwaben geht Mitte August ein Hagelschauer nieder. Auf der Nordhalbkugel ist es im Durchschnitt drei Grad kälter als üblich. Es kommt zu dramatischen Temperatureinbrüchen mitten im Sommer: So fallen in New York erfrorene Vögel von den Ästen. Vielerorts zeigt sich die Sonne nur selten, und dann liegt sie hinter Dunst und Nebel.

Ob sich ein Europäer des Jahres 1816 über das schlechte Wetter lediglich ärgert oder ob er es als lebensbedrohend empfindet, hängt davon ab, welcher gesellschaftlichen Schicht er angehört. Die Eliten sind versorgt und können sich Lebensmittel auch dann noch leisten, wenn die Preise steigen. So klagt die 18-jährige Mary Godwin, Lebensgefährtin des eng-

Die Bewohner von kargen Hochlagen wie der Eifel trifft die verheerende Missernte im Herbst 1816 besonders hart. Immer mehr Landleute dort fragen sich, wie sie ihre Familien durch den kommenden Winter bringen sollen lischen Adeligen Percy Bysshe Shelley, zwar über das kalte schlechte Wetter während ihres Aufenthalts am Genfer See – andererseits werden die düstere Atmosphäre und die Gespenstergeschichten, die sie und ihre Begleiter sich am Kaminfeuer gegenseitig vorlesen, sie zu ihrer Erzählung über Frankensteins Monster inspirieren.

Und Johann Wolfgang von Goethe starrt im Juli 1816 zwar trübsinnig in einen Dauerregen, mit gelegentlichen Gewittern als einziger Abwechslung. Hungern aber muss der Dichter nicht.

Doch mehr als zwei von drei Erwerbstätigen in Deutschland leben zumindest teilweise von der Landwirtschaft, und die meisten verdienen gerade genug, um die eigene Familie durch das Jahr zu bringen. Das gilt vor allem für Gegenden, die selbst in guten Zeiten nur karge Erträge erbringen, etwa die Hochlagen der Mittelgebirge – und ganz besonders die Eifel, die im 19. Jahrhundert bei manchen das „rheinische Sibirien" heißt.

Sandstein, Schiefer und Basalt formen ihre Hänge und Plateaus, über Jahrhunderte haben Menschen die Bäume darauf abgeholzt. Inzwischen sind sie über weite Flächen mit Heide bewachsen und mit hartem Gras. Regen versickert schnell, die Pflanzen vertrocknen. Die Winter sind lang, auch die Sommer kühl, plötzlicher Frost ist nicht selten – und das alles bereits in normalen Zeiten.

Das Katastrophenjahr 1816 trifft daher auch eine der verwundbarsten Gegenden Deutschlands. Eine Region zudem, die mitten im Umbruch steckt.

Denn auf dem Wiener Kongress, auf dem Europas Mächte im Sommer zuvor den Kontinent nach Napoleons Niederlage neu geordnet haben, ist der Großteil des Rheinlandes Preußen zugeschlagen worden, einschließlich vieler zuvor jahrzehntelang französisch beherrschter Gebiete wie etwa der Eifel.

Hohe Posten im Rheinland besetzt Berlin mit Staatsdienern aus dem alten Preußenland. Viele Menschen begegnen ihnen mit Misstrauen, fürchten um ihr freiheitliches „Rheinisches Recht", das dem französischen bürgerlichen Gesetzbuch entspricht. Die preußischen Beamten kommen in Städte, in denen die Bürgermeistereien bis vor Kurzem noch *mairie* hießen und sich die Menschen nur langsam daran gewöhnen, nicht mehr von *départements* zu sprechen.

Ihr Elend treibt die Hungernden zu Verzweiflungstaten: Sie verkaufen ihr letztes Hab und Gut, viele stehlen Lebensmittel. Denn die versprochene staatliche Hilfe lässt auf sich warten

In dieser angespannten Lage erhält die Regierung in Berlin die ersten beunruhigenden Nachrichten von der Versorgungskrise in den westlichen Provinzen. Eine Notlage wird erkennbar, die Rheinländer und Altpreußen bereits im ersten Jahr weiter entfremden könnte.

Monat für Monat informieren die Beamten aus allen Bezirken Preußens König Friedrich Wilhelm III. über Witterung, Epidemien, Lebensmittelpreise, Handel, Industrie und den sittlichen Zustand der Untertanen. Bereits im Frühsommer 1816 beklagen die Koblenzer Berichterstatter das schlechte Wetter, die miserablen Aussichten für die Ernte.

Ende Juni melden alle Landkreise, dass die Lebensmittel teurer werden, die Vorräte des Jahres 1815 zur Neige gehen. In Altenkirchen haben Regengüsse das Korn niedergedrückt, Wassermassen die Wiesen überschwemmt und das Gras verschlammt. Die Koblenzer Regierung fürchtet, dass den umliegenden Dörfern das Brot ausgehen wird, wenn der unablässige Regen nicht bald aufhört. In Adenau ist schon Ende Juli das Brot so teuer, dass sich einige Familien nicht einmal einen Laib in der Woche leisten können.

Das liegt nicht überall an der schlechten Ernte: So mancher schlägt Geld aus der Not, verknappt das Angebot künstlich, um höhere Preise verlangen zu können. In Kreuznach etwa muss der Landrat die Bäcker dazu zwingen, Brot zu verkaufen, in Stromberg weigert sich ein Müller, Mehl auszuliefern.

Ihm legt der Landrat „Gendarmerie ins Haus": Polizisten ziehen so lange bei dem Mann ein, bis er sich beugt, ein auch bei Steuersündern gängiges Druckmittel.

Im Juli lässt die Regierung die königlichen Magazine der Armee öffnen und das Getreide billig verkaufen. Im Kreis Adenau backen sie daraus Brot für die Bedürftigen. Hunderte nehmen mehrstündige Wanderungen auf sich, um einige Laibe günstig zu erstehen.

Doch die Vorräte des Militärs sind begrenzt, auch die Soldaten müssen ja versorgt werden, und so danken zwar die Landräte für die Maßnahme, die Not dauerhaft lindern aber kann sie nicht.

Im September fällt das Laub von den Bäumen, an denen das unreife Obst hängt. Nachtfrost vernichtet Feldfrüchte.

Die Nässe lässt Mutterkorn auf dem Getreide wachsen, einen giftigen Pilz.

Die rheinischen Landräte sorgen sich, dass Franzosen, Bayern oder Niederländer beginnen könnten, die letzten Vorräte aus dem Rheinland aufzukaufen, um die Not der eigenen Bevölkerung zu lindern. Das würde den Mangel verschärfen, die Preise weiter in die Höhe treiben. Doch vergebens bitten die Beamten den König um ein Ausfuhrverbot für Getreide und Kartoffeln.

Auch das Drängen der Landräte, das Schnapsbrennen zu untersagen, ignorieren die preußischen Bürokraten. Aber die Brennereien rechnen trotzdem mit einem Verbot und beginnen, auf Vorrat zu arbeiten. Aus mehr als der Hälfte der kümmerlichen Kartoffelernte, klagt ein Landrat, werde „der uns Rheinländern ganz entbehrliche Fusel" gebrannt.

Im Oktober hagelt es auf die Felder von Adenau, zerstören die Eiskörner Roggen und Gerste, bevor die Bauern sie vollständig einfahren können. Sie müssen ihre Familien nun mit unreifem Hafer und halb erfrorenen Kartoffeln über den Winter bringen. Für Fleisch sind die meisten selbst in besseren Zeiten zu arm.

„Unsägliches Elend" prophezeit der Koblenzer Oberbürgermeister und fordert die Regierung auf, Getreide aufzukaufen und einzuführen.

Im Preußenland westlich des Rheins kämpfen viele Menschen nun ums Überleben. Die Beamten in Berlin aber rechnen offenbar noch immer damit, dass die Krise von selbst enden wird.

Sie machen weiter wie zuvor: Sie fordern Händler auf, Angebote für die Versorgung der preußischen Truppen im Regierungsbezirk Koblenz abzugeben, als gäbe es in dem gebeutelten Landstrich überschüssiges Getreide. Und auch die Steuern lassen sie weiter eintreiben, obwohl Landräte und Bürgermeister die allgemeine Not beklagen, nicht wissen, was sie jemandem wegnehmen sollen, der bloß noch ein paar Kartoffeln hat.

Seit Monaten ist die preußische Führung bestens im Bilde über die Zustände. Dennoch reagiert sie langsamer als die in anderen deutschen Ländern, etwa in Österreich oder Hessen. Erst als in diesem sommerlosen Jahr auch der Kalender den nahenden Winter anzeigt, werden die Beamten aktiv.

Im November 1816 verhängt die Regierung endlich die seit Monaten geforderte Getreideausfuhrsperre nach Bayern, Hessen, Österreich und Frankreich. Zudem lässt der König in Russland und dem Baltikum für zwei Millionen Taler Getreide für die notleidenden Provinzen kaufen (keine geringe Summe bei einem Staatshaushalt von etwa 50 Millionen und einer Verschuldung von rund 200 Millionen Talern).

Schon die Ankündigung der Lieferung veranlasst die Landräte zu ergebensten Dankesbezeigungen. Doch wird es noch dauern, bis die Hilfe ankommt.

Statt Brot essen die Eifeler VIEHFUTTER

Sie muss mit Schiffen bis zum niederländischen Dordrecht und dann den Rhein hinauf transportiert werden.

Zunächst aber trifft einer der zuverlässigsten Beamten des Königs in Koblenz ein. Staatssekretär Wilhelm Anton von Klewiz soll sich ein Bild der Lage machen und feststellen, was die Rheinländer brauchen. Anfang Dezember beschließt die Bezirksregierung in seiner Anwesenheit schließlich das Brennverbot für nicht selbst angebaute Kartoffeln und ordnet erneut an, Getreide aus den Militärmagazinen zu verkaufen.

Während in der Eifel bereits Tausende hungern, bereist Klewiz anschließend auf königliches Geheiß die Rheinprovinzen. Am Ende der Reise veröffentlicht er Anfang Januar eine Bekanntmachung. Die Not, schreibt er, sei größer als bislang angenommen.

Klewiz verspricht erneut Hilfe, das Ostseegetreide sei auf dem Weg. Doch sei es nur für die Bedürftigen bestimmt, für die auch bereits Korn und Gemüse aus den Magazinen bereitstehe.

Verteilen – das heißt: zu einem günstigen Preis verkaufen – sollen die Hilfe Wohltätigkeitsvereine, die vielerorts gebildet worden sind. In St. Goar, Boppard, Linz oder Neuwied haben Landräte, Priester und mildtätige Bürger Armenküchen eingerichtet, die etwa Brot oder „Rumfordsuppe" an Hungernde ausgeben: einen günstigen, nahrhaften Eintopf aus Graupen und Erbsen, Kartoffeln, Essig und Salz, benannt nach dem Sozialreformer Benjamin Thompson, Graf von Rumford.

Auch im Kreis Ahrweiler ermöglicht ein Wohltätigkeitsverein ab Dezember 1816 erst gut 100, einen Monat später dann 500 der Bedürftigsten zumindest eine regelmäßige Mahlzeit.

Meist spenden wohlhabende Mitglieder der Gemeinde für diese Hilfen. Im benachbarten Landkreis Adenau aber entsteht kein Verein: Hier leben keine wohlhabenden Kaufleute, Handwerker, Händler. Hier gibt es keine bürgerliche Schicht, die den Bauern helfen kann.

Zwar verdienen viele Familien in besseren Zeiten zusätzliches Geld, indem sie Wolle spinnen und zu festem Adenauer Tuch weben. Doch die Wege zu den Märkten sind vom Regen aufgeweicht und kaum passierbar – und ohnehin kauft in diesem Jahr kaum jemand Kleidung. Vergebens bittet der Landrat im Februar 1817 die Regierung, einen Auftrag für Uniformtuch zu erteilen, um etwas Geld in den Kreis zu bringen.

Das Vieh ist eingegangen oder geschlachtet, die Menschen sind derart unterernährt, dass manche kaum mehr auf den Feldern arbeiten können.

Seit Wochen haben viele Eifelbewohner kein Brot mehr. Sie sammeln stattdessen Brennnesseln, Klee, Kohlsamenblüte – eigentlich Tierfutter. Sie kochen Schnecken, fangen Wölfe.

Verzweifelte verkaufen ihre Habe, manche ihre Grundstücke. In Scharen wandern Männer nach Koblenz, um am

Bau der dortigen Festung mitzuarbeiten, doch der Tagelohn reicht nicht aus, um sie oder ihre Familien zu ernähren.

Bettelnd ziehen Adenauer durch den wohlhabenderen Kreis Mayen, werden von Gendarmen aufgegriffen und zurückgeschickt oder zur Arbeit im Festungsbau angehalten. Immer wieder stehlen Hungernde Brot oder Getreide.

Aus Angst vor den umherstreifenden Bettlern richtet der Landrat von Cochem eine Bürgerwehr ein, die Gefängnisse der Städte sind überfüllt mit Mundräubern, die Brot, Kartoffeln, Feldfrüchte gestohlen haben.

Immerhin lässt das Hilfsversprechen des Königs die Menschen ein wenig Hoffnung schöpfen (obwohl das Getreide von der Ostsee noch immer nicht eingetroffen ist). Wohl auch deshalb bleibt es in den Rheinprovinzen weitgehend ruhig. Nur vereinzelt kommt es zu Unruhen. So versuchen Bürger in Koblenz einen Kahn mit Kartoffeln zu stoppen, der den Rhein hinunterfahren soll. Anderswo in Europa treibt der Hunger mehr Menschen auf die Straßen.

In Bayern blockieren Aufständische eine Woche lang die Stadttore von Memmingen, aus Protest gegen einen von König Maximilian I. konzessionierten Kaufmann, der systematisch Korn zum Export aufgekauft und so den Preis in der Stadt in die Höhe getrieben hat.

Sie verhindern die Ausfuhr des Getreides, nehmen es in Besitz und zwingen die Bäcker, daraus kostenlos Brot für die Armen zu backen. Der Kriegsminister muss zwei Kompanien entsenden, um die Stadt wieder unter Kontrolle zu bringen, und das Korn mit einer Militäreskorte Richtung Bodensee transportieren lassen.

Dort allerdings lässt der Lindauer Stadtkommandant das Getreide konfiszieren und es unter dem Jubel der Bevölkerung und der Polizei auf dem Marktplatz verkaufen.

In Schweinfurt, Regensburg, Weißenburg und Dinkelsbühl wehren sich Bürger gegen Teuerungen; selbst in der Hauptstadt München protestieren Menschen gegen den bayerischen Staatsminister Maximilian von Montgelas.

Der lehnt Getreideimporte ausdrücklich ab, weil er glaubt, dass allein Spekulationen die Hungerkrise ausgelöst haben – eine klare Fehlentscheidung und wohl einer der Gründe für seine Entlassung im Februar 1817. Vielerorts in Europa, in England, Schottland, Irland, der Schweiz und Italien, greifen Hungernde Bäcker an, plündern Getreidespeicher.

Andere treibt die Not nicht auf die Straße, sondern in die Kirche. Durch Spanien ziehen Prozessionen gegen die Dürre, Bayern muss die bisher verbotenen Wallfahrten und Bittgottesdienste wieder zulassen, die sich stets zu Protesten und Unruhen auswachsen können.

Auch Sekten haben nun vermehrt Zulauf. Die protestantischen „Michelianer" in Württemberg deuten das Hungerjahr als Vorzeichen der Apokalypse, die katholischen „Pöschlianer" in Österreich datieren das Weltende sogar: auf den 30. März 1817. In der Nacht zum 30. des Monats. töten sie mehrere Menschen, um Gott durch das Opfer zu versöhnen. Soldaten zerschlagen die Gruppe und verhaften mehr als 100 ihrer Anhänger.

Die erfolgreichste Sektiererin des deutschsprachigen Raums ist Juliane von Krüdener, genannt „das Sonnenweib". Die als fromme Protestantin aufgewachsene Tochter eines baltischen Adeligen und zeitweilige Beraterin des Zaren hat bereits zuvor von der Endzeit gepredigt und erhält im Jahr ohne Sommer Zulauf von Tausenden. Sie zieht durch Baden, das Elsass und die Schweiz, schürt die Wut der Hungernden gegen die Obrigkeit, lässt ihr Gefolge Suppen kochen und Decken verteilen. Im August 1817 schieben die Schweizer Behörden sie nach Preußen ab, später wird sie nach Russland ausgewiesen.

Im Rheinland warten die Notleidenden im Frühjahr 1817 noch immer auf Hilfe von der Ostsee. Viele Adenauer haben wochenlang kein Brot bekommen – oder nur schwarzgraue, kaum genießbare Klumpen aus unreifem Hafer. Manchmal noch erfrorene Kartoffeln.

Verbittert schreibt der Landrat von Ahrweiler im Mai, dass jeder sich selber die Stimmung ausmalen könne eines „dem langsamen Hungertode entgegen schmachtenden Volkes, welches sich durch seine vorgesetzten Behörden mittelst leerer Versprechungen getäuscht

glaubt. Täglich tönt mir das jammernde Geschrei in den Ohren! Die Not ist so schrecklich, und die versprochene Hilfe kommt – vielleicht zu spät!"

In Koblenz ruft der Publizist Joseph Görres am 30. Mai zu einer Hilfsaktion auf. Gemeinsam mit Unterstützern sammelt Görres Wertsachen und verkauft Lose. Die glücklichen Gewinner erhalten etwa ein vierfüßiges englisches Fernrohr, eine alte Flinte, eine Golduhr, den Backenzahn eines Mammuts, ein silbern gefasstes Marienbildchen. Von dem Erlös kauft der Verein unter anderem Getreide und schickt vieles davon in die Eifel. Außerdem verteilen die Gruppe und ein weiterer Koblenzer Hilfsverein täglich Brot und Suppe.

Eine Woche später trifft endlich die erste Fuhre von der Ostsee ein. Vom Schiff „Der junge Heinrich" werden am 8. Juni

Im Frühjahr 1817 kehrt endlich die Sonne zurück, regnet es weniger als im Vorjahr – und so bringt die sommerliche Ernte wieder ausreichend Erträge und den Hungernden Lebensmittel

1817 in Mülheim bei Duisburg knapp 4000 Scheffel Getreide entladen, das sind rund 180 Tonnen.

Von nun an kommen laufend Getreidelieferungen in die hungernden Rheinprovinzen und bringen allmählich Erleichterung.

Nach Großbauern, Getreidehändlern, Müllern und Bäckern profitiert nun ein weiterer Berufsstand von der Not: Es sind die Schiffer, die mit ihren Barken das Getreide stromaufwärts schaffen.

Die Menschen in Adenau hingegen haben kaum noch Bargeld. Dennoch kauft der Kreis 6000 Scheffel an, ohne freilich zu wissen, wie er sie bezahlen soll.

Die Regierung aber weigert sich, die Kosten für das Getreide zu stunden. Trotzdem berichten die Landräte des Bezirks Koblenz von einer gehobenen Stimmung: Immerhin ist jetzt Brot da.

Und bald wird es endlich wieder Sommer. Die milchigen Schleier über Europa haben sich gelichtet, die Sonne scheint nun, in den Ähren reifen Körner. Im Juli 1817 feiern die Menschen im Rheinland bereits Dankgottesdienste, treffen sich wieder auf Tanzbällen. Als die ersten Erntewagen voller Getreide in die Ortschaften einfahren, laufen Kinder ihnen freudig entgegen. Doch wird es noch lange dauern, bis die Bewohner der Rheinprovinzen so versorgt sind wie vor der Krise.

Das Jahr ohne Sommer hat Spuren hinterlassen. Mehr Menschen sind gestorben, weniger Kinder geboren worden. Im Regierungsbezirk Koblenz nimmt die Bevölkerungszahl 1817 um weniger als die Hälfte des Durchschnitts der folgenden zehn Jahre zu. Und im Jahr darauf leiden viele der Geschwächten in der Eifel unter einer Fieberepidemie.

Die Berliner Beamten haben zu langsam reagiert, Warnungen zu lange ignoriert, Gegenmaßnahmen zu zögerlich erlaubt. Trotzdem zeigt die Hilfe, wie wichtig dem preußischen König die neuen Provinzen sind. Geld wäre vielleicht effektiver gewesen als Getreide. Doch mit den Lieferungen hat er das Rheinland wirtschaftlich in Preußen eingebunden und gleichzeitig für die Hohenzollernmonarchie geworben.

Sein Eingreifen signalisiert: Der ferne Landesvater in Berlin kümmert sich um die Nöte seiner hungernden Untertanen nahe der französischen Grenze. Und so erreichen den König vor allem Berichte der Dankbarkeit für die Hilfe, die späteren Generationen als Missmanagement einer Krise erscheinen muss.

Die Eifel wird nie wieder eine so schwere Hungersnot erleben wie nach dem Jahr ohne Sommer.

Preußen aber wird seine Folgen noch einmal zu spüren bekommen.

Um das Jahr 1838 werden die Kinder des Hungers volljährig. Und die Regierung in Koblenz hat Mühe, genügend geeignete Rekruten für das preußische Heer zu finden. „Bei der diesjährigen Aushebung konnte hin und wieder das Kontingent kaum gestellt werden", muss sie dem König melden, „und es wird dies dem nachteiligen Einfluss der Mangeljahre 1816 und 1817 zugeschrieben."

Es sind im Elend einfach nicht genügend Kinder zur Welt gekommen.

Dr. Marion Hombach, *Jg. 1974, ist Autorin in Berlin,* **Gesa Gottschalk,** *Jg. 1980, Textredakteurin im Team von* GEO*EPOCHE.*

LITERATUREMPFEHLUNGEN: Wolfgang Behringer, *„Tambora und das Jahr ohne Sommer"*, C. H. Beck: gut lesbarer Überblick über den Ausbruch des Tambora und seine Nachwirkungen. Hans-Peter Pracht, *„Abschied von der Heimat"*, Helios: eindringliche Schilderung der Not in der Eifel Anfang und Mitte des 19. Jahrhunderts.

DER FÜRST
DER ZAHLEN

Astronomie, Physik, Vermessungstechnik: Carl Friedrich Gauß glänzt auf vielen Gebieten. Doch die Zeitgenossen feiern den Gelehrten vor allem für seine mathematischen Entdeckungen – als eines der größten Genies der Wissenschaft

Text: SAMUEL RIETH

Gut zwei Jahre lang, zwischen 1821 und 1825, klettert Carl Friedrich Gauß, einer der größten deutschen Mathematiker aller Zeiten, immer wieder auf Hügel, sucht den Horizont ab nach Kirchtürmen, Windmühlen oder selbst errichteten Signalsäulen. Er vermisst das Land dank einer besonderen Spiegeltechnik, fasst es in Zahlen. Denn mit deren Hilfe versucht Gauß sein Leben lang die Welt zu verstehen – als Mathematiker, Landvermesser, Astronom und Erfinder.

In Braunschweig, wo er 1777 geboren wird, darf der junge Gauß das Gymnasium besuchen, obwohl sein Vater, ein Schlachter, Bildung für Zeitverschwendung hält. Der Herzog von Braunschweig und Lüneburg wird durch einen Bericht eines Mathematikprofessors auf das Talent aufmerksam, empfängt den Jungen zur Audienz und wird dessen finanzieller Förderer.

So kann Gauß auch studieren, schreibt sich an der Universität Göttingen ein für Mathematik – und revolutioniert sie. Im Spätsommer 1801, mit 24 Jahren, veröffentlicht er die in lateinischer Sprache verfassten „Arithmetischen Untersuchungen".

Die Beweise, die er in seinem Buch führt, sind so bahnbrechend, dass Mathematiker die Geschichte der Zahlentheorie schon bald in die Zeit vor und nach Gauß einteilen werden.

Gauß entdeckt unter anderem das Muster, dem die Verteilung der Primzahlen folgt. Und es gelingt ihm, erstmals allein mit Zirkel und Lineal ein regelmäßiges Siebzehneck zu konstruieren. Seit der Antike hatten sich Mathematiker gestritten, ob dies überhaupt möglich sei.

Immer auf der Suche nach neuen Einsichten, begeistert er sich zudem für ein weiteres Fach, die Astronomie. Denn seit der Entdeckung des Planeten Uranus 1781 weiß man: Das Sonnensystem (und damit das damals bekannte Universum) ist doppelt so groß wie gedacht.

Die Forscher interessieren sich ganz besonders für einen Zwergplaneten, der später Ceres heißen wird: Immer wieder entdecken sie ihn mit ihren Teleskopen an unterschiedlichen Orten am Himmel, bevor sie ihn wieder aus den Augen verlieren. Und sie wissen nie, wo er das nächste Mal auftauchen wird.

Gauß kann helfen. Mit einer von ihm erfundenen Methode errechnet er die Bahn des Himmelskörpers. Tatsächlich erscheint der Zwergplanet am 7. Dezember 1801 genau an dem von ihm vorhergesagten Punkt. 1807 wird Gauß Leiter der Sternwarte in Göttingen und Professor für Astronomie.

Die Politik verschafft ihm sein nächstes Betätigungsfeld: die Landvermessung. Denn nach dem Ende der Napoleonischen Kriege wird das Kurfürstentum Braunschweig-Lüneburg zum Königreich Hannover erklärt. Und dessen genaue Fläche soll Gauß nun im Auftrag des neuen Monarchen, Georg IV. von Großbritannien und Hannover, ermitteln.

Er ersinnt eine Methode, bei der er das Licht der Sonne mit Spiegeln über Dutzende Kilometer zu einem Messgerät schickt. So kann er die Winkel zwischen solchen Lichtlinien bestimmen – und daraus auch die Linienlänge ableiten, also die Distanz. Auf diese Weise gelingt es ihm, Entfernungen präziser zu berechnen als jeder andere Landvermesser zuvor.

Und mehr noch: Mit verabredeten Signalfolgen lassen sich damit auch Botschaften über weite Distanzen senden. Gemeinsam mit dem Physiker Wilhelm Eduard Weber entwickelt Gauß so die elektromagnetische Telegraphie, die als Grundlage des 1837 erfundenen Morseapparats dienen wird.

Als Gauß 1855 in Göttingen stirbt, reicht sein Vermächtnis weit über jene rund 50 mathematischen Begriffe hinaus, die nach ihm benannt wurden, etwa die „Gaußsche Normalverteilung", die die Wahrscheinlichkeit bestimmter statistischer Ereignisse und Abweichungen vom Normalwert beschreibt (und mit der er die Wahrscheinlichkeitsrechnung mitbegründet hat). Der Mann aus Braunschweig, der die Welt mithilfe der Zahlen zu verstehen versuchte, hat sein Talent genutzt, um sie zu verändern.

Schon als Jugendlicher füllt er Notizbücher mit Primzahlen, später notiert er Tag für Tag die Anzahl seiner Schritte auf dem Weg zur Arbeit und berechnet das Lebensalter seiner Freunde in Tagen: Carl Friedrich Gauß (1777–1855) ist besessen von Zahlen

PATRIOTEN und

Nach dem Wiener Kongress stellen die Fürsten die alte Ordnung wieder her, doch eine kleine Gruppe junger Männer gibt den Traum an ein geeintes Deutschland nicht auf. So gründen national gesinnte Studenten patriotische Zirkel, zu denen auch die Burschenschaften zählen. Im Oktober 1817 treffen sich diese Vereinigungen auf der thüringischen Wartburg zu einer provokanten Demonstration – aber die Mächtigen schlagen schon bald zurück

Text: JOHANNES STREMPEL

BRANDSTIFTER

Auf ein Bier im deutschen Wald: Die Burschenschaften, in denen sich jene Studenten sammeln, deren höchstes Ziel die Einheit des deutschen Vaterlandes ist, sind um 1815 nicht die einzigen Zusammenschlüsse von Hochschülern. Die Mitglieder der studentischen »Corps« etwa (hier vermutlich eine Gruppe aus Eisenach) sind vergleichsweise unpolitisch – ihnen geht es vor allem um die persönliche Ehre, die sie in Duellen verteidigen

A

An einem stürmischen Oktoberabend drängt sich eine Menschenmenge auf einer Bergkuppe in der Nähe von Eisenach um ein großes Feuer. Glühende Gesichter sind im Schein der Flammen auf dem Wartenberg zu sehen, dann tritt ein Redner auf, der die Stimme gegen den brausenden Wind erhebt und deklamiert: „So tretet denn heran zu dem zehrenden Fegefeuer, und schauet, wie Gericht gehalten wird über die Schandschriften des Vaterlandes! Möge das höllische Feuer sie alle verzehren und vernichten!"

Ein Mann mit einer Heugabel in den Händen löst sich aus der Gruppe, dahinter ein zweiter, der einen schweren Korb trägt. Der Redner nennt den Verfasser eines Werks, den Titel, der zweite präsentiert es den Umstehenden – und der Mann mit der Heugabel wirft es in die Flammen des Holzstoßes.

„Ins Feuer!", brüllt die Menge.

Mehr als 20-mal wiederholt sich dieser Akt, den meisten Schriften schreien die Zuschauer noch Schmähungen hinterher. „Pfui dich, du Zwingherrnprediger!"; „Fahre hin, du böser Feind!"; und, bei einem jüdischen Autor: „Wehe über die Juden, so da festhalten an ihrem Judentum!"

Zu dem Spektakel kommt es am 18. Oktober 1817 im Großherzogtum Sachsen-Weimar-Eisenach, einem Zentrum deutschen Geisteslebens. Und die Menge – das ist kein Mob, kein analphabetischer Pöbel, der Jagd auf Intellektuelle macht. Der vor Pathos sprühende Redner etwa, der Initiator der Bücherverbrennung, heißt Hans Ferdinand Maßmann und ist ein 20-jähriger Uhrmachersohn aus Berlin, der auf dem Gymnasium für seinen Fleiß und sein Betragen gerühmt wurde und nun in Jena Theologie und Klassische Philologie studiert. In seinen freien Stunden schreibt er Gedichte.

Hunderte Studenten ziehen am 18. Oktober 1817 zur Wartburg, um gegen Kleinstaaterei und Unterdrückung zu protestieren. Die junge Nationalbewegung erreicht einen ersten Höhepunkt

Auch die anderen jungen Männer, die sich um das Feuer versammelt haben, stammen zumeist aus dem aufstrebenden Bürgertum. Die Väter sind Beamte, Lehrer, Geistliche, sie selbst Studenten der Jurisprudenz, Theologie oder Medizin.

Disziplin und Ernst, Sittlichkeit und Bildung sind die Maximen ihres Lebens. Vor allem aber sehen sich die Studenten als Streiter für Fortschritt und Reformen, für Bürgerrechte und die Freiheit des Wortes.

Jede Art der Zensur müssten sie verabscheuen. Und nun verbrennen diese jungen Gelehrten Bücher?

Das Feuer ist ein Zeichen der großen Enttäuschung, die Patrioten im ganzen Land ergriffen hat. „Alles ist anders gekommen, als wir erwartet haben", hat einer der Studenten früher an diesem Tag in einer Rede gesagt, „viel Großes und Herrliches, was geschehen konnte und musste, ist unterblieben."

Die Empörung richtet sich gegen die Herrscher der deutschen Staaten, die die Erwartungen der Patrioten, entstanden in der Zeit der französischen Besatzung, nicht erfüllt haben. Ein vereintes deutsches Vaterland, eine Verfassung und Volksvertretungen: Das hatten sich die Bürger erhofft. Fast nichts davon ist nach Ende der napoleonischen Herrschaft eingetreten. Als Protest dagegen brennen in dieser Nacht die Werke jener Männer, die als Propagandisten der alten Verhältnisse gelten, als Gegner des Fortschritts.

Durch die Büchervernichtung hat sich eine politische Feier, zu der an diesem Tag über 450 Studenten auf der nahen Wartburg zusammengekommen sind, in eine Provokation verwandelt.

Es ist die erste Demonstration dieser Art in Deutschland. Und der Auftakt zum verschärften Ringen zwischen den Verfechtern der alten Zeit und einer jungen Bewegung, die von einem anderen Staat träumt.

Für deren Aktivisten ist „Deutschland“ mehr als ein geographischer Begriff. Wenn sie von „den Deutschen“ sprechen, bedeutet auch das etwas Neues. Nicht mehr einfach von einem Volk ist dann die Rede – sondern von einer Nation.

Und das Fest auf der Wartburg wird zur bisher deutlichsten Kundgebung dieser deutschen Nationalbewegung.

Schon in Jahrhunderten zuvor haben sich Bewohner der deutschen Lande auch als „Deutsche“ verstanden: als Menschen ähnlicher Herkunft, die Deutsch sprachen. Doch viel eher sahen sie sich als Sachsen, Franken, Schwaben oder Bayern. Oder, einfacher noch, als Teil der Gemeinschaft eines Dorfes. Die Konfession, katholisch oder protestantisch, war prägend für das Bewusstsein der Menschen – sowie die Bindung an eine Herrscherdynastie, der man als treuer Untertan zu dienen hatte.

Doch ab etwa 1750 begannen sich die alten Gewissheiten und Strukturen zu verändern, nicht nur in den deutschen Staaten, sondern in ganz Europa. Der absolutistische Herrschaftsanspruch der Fürsten wurde im Zuge der Aufklärung – die die Herrschaft der Vernunft forderte und den Menschen zum selbstbestimmten Wesen erklärte – infrage gestellt, ebenso die angeblich gottgewollte Ordnung der Ständegesellschaft und die Deutungshoheit der Religion.

Gleichzeitig weitete sich der Blick der Menschen: weil immer mehr von ihnen – vor allem in der Oberschicht – Lesen lernten und sich zugleich Zeitungen, Lexika und Lesezirkel verbreiteten. Der Einzelne, zumindest wenn er aus der wachsenden Schicht des gebildeten Bürgertums stammte und die Schriften der Zeit verfolgte, begriff sich immer weniger als Untertan, sondern sah sich nach dem Ideal der Aufklärer als Bürger, der Rechte hat.

Und so entdecken die Deutschen nun ihr Nationalgefühl, denn der Angehörige einer Nation ist kein Knecht mehr, sondern kann Teilhabe einfordern. Daher ist der Nationalismus dieser Jahre auch eine Befreiungsideologie.

Die Nation soll jetzt über allem stehen. „Das ist die höchste Religion“, wird einer der Vordenker der deutschen Nationalbewegung später schreiben, „das Vaterland lieber zu haben als Herren und Fürsten, als Väter und Mütter, als Weiber und Kinder.“

Das prägende politische Erlebnis für die aufkeimende deutsche Nationalbewegung ist die Französische Revolution. Ab 1789 setzt sich hier in Tat um, was bis dahin nur Idee war: Ein Volk stürzt seinen König und die alte Ordnung – und erklärt sich zu einer Nation, deren Bürger Souveränität beanspruchen.

In den deutschen Ländern geschieht (mit Ausnahme etwa von Mainz, wo 1793 für kurze Zeit eine Republik entsteht) nichts dergleichen. Und es gibt noch einen weiteren Unterschied zwischen den beiden Völkern: Die französische Nation, die jetzt entstanden ist, hat einen Staat, ein Territorium, Frankreich eben.

In den Abendstunden des 18. Oktober verbrennen Studenten reaktionäre Schriften – doch auch Gesetzestexte landen im Feuer

Die Deutschen hingegen leben im Heiligen Römischen Reich deutscher Nation – einem Gewirr aus einigen größeren und unzähligen Klein- und Kleinstherrschaften, mehr als 1000 sind es im späten 18. Jahrhundert.

Was also ist „deutsch“ dann überhaupt, wenn es gar kein Deutschland gibt?

Die Anhänger der Nationalbewegung (um 1800 mögen es wenige Tausend sein – Theologen, Schriftsteller, Historiker, Philosophen, auch Studenten und Gymnasiasten) finden die Antwort im Geistigen: der gemeinsamen Sprache, Kultur und Geschichte.

Sie entdecken und sammeln alte Sagen, erforschen die Vergangenheit, die germanische Vorzeit, das Mittelalter und erheben, romantisch-verklärend, historische Persönlichkeiten zu nationalen deutschen Größen, von Hermann dem Cherusker über die Nibelungen bis zu Karl dem Großen.

Für die Protestanten unter den Nationalbewegten – und das sind die allermeisten; die konservativeren Katholiken stoßen sich wohl an dem Quasi-Religiösen der Bewegung – steigt noch ein weiterer Mann in diese Ahnengalerie auf: Martin Luther, der die Deutschen in ihren Augen aus dem Griff der römischen Kirche und des Papstes befreit hat.

„National“ wird zum großen Beiwort der Epoche: Die Aktivisten sprechen von einem Nationaltheater, von Nationalliteratur, von Nationalgeist. Und natürlich träumen sie auch von einem einigen Vaterland.

Doch nach wie vor sind diese Patrioten eine kleine Minderheit. Dass aus diesem schwärmerischen Nationalgefühl eine größere politische Bewegung erwächst, liegt an einem einzelnen Mann: dem „korsischen Ungeheuer“. Napoleon Bonaparte.

Mit einer Reihe von Siegen hat der französische Herrscher große Teile Europas unter seine Kontrolle gebracht. Auf seinen

Druck hin schließen sich 16 deutsche Staaten im Juli 1806 zum „Rheinbund" zusammen, einer Allianz unter der Schutzherrschaft Napoleons. Das Heilige Römische Reich löst sich daraufhin im August des Jahres auf – nach mehr als 800 Jahren Existenz.

Zwei Monate später schlägt der Kaiser auch noch Preußen, 1809 besiegt er abermals Österreich und zwingt Wien als Verbündeten an seine Seite. Die deutschen Staaten stehen nun de facto unter der Herrschaft Frankreichs.

Während der größte Teil der Bevölkerung in den Rheinbundstaaten (die dank Frankreichs Politik zum Teil große Territorien hinzugewinnen) Napoleon anfangs außerordentlich positiv gegenübersteht, empfinden die Patrioten vor allem im zeitweise besetzten Preußen die französische Dominanz als Kränkung der Nationalehre. Als Fremdherrschaft, Unterdrückung, Ausbeutung.

Gerade dadurch, dass Napoleon ganz Mitteleuropa unter seine Macht zwingt, entdecken die Menschen den Nationalgedanken für sich – der die eigenen Besonderheiten ja oftmals ausdrücklich über die Unterschiede zu anderen Völkern definiert. Dass der Kaiser nicht nur ein Tyrann ist, sondern auch ein Reformer, der in den Rheinbundstaaten eine moderne Gesetzgebung einführt und in einigen von ihnen auch Bürgerrechte, nehmen die Patrioten kaum wahr.

Die Wut darüber, von einer fremden Macht beherrscht zu sein, ist wohl auch der Grund dafür, dass Vertreter der Nationalbewegung von Anfang an ihre dunklen Seiten zeigen, etwa den leidenschaftlichen Hass auf alles Französische – und auch auf andere, die als fremd empfunden werden, etwa die Juden.

Das Wort vom „Erbfeind" Frankreich kommt in diesen Jahren auf. Vom „Franzosenungeziefer" schreibt der Schriftsteller Ernst Moritz Arndt, und der Journalist Joseph Görres nennt die Franzosen den „Inbegriff alles Bösen".

Zudem bildet sich ein übersteigertes Sendungsbewusstsein heraus: Der Philosoph Johann Gottlieb Fichte, einer der wichtigsten Vordenker des deutschen Nationalismus, sieht die Deutschen als „Urvolk", das nicht durch die römische Kultur und das Lateinische deformiert sei und deshalb als Spitze der Menschheitsentwicklung den französischen Geist ablösen müsse. Der Theologe Friedrich Schleiermacher schreibt, dass die deutsche Nation „ein auserwähltes Werkzeug und Volk Gottes" sei. Und der Lehrer Friedrich Ludwig Jahn, der als „Turnvater" bekannt wird, meint, dem deutschen Volk komme es kraft seiner „menschlichen Göttlichkeit" zu, die „Erde als Heiland zu segnen".

Viele der national gesinnten Studenten sind begeisterte Turner, die ihre Kräfte an Reck und Barren messen. Denn Patrioten müssen vor allem gut trainiert und damit wehrhaft sein, glauben sie

Aber danach sieht es in der Wirklichkeit nicht aus. Sieben drückende Jahre lang müssen die Deutschen sich der französischen Fremdherrschaft beugen. Doch dann, im Winter 1812/13, geschieht das kaum Vorstellbare: Der so lange Zeit nahezu unbesiegbar scheinende Napoleon scheitert mit seinem Feldzug gegen Russland und kehrt geschlagen aus dem Osten zurück – sein Heer durch Krankheit, Hunger, Kälte dezimiert von 420 000 auf 120 000 Mann. Und der russische Zar ist entschlossen, den Krieg nun fortzuführen, Europa von Napoleon zu befreien.

Die deutschen Patrioten sehen ihre Stunde gekommen. Auch unter dem Druck ihrer Pamphlete, in denen sie zum Befreiungskrieg aufrufen, schließt Preußens Friedrich Wilhelm III. nach ängstlichem Zaudern eine Koalition mit Russland, fordert im März 1813 sein Volk auf, für König, Vaterland und Ehre zu kämpfen.

Das ist neu, nicht nur in Preußen: Anstatt einen Krieg allein am Kabinettstisch zu beschließen, appelliert ein Herrscher an den Patriotismus seines Volkes.

Die Freiwilligenverbände, die sich nun in Preußen bilden, machen zwar nur etwa zehn Prozent des Heeres aus und spielen in den entscheidenden Schlachten keine große Rolle; viel wichtiger sind die regulären Armeen. Aber sie werden zum Symbol der Befreiungskriege.

Viele Studenten und Angehörige des Bürgertums melden sich zum Kampf, vor allem zum „Lützowschen Freikorps", in dem auch Männer aus den nicht preußischen deutschen Staaten dienen. In einem patriotischen Lied formuliert Arndt ihren Traum: „Was ist des Deutschen Vaterland? / Ist's Preußenland, ist's Schwabenland? / Ist's, wo am Rhein die Rebe blüht? / Ist's, wo am Belt die Möwe zieht? / O nein, nein, nein! / Sein Vaterland muss größer sein! / Was ist des Deutschen Vaterland? / So nenne endlich mir das Land! / So weit die deutsche Zunge klingt / Und Gott im Himmel Lieder singt, / Das soll es sein! / Das, wackrer Deutscher, nenne dein!"

In den Augen der Freiwilligen ist dies ein gesamtdeutscher Krieg, der nicht nur die Fremdherrschaft beenden soll, sondern endlich auch die Einheit und Freiheit bringen wird: ein Vaterland für eine mündige Nation.

Preußens König und der russische Zar schüren ganz bewusst diese Hoffnung. In einer gemeinsamen Proklamation stellen sie „den Völkern Deutschlands" im Falle eines Sieges nicht nur die „Rückkehr der Freiheit" in Aussicht, sondern auch die Wiederbegründung eines verjüngten Reiches – und was soll das anderes sein als ein einiges Deutschland?

Im weiteren Verlauf des Krieges wird der preußische Herrscher sogar anordnen, eine Volksvertretung zu schaffen – und was soll das anderes bedeuten, als dass er eine Verfassung verspricht?

Bald treten weitere europäische Staaten der preußisch-russischen Koalition gegen Napoleon bei: England, Schweden, Spanien, zuletzt endlich auch Österreich. Im Oktober 1813 treffen bei Leipzig 200 000 Soldaten der Verbündeten auf die 190 000 Mann starke Armee Napoleons. Und siegen.

Napoleon kann sich zwar zunächst noch nach Frankreich zurückziehen, aber im März 1814 nehmen die Alliierten dann auch Paris ein.

Der französische Kaiser muss abdanken und sich auf die Insel Elba zurückziehen. Europa ist frei. (Ein Jahr später, während die europäischen Herrscher längst über den Frieden und die Neuordnung des Kontinents verhandeln, ergreift Napoleon tatsächlich noch einmal die Macht in Frankreich, wird aber nach der „Herrschaft der hundert Tage" bei Waterloo endgültig geschlagen und bis an sein Lebensende auf die Insel St. Helena verbannt.)

Sieger und Besiegte finden sich ab September 1814 in Österreich zum Wiener Kongress ein. Bei den Verhandlungen wird sehr schnell klar, dass es den Ministern und Diplomaten nicht um die Freiheit der Völker, um Verfassungen oder ein einiges Deutschland geht, sondern allein um Machtpolitik. Der österreichische Außenminister Klemens Wenzel Fürst von Metternich hatte sich schon beim Beitritt Österreichs zu der Kriegskoalition gegen Napoleon vorgenommen, dass nach dem Sieg kein deutscher Nationalstaat geschaffen wird.

Deutschland bleibt ZERTEILT

Denn Metternich, der in Wien zur Zentralfigur der Verhandlungen aufsteigt, interessiert nur eines: Stabilität nach dem Untergang des Napoleonischen Reichs. Nationale Bestrebungen, der Volkswille nach Teilhabe – das klingt für den konservativen Politiker dagegen eher nach Unruhe, Aufstand, Revolution.

Metternich will die Stabilität in Europa durch zwei Mittel erreichen: zum einen durch die Restauration der alten Zustände vor Napoleon; Könige und Fürsten sollen wieder wie früher über ihre Staaten herrschen, weitere Reformen verhindert werden.

Zum anderen will der Österreicher ein Gleichgewicht der Kräfte schaffen, um künftige Kriege zu verhindern. Viele Landesgrenzen werden daher auf dem Kongress neu verhandelt, Einflusszonen festgelegt (siehe Seite 118).

Ein vereinigtes Deutschland würde diesem Plan aber widersprechen. Denn es würde die Stärke der deutschen Einzelstaaten bündeln und so womöglich zu einer Gefahr für die Nachbarn werden, statt in ein System des Gleichgewichts eingebettet zu sein. Darum sind die anderen europäischen Mächte ebenfalls gegen einen deutschen Nationalstaat.

Und auch die Fürsten der deutschen Herrschaften haben wenig Interesse an einer Vereinigung, weil sie fürchten, so Teile ihrer Macht zu verlieren.

Andererseits darf es kein Machtvakuum in Mitteleuropa, im Raum zwischen Russland und Frankreich geben. Daher schließen sich 38 Flächen- und Stadtstaaten zum „Deutschen Bund" zusammen, einer lockeren Föderation, deren Mitglieder einander vor allem bei Angriffen von außen beistehen sollen.

Metternichs Politik des Gleichgewichts entrüstet die Patrioten, die doch für etwas völlig anderes gekämpft hatten als für einen losen Bund.

Immerhin: Im Artikel 13 der Deutschen Bundesakte, die die Mitglieder im Juni 1815 unterzeichnen, heißt es: „In allen Bundesstaaten wird eine landständische Verfassung stattfinden." Dieser eine Satz, so vage er auch formuliert ist, wird die Hoffnungen der Nationalbewegung in den nächsten Jahren nähren.

Denn es ist ja gar nicht so viel, was die Patrioten sich, neben dem vereinten Vaterland, wünschen: Nur die Radikalsten denken an echte Demokratie, an eine Republik, in der alle Macht beim Volk liegt. Die Mehrheit will weiter unter einem monarchischen Herrscher leben. Nur soll der eben keine absolutistische Willkür mehr ausüben, sondern in einer konstitutionellen Monarchie wirken, in

Die Feier wird zu einem SKANDAL

der die Macht des Fürsten durch eine Verfassung beschränkt wird und Volksvertretungen das Recht zur Mitsprache in Staatsangelegenheiten haben, etwa bei Steuern und Finanzen.

Keiner der Nationalbewegten will die Herrscher stürzen, es geht um Reformen, nicht um Revolution: um Grundrechte auf Freiheit und juristische Gleichheit, um unabhängige Gerichte, Presse- und Meinungsfreiheit.

Die Beschlüsse des Wiener Kongresses haben diese Hoffnungen zwar fürs Erste zerstört, aber noch glauben die Bürger daran, dass ihre Landesherren das gleiche Ziel wie sie haben.

Als aber nur sehr wenige und eher kleine deutsche Staaten bald tatsächlich Verfassungen und Volksvertretungen einführen, organisieren sich die deutschen Nationalisten in Gruppen jenseits der eigentlichen Politik: in akademischen Zirkeln, Studentenverbindungen und „Deutschen Gesellschaften“, die etwa mit Festen und Siegesfeuern des Datums der Völkerschlacht von Leipzig gedenken und dabei auch „in frommer Herzens-Hingebung“ ihre Fürsten und Könige hochleben lassen.

Die aktivste dieser nationalen Gruppierungen sind die Turner. Noch während der französischen Fremdherrschaft hat der Lehrer Friedrich Ludwig Jahn im Jahr 1811 das vaterländische Turnwesen ins Leben gerufen. Es ist eine echte Jugendbewegung: Handwerksburschen, Gymnasiasten und Studenten treffen sich auf der Berliner Hasenheide, einem beliebten Ausflugsziel, um sich bei Übungen an Reck oder Barren und beim Speerwurf zu messen, bei Turnfesten gar vor Tausenden von Zuschauern.

Das Turnen soll ganz allgemein der körperlichen Ertüchtigung dienen, ist von Jahn aber von Beginn an auch als Vorbereitung der Jugend für den Kampf gegen die Franzosen gedacht. Daher gehören paramilitärische Orientierungsmärsche und Ringkämpfe ebenfalls zum Training.

Außerdem will Jahn die jungen Turner zu echten deutschen Patrioten formen: Alle Mitglieder, unabhängig von ihrem Stand, sprechen einander mit „Du“ an und tragen einfache Jacken und Hosen aus ungebleichter Leinwand sowie langes Haar (wie manch anderer Patriot auch). „Altdeutsch“ nennen sie diese einfache Tracht, und ihre Schlichtheit soll ein Zeichen setzen gegen die preziöse französische Mode der Zeit.

Selbst unter den zur Deutschtümelei neigenden Nationalisten ist der „Turnvater“ Jahn eine Extremfigur. Ein Fanatiker, der später die deutsche Sprache von allen Fremdwörtern gereinigt sehen will (was schon seinen Zeitgenossen skurril erscheint) und alle Kinder, die in der Zeit der Fremdherrschaft geboren wurden, „Bastardgezücht“ nennt.

Jahn träumt von einer neuen deutschen Hauptstadt „Teutonia“ und fordert eine einheitliche Volkstracht, die kein Ausländer tragen dürfe. Zwar bleibt auch der Turnvater ein treuer Monarchist, aber er und seine Anhänger denken doch aggressiver und aktionistischer als die gemäßigteren Teile der Nationalbewegung.

Das wird bei dem Geschehen um die Bücherverbrennung auf der Wartburg noch eine Rolle spielen.

Der Berliner Hans Ferdinand Maßmann, der spätere Initiator dieses Autodafés, schließt sich schon als 14-Jähriger den Turnern an. Sein Vater, ein Uhrmacher, hat es zwar nur zu wenig Wohlstand gebracht, seinen Sohn aber dennoch aufs Gymnasium geschickt.

Der junge Maßmann, eigentlich ein zurückhaltender Außenseiter, entwickelt sich rasch zu einem begeisterten Turner und fanatischen Patrioten, schreibt Lieder und Reden. Im Lauf der Zeit wird er zu einem engen Freund Jahns.

Das Turnen breitet sich von Berlin rasant aus – im Jahr 1818 werden es 150 Vereine mit 12 000 Mitgliedern sein. Jahn fördert die Verbreitung, indem er seine Berliner Lieblingsschüler als „Vorturner“ in andere Städte schickt. Zum Sommersemester 1816 reist Maßmann deshalb nach Jena, um sich dort an der Universität einzuschreiben – und um einen Turnplatz einzurichten.

Die Universität zu Jena liegt in Sachsen-Weimar-Eisenach. Politisch hat der Kleinstaat kaum Bedeutung, 30 Jahre zuvor aber ist er zu einem Zentrum des deutschen Kulturlebens aufgestiegen, als dort die berühmten Schriftsteller Wieland, Herder, Schiller wirkten – sowie Johann Wolfgang von Goethe, der nach wie vor dem Großherzog Karl August als Minister dient.

Jetzt, im Klima der Restauration nach dem Wiener Kongress, zieht das Großherzogtum auch politisch die Aufmerksamkeit

Nach dem Wartburgfest nimmt die Zahl der Burschenschaften zu: Bald schon trägt jeder dritte Student die Farben einer solchen Verbindung

auf sich: Denn Karl August ist einer der wenigen deutschen Herrscher, die nach 1815 ihrem Land eine Verfassung geben.

Diese Konstitution ist aus heutiger Sicht nicht einmal besonders fortschrittlich – eine echte Gewaltenteilung etwa sieht auch sie nicht vor. Dennoch wird das Herzogtum liberal regiert, so bei der Berufung von kritischen Professoren oder der Einführung einer unparteiischen Justiz. Wenig verwunderlich also, „dass unter solchen Umständen die Blicke aller deutschen Patrioten auf das kleine Weimar gerichtet waren", wie ein Historiker wenige Jahre später schreibt.

Und immerhin gewährt der Großherzog in seinem Staat per Verfassung Pressefreiheit – woraufhin zahlreiche Zeitungen und Zeitschriften entstehen. Einige Herausgeber siedeln aus anderen Bundesstaaten über nach Sachsen-Weimar-Eisenach, weil ihre Blätter in der Heimat zensiert werden. Als zum Beispiel das berühmteste oppositionelle Organ der Zeit, der „Rheinische Merkur", in Preußen verboten wird, weil es zu deutlich eine Verfassung gefordert hat, gibt ein Jenaer Jurist das Blatt als „Neuer Rheinischer Merkur" heraus.

Unter den vielen, die nun emsig publizieren, sind auch einige jüngere Professoren der Universität Jena – nur rund 20 Kilometer von Weimar entfernt –, die der Nationalbewegung anhängen.

Mit der Hochschule, über 250 Jahre alt und untergebracht in einem mittelalterlichen Kloster, ist es im Kleinen so wie bei dem Großherzogtum insgesamt: Einerseits ist die Universität etwas provinziell und wegen eines ärmlichen Budgets wenig glanzvoll, andererseits hat sie dank der dort versammelten Denker einen weithin berühmten Namen – Größen wie Schiller, Fichte, Hegel haben dort unterrichtet.

Seit einigen Jahren sind Professoren nachgerückt, die sich als Ideengeber der Politik sehen, über Patriotismus und Pressefreiheit schreiben und dozieren. Zwischen ihnen und den Studenten entsteht ein besonderes Vertrauensverhältnis – vor allem, weil sie gemeinsam den Befreiungskampf geführt haben: publizistisch die einen, militärisch die anderen. (Einzelne Dozenten hatten sich aber ebenfalls freiwillig zum Militär gemeldet.)

In den später aufkommenden schlagenden Verbindungen müssen die Burschenschafter ihren Mut bei Fechtduellen beweisen. Schwäche verachten die Studenten – ihre Narben tragen sie wie Ehrenzeichen

„Der größte Hörsaal in Jena war nicht groß genug, alle Hörer zu fassen", beschreibt ein Student die Vorlesungen eines dieser Professoren. „An die offenen Fenster waren Leitern gelegt, auf denen eifrige Hörer in unbequemster Stellung stundenlang aushielten, und oft schlossen wir in gehobener Stimmung die Vorlesung mit Gesang eines Liedes."

Eine Verfassung, die Pressefreiheit und die politisch engagierten Professoren: All das macht das Großherzogtum nach 1815 binnen kürzester Zeit zu einem Zentrum der Nationalbewegung.

In den anderen deutschen Staaten nennt man Jena bald „das Jakobinernest", in Anspielung auf die Radikalen der Französischen Revolution.

Im Juni 1815 – ein Jahr bevor der Turner Maßmann in der Stadt eintrifft – finden sich 143 Studenten in einem Jenaer Gasthaus zu einem besonderen Anlass ein. „Erhoben von dem Gedanken an ein gemeinsames Vaterland", habe man „sich beredet, eine Verbindung unter dem Namen einer Burschenschaft zu gründen", wie es in der Urkunde heißt, die man aus diesem Anlass verfasst.

Die Burschenschaft („Bursche" ist hier ein anderes Wort für Student) soll eine neue Art der Verbindung sein und die alten Landsmannschaften ersetzen, die „Saxonia" oder „Thuringia" heißen und in denen sich die Hochschüler nach ihrer Heimatregion organisieren.

Mit den derben Bräuchen der alten Verbindungen, den Duellen, dem Würfelspiel, den Saufritualen, wollen die Burschen, viele von ihnen Veteranen der Befreiungskriege, brechen: „In den Mühen des Kriegslebens", schreibt ein Mitglied, „war ihnen eine höhere Idee von dem Ernste des Lebens aufgegangen."

Zudem soll der Verband, anders als die oft miteinander verfeindeten Landsmannschaften, die Hochschüler aller deutschen Universitäten umfassen. Und die Einigkeit der Studenten soll Vorbild und Wegbereiter sein für ein zukünftiges, einiges Deutschland. „Ehre, Freiheit, Vaterland" lautet ihr Wahlspruch.

Die Initialen dieser drei Wörter finden sich auch auf der Stangenspitze der Burschenschaftsfahne. Deren Farben Schwarz, Rot, Gold sind inspiriert vom Lützowschen Freikorps, das schwarze Uniformjacken mit roten Aufschlägen und goldenen Knöpfen trug.

Zum Sommersemester 1816 schreibt sich Hans Ferdinand Maßmann in Jena ein und macht das Turnen unter den Burschenschaftern schnell populär, gemeinsam mit einem anderen von Jahn entsandten Berliner, Eduard Dürre.

Jeden Mittwoch und Samstag trainieren die Studenten unter seiner Anleitung auf dem neu errichteten Turnplatz Gymnastik, Schwingen, Klettern.

Die beiden Bewegungen verschmelzen teilweise: Maßmann schreibt ein Burschenlied für die Studentenverbindung, die Burschenschafter nehmen das Turnen in ihre Grundsätze auf, weil „körperliche Ausbildung wesentlich zur deutschen Ausbildung überhaupt“ gehöre, wie es darin heißt. Bald spricht man von den „Burschenturnern“, die eine Art Avantgarde der Nationalbewegung bilden.

Maßmann und Dürre sind es auch, die die Jenaer davon überzeugen, 1817 ein großes deutsches Fest zur Stärkung des Burschenschaftsgedankens zu feiern. Anlass sollen zwei nationale Jubiläen sein: der vierte Jahrestag der Völkerschlacht von Leipzig und der 300. der Thesen Martin Luthers. Wegen des Reformationstages geht die Einladung nur an die Studenten der 13 protestantisch geprägten Universitäten im Deutschen Bund.

Das Datum der Feier: der 18. und 19. Oktober 1817. Der Ort: die Wartburg.

Die halb verfallene Festung nahe der Stadt Eisenach ist für alle Eingeladenen gut erreichbar, da sie sich annähernd im Zentrum des Deutschen Bundes findet. Auch passt die – der Sage nach – 750 Jahre alte Burg perfekt in das idealisierte Bild vom Mittelalter, das im Bürgertum gepflegt wird.

Vor allem aber ist die Wartburg der Ort, an dem sich Martin Luther in den Jahren 1521/22 vor den katholischen Schergen versteckte und das Neue Testament übersetzte. Seit dem 16. Jahrhundert schon pilgern Protestanten auf die Burg, um ihren Namen in den Putz seiner Stube zu ritzen und den Fleck an der Wand zu besichtigen, der entstanden sein soll, als Luther sein Tintenfass nach dem auf ihn eindrängenden Teufel warf.

Großherzog Karl August glaubt an ein harmloses Fest, er ordnet an, die Räume der Wartburg für die Feier freizugeben und sogar Brennholz heranzuschaffen für ein von den Studenten geplantes Siegesfeuer. Was die Flammen auslösen werden, ahnt der Fürst nicht.

In den Tagen vor dem Fest treffen die Studenten allmählich in Eisenach ein. Die meisten kommen in Gruppen und zu Fuß, ein Bündel oder einen Ranzen auf dem Rücken, patriotische Lieder singend. Im Gasthaus „Rautenkranz“ am Markt werden sie von Burschenschaftern empfangen und schreiben sich in eine Liste ein.

In diesen Tagen zählt man 8500 Studenten an den deutschen Universitäten, 468 davon nehmen am Wartburgfest teil. Die Hälfte kommt aus Jena; viele reisen zudem aus Göttingen, Berlin, Erlangen, Gießen, Halle, Heidelberg und Kiel an – denn auch an anderen Universitäten haben sich inzwischen Burschenschaften konstituiert.

Am Morgen des 18. Oktober sammeln sich die Studenten auf dem Marktplatz. „Der Zug ordnete sich allmählich, die Burschen, meist schwarz gekleidet, das Haupt mit Eichenlaub festlich geschmückt, reihten sich paarweise“, beschreibt ein Zeuge den Beginn des Festes. Um 8.30 Uhr läuten die Glocken, und die Abordnung macht sich auf den Weg zur Burg, begleitet von vielen Einwohnern der Stadt.

Auf der Burg empfangen Ehrengäste sowie einige der jungen Professoren Jenas und Eisenacher Behördenvertreter die Prozession. Die Feier beginnt mit einem kurzen Gebet, dann singen die Studenten das Lutherlied „Ein feste Burg ist unser Gott“ (was die preußische Polizei, die die Vorgänge auf der Wartburg später mithilfe veröffentlichter Reden, Beschreibungen und über Verhöre rekonstruiert, als „Entweihung der Religion“ bezeichnen wird).

Der erste Redner des Tages bezieht sich in seiner Ansprache denn auch vor allem auf den Reformator, schildert ihn als Vorbild und fordert die Zuhörer auf, angesichts der trostlosen Gegenwart nach dem Wiener Kongress nicht in Resignation zu verfallen, sich nicht vom öffentlichen Leben zurückzuziehen.

Aber er gibt auch schon den Ton der Enttäuschung vor, der sich nun in das Fest mischen wird: „Das deutsche Volk hatte schöne Hoffnungen gefasst, sie sind alle vereitelt.“

Beim Mittagessen zeigt sich noch deutlicher, dass die Loyalität gegenüber den Mächtigen bröckelt: Die Studenten lassen bei ihren Trinksprüchen nur den liberalen Großherzog von Weimar mit einem Vivat hochleben, nicht aber die Landesherren der anderen Staaten, aus denen die Delegationen kommen (für die preußische Polizei später ein besonders markanter Beweis für den „gemeinschädlichen“ Charakter der Feier).

Es ist den meisten Anwesenden nicht bewusst, aber die Wartburgfeier ist auch ein Turnerfest: Die Idee geht zurück auf Maßmann und Dürre, der Anstoß zur Bücherverbrennung wahrscheinlich auf Jahn. Alle Hauptredner der Veranstaltung sind Turner, beim Mittagessen haben die Studenten auch Jahn hochleben lassen, am Nachmittag führen sie der Eisenacher Bevölkerung Turnübungen vor. Dass sich das Studententreffen nach und nach in eine provokative politische Demonstration verwandelt, ist das Werk der Jünger Jahns.

Am Abend ziehen die Studenten auf den eine Dreiviertelstunde entfernten Wartenberg, um bei einem Siegesfeuer der Völkerschlacht zu gedenken. Wieder hält ein Student eine Rede. Doch während sich die Nationalbewegung bisher meist treu an der Seite ihrer Landesherren hielt, stellt dieser Student namens Ludwig Rödiger nun klar, dass die Fürsten das Versprechen, ein einiges Vaterland zu schaffen, gebrochen haben.

Und in Anspielung auf die Befreiungskriege sagt er dann einen Satz, der offen den Anspruch der Bürger auf Mitbestimmung bekennt: „Wer bluten darf für das Vaterland, der darf auch davon reden, wie er ihm am besten diene im Frieden.“ (Rödigers Worte sind nach Einschätzung der preußischen Polizei „staatsverbrecherisch“.)

Mit der Rede Rödigers ist das Festprogramm für diesen Tag eigentlich beendet. Die meisten Studenten machen

Die Studenten werden von den Anhängern der alten Ordnung als gefährliche Aufrührer geschmäht. In dieser Karikatur wirbt der Teufel für deren Ideale – und tritt das Evangelium in den Dreck

sich, auch weil ein Sturm aufgezogen ist, auf den Rückweg nach Eisenach.

Nicht so Hans Ferdinand Maßmann. Der 20-Jährige hat sich bisher im Hintergrund gehalten und steht auch auf keiner Rednerliste. Ohnehin eignet sich der nur 1,60 Meter große, kränkelnde Theologiestudent nicht recht zur Führungsfigur. An diesem Abend aber hat Maßmann Großes vor.

Es sind hauptsächlich Burschenturner, die sich am späten Abend um das Feuer scharen, um der spontanen Rede Maßmanns zu lauschen. Der erinnert seine Zuhörer zunächst an Luther, der 1520 in Wittenberg unerschrocken die päpstliche Bannbulle verbrannt habe.

„So wollen auch wir durch die Flamme verzehren lassen das Angedenken derer, so das Vaterland geschändet haben und die Freiheit geknechtet und die Wahrheit und Tugend verleugnet haben“, erklärt er. Die meisten Werke hat Maßmann wohl nie gelesen. Die Liste der zu vernichtenden Schriften hat er höchstwahrscheinlich vom Turnvater Jahn erhalten, der schon zehn Jahre zuvor geschrieben hat: „Es gibt Bücher genug, die von Henkershand samt ihren Verfassern verbrannt zu werden verdienen.“

Zu den Autoren, deren Bücher verbrannt werden, gehören der Staatsrechtler Karl Ludwig von Haller, der ein Werk über die „Restauration der Staatswissenschaft“ verfasst hat, sowie der reaktionäre Politiker Johann Peter Friedrich Ancillon, aber auch der jüdische, der Aufklärung verpflichtete Schriftsteller Saul Ascher, der die Deutschtümelei der Nationalbewegung kritisiert hat.

Manche der Verfasser sind persönliche Feinde des Turnvaters Jahn, andere in den Augen der Studenten Verfechter des Absolutismus, wie etwa August von Kotzebue, der eine „Geschichte des Deutschen Reiches“ geschrieben hat. Eigentlich ist Kotzebue ein beliebter Lustspieldichter, aber die Studenten hassen ihn, weil er sich in seinen Schriften über ihre hehre Gesinnung lustig macht.

Nur Eingeweihte und jene Studenten, die nah am Feuer stehen, können erkennen, dass Maßmann gar keine echten Bücher verbrennen lässt, sondern Makulaturballen, also Altpapier, auf denen die Titel der Werke geschrieben stehen.

Neben den mehr als 20 Papierballen werfen die jungen Männer auch noch drei Gegenstände ins Feuer, in ihren Augen die Symbole des Absolutismus und des Drills: einen hessischen Militärzopf, einen preußischen Ulanen-Schnürleib und einen österreichischen Korporalstock. Darüber hinaus den preußischen „Allgemeinen Codex der Gendarmerie“, für die Studenten die Verkörperung der polizeistaatlichen Unterdrückung (eine besonders schwerwiegende Tat: Der Herausgeber, inzwischen Leiter der Abteilung für Polizei im preußischen Innenministerium, wird deshalb den Vorwurf der „Majestätsbeleidigung“ erheben).

Während das Feuer niederbrennt, „ward noch gar manch schön Liedlein gesungen“, wie Maßmann in einer Beschreibung des Festes notiert. Dann, gegen Mitternacht, ziehen die Studenten zurück in die Stadt, um „beim Becherklang“ in den Gasthöfen weiterzufeiern.

Der zweite Tag des Wartburgfestes verläuft ruhiger: Die Studenten diskutieren etwa die Spannungen zwischen Burschenschaften und Landsmannschaften, treffen sich dann zum Gottesdienst.

Und während „ein sanft herabrieselnder Regen“ auf den Eisenacher Marktplatz niedergeht, folgt am Nachmittag „ein wehmütig freudiger Abschied“, wie ein Teilnehmer schreibt. „Nicht bloß Burschen, auch zusehende Männer weinten vor freudiger Rührung.“

Das Echo auf das Wartburgfest ist in den ersten Wochen voller Lob und Zustimmung. Positive Berichte füllen die Zeitungsspalten, die Eisenacher Bürger-

Sieg der Repression: Als ein Teilnehmer des Wartburgfests im Jahr 1819 einen konservativen Schriftsteller ermordet, werden alle Burschenschaften kurzerhand verboten (oben: Mützen Göttinger Studentenverbindungen)

schaft bedankt sich für das vorbildliche Verhalten der Studenten.

Doch schon bald veröffentlicht Maßmann (zunächst anonym) seine „Kurze und wahrhaftige Beschreibung“ des Festes, in der er die Bücherverbrennung – von der bis dahin in der Öffentlichkeit nicht die Rede war – in den Mittelpunkt des Geschehens rückt. Und begeht so einen folgenschweren Fehler.

Denn mit der Nachricht über die Verbrennung dreht sich die Stimmung. Ein Berliner Blatt behauptet fälschlich, auch die Bundesakte, die Gründungsurkunde des Deutschen Bundes, sei ins Feuer geworfen worden. Andere Zeitungen springen auf – nun entwickelt sich das Wartburgfest zu einem Skandal im In- und Ausland. Der britische Gesandte in Berlin nennt das Treffen eine „Szene revolutionärer Aufwallung“, ein französischer Diplomat vergleicht es mit dem Sturm auf die Bastille.

Damit ist genau das eingetreten, was Metternich mit seiner Politik der Restauration verhindern wollte: Unruhe in den deutschen Staaten, Rebellion. Plant die Nationalbewegung etwa eine Revolution?

Im November erreichen den Weimarer Großherzog zwei Schreiben des Leiters der Abteilung für Polizei im preußischen Innenministerium, Karl von Kamptz. Der fühlt sich vor allem deshalb zuständig, weil auch der von ihm herausgegebene „Codex der Gendarmerie“ verbrannt wurde.

Der Polizeichef macht den Großherzog persönlich für die Ruhestörung auf der Wartburg verantwortlich, die von einem „Haufen verwilderter Professoren und verführter Studenten“ begangen worden sei. Die Universität Jena sei auf dem besten Weg, zu einer „Pflanzschule von Staatsverbrechern“ zu werden.

Weil Kamptz glaubt, einer Verschwörung auf der Spur zu sein, lässt er alle Berliner Teilnehmer des Fests verhören. Es kommt zwar noch nicht zu Inhaftierungen, aber der Polizeichef macht sich schon einmal daran, Akten über die Verdächtigen anzulegen.

Im Dezember 1817 melden sich die Monarchen persönlich zu Wort: In zwei Briefen teilen der preußische König und der österreichische Kaiser dem Großherzog ihre „Besorgnisse“ über das Geschehene mit; und der russische Zar fordert seinen Gesandten auf, in Weimar genau die gleiche Botschaft zu überbringen.

Die Attacken der Obrigkeit auf die Aktivisten des Wartburgfestes bewirken andererseits, dass zahlreiche Studenten in Deutschland sich angesprochen fühlen. Im Verlauf des Jahres 1818 bilden sich an fast allen deutschen Universitäten Burschenschaften; im Oktober gründen Abgesandte aus 14 deutschen Staaten in Jena eine „Allgemeine deutsche Burschenschaft“, in der sämtliche Studentenverbindungen aufgehen sollen.

Die Studenten geben sich ein Grundsatzprogramm, das Forderungen von der Redefreiheit bis zur Gleichheit aller Bürger vor dem Gesetz enthält. Historiker werden es später das erste Parteiprogramm Deutschlands nennen.

Unterschreiben aber will kaum einer der Studenten das Papier, zu groß ist bei vielen die Angst vor beruflichen Problemen. Maßmann ist einer der wenigen, die das Programm signieren. Auch eine Veröffentlichung scheint zu gefährlich, heimlich geht es von Hand zu Hand.

Und dann geschieht etwas, das alle Verschwörungstheorien von Kamptz zu bestätigen scheint: Der Student Carl Ludwig Sand ersticht am 23. März 1819 August von Kotzebue, einen der Dichter, deren Werke symbolisch im Feuer des Wartburgfestes verbrannt wurden. Kotzebue ist zur größten Hassfigur der Nationalbewegung geworden, weil er nicht nur in seinen Schriften demokratische Bestrebungen verächtlich macht, sondern weil zudem bekannt geworden ist, dass

er dem russischen Zaren als Informant über die Lage in Deutschland dient.

Carl Sand hatte sich an der Universität Jena einem radikalen Flügel der Burschenschafter angeschlossen, das Fest auf der Wartburg war für ihn der Höhepunkt seines Lebens. Mit dem Mord will er ein Zeichen setzen: dass man für seine Überzeugungen auch den eigenen Tod nicht scheuen dürfe. 1820 wird er verurteilt und hingerichtet.

Für die Verfechter der Restauration ist das Attentat genau das, worauf sie gewartet haben. Der „vortreffliche Sand" habe „auf Kosten des armen Kotzebue" einen guten Anlass zum Eingreifen gegeben, notiert Metternich zynisch. Nun gehe es darum, „der Sache die beste Folge zu geben".

Sowohl Metternich als auch Kamptz sind davon überzeugt, einer groß angelegten Konspiration auf der Spur zu sein (die es in Wahrheit aber gar nicht gibt: Sand handelte wohl allein). Sofort schließen die Berliner Behörden den Turnplatz auf der Hasenheide, im Juli 1819 wird Jahn gefangen genommen und in Festungshaft verbracht, für fast sechs Jahre. Überall im Land verhaften Polizisten nun Burschenschafter und Turner.

Maßmann wird von den preußischen Behörden vernommen. Seinen Posten als Erzieher in Breslau muss er aufgeben, wird dann nach Magdeburg strafversetzt, wo er als Lehrer arbeitet, von seinem Vorgesetzten streng überwacht.

Und die Maßnahmen der Obrigkeit werden immer schärfer. Im August treffen sich Minister von zehn deutschen Staaten auf Betreiben Metternichs zu Geheimverhandlungen in Karlsbad. Die Maßnahmen, auf die sich die Politiker einigen, bleiben formal bis 1848 in Kraft.

Die „Karlsbader Beschlüsse" sind ein Instrumentarium der Unterdrückung: An allen deutschen Universitäten überwachen künftig staatliche Kommissare das Lehrprogramm. Die Burschenschaften müssen sich auflösen, wer dennoch als Mitglied identifiziert wird, ist auf Lebenszeit vom Staatsdienst ausgeschlossen. Publikationen unterliegen einer strengen Zensur.

Außerdem erhält der Deutsche Bund das Recht, militärisch in die inneren Angelegenheiten eines Einzelstaates einzugreifen und die Durchsetzung seiner Beschlüsse dort zu erzwingen.

Zudem gründen die Herrscher noch eine „Zentraluntersuchungskommission" in Mainz, die „revolutionären Umtrieben" nachgehen soll. Es ist vor allem diese Überwachungsbehörde, die das Klima verändert. Ein Netz aus Spitzeln, Agenten und Denunzianten legt sich über das Land.

Unzählige Biografien werden zerstört: Patrioten verschwinden im Gefängnis, Professoren verlieren ihre Lehrstühle, Studenten werden exmatrikuliert.

Wer dem Kerker entgeht, wandert nach Frankreich, in die Schweiz oder die USA aus oder führt fortan ein unauffälliges Leben, etwa als Hauslehrer.

Auch Hans Ferdinand Maßmann wird verhört, jahrelang von den Behörden drangsaliert und mit Berufsverboten belegt. Politisch ist er nicht mehr tätig. Schon 1825 wird seine Akte bei der Untersuchungskommission deshalb geschlossen. Schließlich vergräbt er sich in den Wissenschaften – als Sprachforscher über die Literatur des Mittelalters.

Wie Maßmann verstummen auch viele andere Anhänger der Nationalbewegung. Mit aller Härte haben die Kräfte der Restauration zugeschlagen, getrieben von der Furcht vor dem Beginn einer deutschen Revolution. Aber von einer Erhebung haben nur die wenigsten Turner und Burschenschafter geträumt. Selbst in ihrem Grundsatzprogramm heißt es noch, die „Fürstenwürde" sei „das Erhabenste auf Erden".

Durch die rücksichtslose Restauration legt sich eine Erstarrung über die Staaten des Deutschen Bundes. Von einem einigen Vaterland haben die Studenten geträumt. Doch die einzige gesamtdeutsche Institution, die nach dem Wartburgfest entsteht, ist die Zentraluntersuchungskommission – das Instrument eines Polizeistaats.

So endet die bewegte Ära um 1800 in einer eigentümlichen Stille. Nachdem die Aufklärung den absoluten Machtanspruch der Fürsten und die Deutungshoheit der Kirche infrage gestellt hat, Dichter literarische Revolutionen angezettelt und Denker die deutsche Nation erfunden haben, schließlich in gewaltigen Schlachten die Franzosen vertrieben worden sind, beginnen nun die Jahrzehnte des Biedermeier: politisch konservativ, künstlerisch hausbacken, „weder kalt noch warm", wie der Schriftsteller Ludwig Pfau notieren wird. Aber immerhin friedlich: Fast 50 Jahre lang wird Mitteleuropa keinen Krieg erleben – eine der längsten Friedensphasen in der Geschichte des Kontinents. ●

Johannes Strempel, *Jg. 1971, schreibt regelmäßig für* GEO*EPOCHE.*

LITERATUREMPFEHLUNG: Thomas Nipperdey, „Deutsche Geschichte 1800–1866. Bürgerwelt und starker Staat", C. H. Beck: Das Standardwerk enthält ein kurzes, aber sehr informatives Kapitel zur Entstehung des deutschen Nationalgefühls.

Deutschland um 1800

Die 50 Jahre um die Wende zum 19. Jahrhundert sind für Deutschland eine Ära des Umbruchs und der kulturellen Blüte. In einer Zeit zwischen Krieg und Frieden halten neue Ideen Einzug – bringen Provinzstädte bedeutende Geistesgrößen hervor

Text: ANDREAS SEDLMAIR; Karten: STEFANIE PETERS

Deutschland – das ist im 18. Jahrhundert noch immer das Heilige Römische Reich deutscher Nation, ein Staatenverbund von mehr als 1000 großen und kleinen Herrschaften, an dessen Spitze ein Kaiser mit nur wenigen zentralen Machtbefugnissen steht. Seit Jahrhunderten stammt der Herrscher dieses Reiches fast immer aus dem österreichischen Hause Habsburg.

Um 1770 erholt sich das Reich noch von den Folgen des 1763 zu Ende gegangenen Siebenjährigen Krieges, in dem sich mit Preußen und Österreich die beiden stärksten deutschen Mächte zum dritten Mal innerhalb von zwei Jahrzehnten bekämpft haben.

Die Konkurrenz zwischen diesen zwei Staaten prägt auch weiterhin das politische Geschehen im Reich. Und noch immer ist Deutschland eine Ständegesellschaft, in der jedem Bürger durch seine Geburt ein fester Platz im Leben zugewiesen ist und der Adel zumeist die politische Macht in den Händen hält.

Doch unter dem Einfluss der Aufklärung, jener vor allem aus Frankreich und England kommenden Geistesströmung, die den Vorrang der Vernunft und die Gleichheit aller Menschen postuliert, zeichnet sich im Heiligen Römischen Reich nun ein allmählicher Übergang zu einer bürgerlich geprägten Gesellschaft ab. In kultureller Hinsicht, etwa in der Literatur und Philosophie, kann Deutschland mit den führenden Nationen Europas noch nicht mithalten – doch das wird sich schon bald ändern.

1769

25. 8. Neiße. In einem schlesischen Schloss begegnen sich Preußens König Friedrich II. und Joseph II., der Kaiser des Heiligen Römischen Reiches und gemeinsam mit seiner Mutter Maria Theresia Oberhaupt des Hauses Habsburg. Die beiden Monarchen – deren Staaten sechs Jahre zuvor noch im Krieg miteinander lagen – wollen die Möglichkeiten für eine Zusammenarbeit ihrer Häuser ausloten. Aufgrund ihres gegenseitigen Misstrauens können sich die zwei jedoch nicht auf ein gemeinsames Handeln einigen.

1772

5. 8. Russland. In Sankt Petersburg vereinbaren Preußen, Österreich und das Zarenreich, sich jeweils große Teile des polnischen Staates anzueignen. Die zwei deutschen Mächte wollen so eine russische Dominanz in der durch innere Konflikte geschwächten polnischen Adelsrepublik verhindern. Österreich erhält Galizien. Preußen gewinnt Westpreußen und somit eine Landverbindung zwischen seinen Landesteilen Hinterpommern und Ostpreußen. 1793 und 1795 verabreden die Großmächte die Aufteilung des restlichen polnischen Staatsgebietes.

1774

Mai, Frankfurt am Main. Johann Wolfgang Goethe vollendet seinen Briefroman „Die Leiden des jungen Werthers". Das Werk entwickelt sich schnell zu einem literarischen Erfolg und macht seinen fast 25-jährigen Autor in ganz Europa bekannt. Zahlreiche junge Männer ahmen in Lebenshaltung und Aussehen den Protagonisten des Buches nach, der sich aus Enttäuschung über eine verschmähte Liebe und die ablehnende Haltung der Gesellschaft das Leben nimmt. Goethes Roman ist ein Höhepunkt der literarischen Strömung des „Sturm und Drang", die in Ergänzung der Ideen der Aufklärung den Wert des Gefühls, die Freiheit des Individuums und eine schwärmerische Naturbegeisterung propagiert.

1775

7. 11. Weimar. Goethe folgt einer Einladung des Herzogs Karl August von Sachsen-Weimar-Eisenach und lässt sich in dessen Residenz nieder. Die Provinzstadt, in der sich in diesen Jahren auch andere Dichter und Denker ansiedeln, entwickelt sich zu einem Zentrum des deutschen Geisteslebens.

1778

5. 7. Böhmen. Der Preußenkönig Friedrich II. lässt 80 000 Soldaten in das zum Habsburgerreich gehörende Territorium einmarschieren. Der Monarch reagiert damit auf den Versuch Josephs II., Teile Bayerns in den Besitz seiner Dynastie zu bringen. Dieser Konflikt – in dessen Verlauf es aber zu keinen größeren Feldschlachten kommt – endet im Mai 1779 mit einem Kompromiss: Österreich wird lediglich das bayerische Innviertel zugesprochen. Durch seine führende Rolle im Widerstand gegen Josephs Expansionsstreben ist es Friedrich gelungen, sich als Verteidiger der Reichsverfassung und Anwalt der kleineren Fürstentümer im Reich zu präsentieren. Angesichts des nun massiv gesunkenen Ansehens des Kaisers werden sich ab 1785 nach und nach zahlreiche kleine und mittlere Fürstentümer unter preußischer Führung zu einem gegen Habsburg gerichteten Bund zusammenschließen, an dem Preußen aber schon bald das Interesse verliert.

1781

Königsberg. Der Philosoph Immanuel Kant veröffentlicht die „Kritik der reinen Vernunft", eines seiner Hauptwerke. In einzigartiger Gründlichkeit untersucht Kant in dieser Schrift die Grenzen der menschlichen Erkenntnis. In späteren Schriften befasst sich der Gelehrte, der die Region seiner Geburtsstadt nie verlassen wird, unter anderem mit Grundfragen der Ethik und der Ästhetik; er wird so zum bedeutendsten deutschen Philosophen der Aufklärung.

1786

17. 8. Potsdam. Friedrich II. stirbt. Neuer preußischer König wird sein Neffe Friedrich Wilhelm II. Der häuft unter anderem durch Günstlingswirtschaft und einen aufwendigen Lebenswandel hohe Staatsschulden an. Die

DEUTSCHLAND, EIN FLICKENTEPPICH

Mehr als 1000 Herzogtümer, Königreiche, Reichsstädte sowie winzige Herrschaften bilden 1789 das Heilige Römische Reich deutscher Nation, zu dem trotz seines Namens nicht nur deutsche Gebiete zählen: Auch die Österreichischen Niederlande und Teile des heutigen Italiens gehören dazu. Die Region nördlich der Eider hingegen ist dänisch. Der Traum der Nationalbewegung von einem geeinten Deutschland wird sich erst spät erfüllen – und dann nicht vollständig. Als der preußische König 1871 Kaiser des ersten deutschen Nationalstaats wird (dessen Grenze zeigt die grüne Linie), ist Österreich, der alte Rivale Berlins, nicht dabei

Denker der Aufklärung, von Friedrich II. noch gefördert, unterdrückt der Monarch mit Zensur.

1790

27. 7. Reichenbach. In dem schlesischen Ort treffen Preußen und Österreich eine Vereinbarung: Die Habsburgermonarchie wird künftig auf territoriale Erwerbungen aus dem Besitz des Osmanischen Reiches verzichten, gegen das es seit Jahrzehnten immer wieder Krieg führt. Damit kommt das neue Oberhaupt des Hauses Habsburg, Josephs Bruder Leopold (ab September 1790 als Leopold II. auch Kaiser des Heiligen Römischen Reiches), einer Forderung Preußens nach. Friedrich Wilhelm II. fürchtet, durch einen österreichischen Machtzuwachs auf Kosten der Osmanen ins Hintertreffen zu geraten. Leopold macht das geforderte Zugeständnis, da Österreich sich in einer Zwangslage befindet, in die es unter anderem durch mehrere Aufstände in seinen Territorien geraten ist. Die Konvention von Reichenbach beendet die

Konkurrenz zwischen Preußen und Österreich, die die deutsche Geschichte der vergangenen Jahrzehnte geprägt hat.

1791

27. 8. Pillnitz. Als Reaktion auf die zwei Jahre zuvor ausgebrochene Französische Revolution bezeichnen Kaiser Leopold II. und König Friedrich Wilhelm II. bei einem Treffen in dem sächsischen Ort das Schicksal des bedrohten französischen Königspaares öffentlich als eine Angelegenheit aller europäischen Monarchen. Daraufhin erklärt Frankreich Leopolds Nachfolger Franz II. 1792 den Krieg. Nach anfänglichen Niederlagen können die französischen Truppen gegen die Streitkräfte der Habsburger und Preußens in die Offensive gehen und westlich des Rheins gelegene Reichsgebiete erobern, darunter die Städte Speyer, Worms und Mainz.

5. 12. Wien. Im Alter von 35 Jahren erliegt Wolfgang Amadeus Mozart einer unbekannten Krankheit. Erst in Salzburg, dann in Wien hat der Komponist Dutzende meisterhafter Instrumentalwerke und Opern verfasst, mit denen er aber keinen dauerhaften wirtschaftlichen Erfolg erringen konnte. Erst nach dem frühen Tod des Musikers setzt sich die Einschätzung durch, dass Mozart einer der bedeutendsten Komponisten der Musikgeschichte war.

1793

17. 3. Mainz. In einem Saal der Stadt tritt der Rheinisch-Deutsche Nationalkonvent zusammen, ein Parlament, dessen Abgeordnete in rund 130 Gemeinden der französisch besetzten linksrheinischen Gebiete gewählt worden sind. Tags darauf ruft der Konvent den Rheinisch-Deutschen Freistaat aus – die erste Republik auf deutschem Boden. Doch das demokratische Staatsgebilde von französischen Gnaden kann sich nur vier Monate halten: Im Juli 1793 erobern Truppen des preußischen Königs und anderer Fürsten Mainz zurück, stellen die frühere Herrschaft des Mainzer Kurfürsten wieder her und verfolgen die deutschen Revolutionäre, von denen viele für Jahre eingekerkert werden.

1795

5. 4. Basel. Angesichts eines drohenden Staatsbankrotts schließt Preußen einen separaten Friedensvertrag mit Frankreich und zieht sich damit aus der antifranzösischen Koalition zurück. Das Reich der Deutschen ist fortan militärisch in zwei Hälften geteilt: in eine nördliche, die Neutralität bewahrt, und eine südliche, die den Gegner weiter bekämpft.

1797

17. 10. Codroipo. In dem norditalienischen Ort muss nun auch Österreich einen Frieden mit den überlegenen Franzosen schließen, die in Italien von dem General Napoleon Bonaparte angeführt werden. Im Vertrag von Campo Formio (benannt nach dem Lagerort des österreichischen Heeres) erkennt Franz II. prinzipiell an, dass linksrheinische Reichsgebiete an Frankreich fallen und die betroffenen Fürsten mit rechtsrheinischen Gebieten entschädigt werden. Nach der Niederlage einer weiteren antifranzösischen Koalition muss der Herrscher den Rhein 1801 offiziell als Reichsgrenze anerkennen.

1799

3. 12. Weimar. Friedrich Schiller verlegt seinen Wohnort in die Residenzstadt. Der 40-jährige Schwabe, der bereits in jungen Jahren mit seinem Sturm-und-Drang-Drama „Die Räuber“ Aufsehen erregt hatte, will vor allem Goethe und dem Weimarer Nationaltheater nahe sein. In den folgenden Jahren verfasst Schiller eine Reihe von bedeutenden Dramen, darunter „Wilhelm Tell“ und „Maria Stuart“. Gemeinsam mit Goethe, mit dem ihn eine enge Freundschaft verbindet, wird er so zur Verkörperung der „Weimarer Klassik“. In den Jahrzehnten nach seinem frühen Tod im Jahre 1805 erfährt Schiller eine kultische Verehrung als deutscher Nationaldichter.

1801

25. 3. Weißenfels. Der Schriftsteller und Philosoph Novalis (eigentlich Georg Friedrich Philipp Freiherr von Hardenberg) stirbt mit 28 Jahren in dem Ort an der Saale an Tuberkulose. Novalis war Mitglied einer Gruppe um den Jenaer Professor August Wilhelm Schlegel und dessen Bruder Friedrich, deren Mitglieder seit 1796 eine neue Kunst- und Weltanschauung entwickeln: die Romantik. Mit ihrer Zeitschrift „Athenäum“ setzen die Jenaer Rebellen dem Vernunftdiktat der Aufklärung die Überhöhung individueller Empfindungen entgegen.

Darin ähneln sie den Dichtern des Sturm und Drang, die sie jedoch in der Radikalität ihrer Haltung übertreffen. Zudem sprengen sie, anders als ihre Vorläufer, die Gattungsgrenzen der Literatur, erklären das Fragment, das Unvollendete, zur neuen Ausdrucksform. Den Inbegriff romantischer Sehnsucht hat Novalis in seinem Romanfragment „Heinrich von Ofterdingen“ mit der „blauen Blume“ geprägt, die seinem Titelhelden in einem Traum als Verkörperung alles Begehrenswerten erscheint. Die romantischen Ideen durchdringen in den folgenden Jahrzehnten die Kunst in Europa, beeinflussen die Literatur, die Malerei und schließlich die Musik.

1803

25. 2. Regensburg. Der „Reichsdeputationshauptschluss“, das Dekret einer Fürstenkommission, verkündet eine tiefgreifende Veränderung der staatlichen Strukturen Deutschlands. Auf Geheiß Napoleons entschädigt das Dokument jene Territorialherren, die von den Gebietsabtretungen an Frankreich betroffen sind. Als Ersatz erhalten diese Fürsten (die Napoleon als Verbündete gewinnen will) die Territorien fast aller geistlichen Fürsten im Reich und vieler anderer Herrschaften. So wurden zahlreiche geistliche und

DAS ENDE DES REICHS

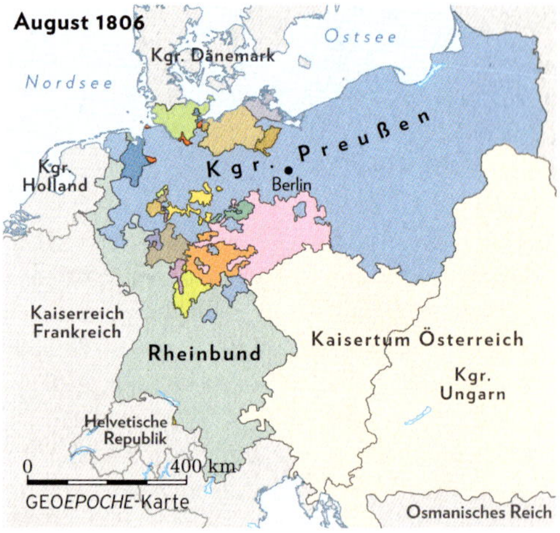

Die Rivalität zwischen den österreichischen Habsburgern und den preußischen Hohenzollern hat das Heilige Römische Reich geschwächt. Es kann Napoleon nicht widerstehen, der Wien besetzt, 16 Fürstentümer zwingt, sich zum – von Paris abhängigen – Rheinbund zusammenzuschließen und aus dem Reich auszutreten. Kaiser Franz II. legt daraufhin im August 1806 die Krone nieder und erklärt das Imperium nach mehr als acht Jahrhunderten für aufgelöst

weltliche Kleinstaaten aufgelöst, darunter die rechtsrheinischen Reste der geistlichen Kurfürstentümer Köln und Trier, 41 Reichsstädte, 19 Hochstifte und 44 Reichsabteien. Vor allem Preußen und die süddeutschen Staaten Bayern, Baden und Württemberg profitieren davon. Die geistlichen Fürsten erhalten zum Ausgleich Pensionen.
21. 11. Mainz. Gemeinsam mit 19 Komplizen stirbt der Dieb und Mörder Johannes Bückler, genannt „Schinderhannes", in der französisch besetzten Rheinstadt unter der Guillotine. Bücklers Bande, die seit 1800 im Hunsrück und im Taunus aktiv war, ist nur eine von vielen Räubergruppen im Reich. Vor allem seit Beginn der Kriege gegen Frankreich haben sich angesichts der chaotischen Umstände in Teilen Deutschlands vielerorts Verbrechervereinigungen gebildet.

1804

11. 8. Wien. Unter Bruch des Reichsrechts nimmt Franz II. den Titel „Kaiser von Österreich" an (als Franz I.). Anders als die Kaiserwürde im Reich, die auf der Wahl durch das Kollegium der Kurfürsten beruht und nur aufgrund einer unausgesprochenen Konvention nahezu immer einem Habsburger verliehen wird, soll dieser Titel erblich sein, also stets im Hause Habsburg verbleiben.

Franz reagiert damit auf die eigenmächtige Rangerhebung Napoleon Bonapartes, der sich kurz zuvor selbst die erbliche Kaiserwürde Frankreichs verliehen hat.

1805

2. 12. Austerlitz. In der „Dreikaiserschlacht" bei einem Ort in Mähren besiegt Napoleon eine Koalition aus Russland und Österreich, die sich kurz zuvor gegen Frankreich verbündet hatten. Österreich muss große Territorien abtreten. Franz II. wird zudem gezwungen, einer Rangerhöhung der deutschen Alliierten des Franzosen zuzustimmen: Der Markgraf von Baden wird zum Großherzog, die Herzöge von Bayern und Württemberg zu Königen.
Heidelberg. Die Dichter Clemens Brentano und Achim von Arnim geben den ersten Band der Volksliedersammlung „Des Knaben Wunderhorn" heraus. Das insgesamt drei Bände umfassende Werk enthält etwa 700 Lieder aller Art, darunter auch einige Neuschöpfungen der Herausgeber, und wird zu einer wichtigen Inspirationsquelle der romantischen Bewegung.

1806

12. 7. Paris. 16 deutsche Staaten, darunter Bayern, Baden und Württemberg, treten auf Druck Napoleons aus dem römisch-deutschen Reich aus und bilden den Rheinbund, eine Allianz unter französischer Oberherrschaft, der sich in der Folgezeit die meisten deutschen Fürsten anschließen. Der Kaiser der Franzosen will durch das neue Gebilde seine Kontrolle über West- und Süddeutschland sichern und ein Gegengewicht zu Preußen und Österreich schaffen. Zudem müssen sich die Rheinbundstaaten verpflichten, Napoleon für seine Feldzüge Heereskontingente zur Verfügung zu stellen.
6. 8. Wien. Franz II. kommt einem Ultimatum Napoleons nach und legt die deutsche Kaiserkrone nieder. Zugleich erklärt der Monarch das Kaiseramt für erloschen. Die Geschichte des Heiligen Römischen Reiches deutscher Nation, das 844 Jahre bestanden hat, ist damit beendet. Fast ein Jahrzehnt lang wird die deutsche Staatenwelt nun ohne eine einheitliche politische Organisation existieren.
26. 8. Berlin. Da er Preußens militärische Schlagkraft überschätzt, gibt König Friedrich Wilhelm III. die seit 1795 eingehaltene Neutralität seines Landes auf und erklärt Frankreich den Krieg. Napoleon nimmt die Herausforderung an und schlägt die schlecht vorbereiteten preußischen Truppen am 14. Oktober bei Jena und Auerstedt vernichtend. Am 27. Oktober zieht Napoleon im Triumph in Berlin ein; seine Truppen besetzen Preußen. Im Frieden von Tilsit, den Friedrich Wilhelm III. im Sommer 1807 abschließen muss, verliert Preußen rund die Hälfte seines Staatsgebiets an die Franzosen.

1807

9. 10. Berlin. Das an diesem Tag verabschiedete preußische „Oktoberedikt" kündigt die Befreiung der Bauern aus der Leibeigenschaft und den ungehinderten Handel mit Land an. Das Gesetz ist der erste bedeutende Schritt in einer Reihe von Reformen, mit denen liberale Bürokraten um den leitenden Minister Heinrich Friedrich Karl Freiherr vom Stein Preußen nach der Niederlage gegen Frankreich langfristig stärken wollen. Weitere Veränderungen sind die Etablierung der Gewerbefreiheit, die die seit dem Mittelalter bestehenden Vorrechte der Zünfte ersetzt, sowie eine Heeresreform, die das Offizierskorps auch für Bürgerliche öffnet (und später die Einführung einer allgemeinen Wehrpflicht).
13. 12. Berlin. Der Philosoph Johann Gottlieb Fichte hält in Berlin die erste seiner „Reden an die deutsche Nation". 13 weitere folgen im Laufe des Winters und finden starke Resonanz. Eine Erziehung im nationalen Sinne, so verkündet Fichte es seiner gelehrten Zuhörerschaft in der Berliner Akademie, werde Deutschland zu neuer Blüte treiben und universelle Probleme lösen. Nur die deutsche Nation sei zur Befreiung der Menschheit in der Lage, da sie allen anderen an Charakter überlegen sei. Fichte wird so zum Vordenker eines übersteigerten, sendungsbewussten deutschen Nationalismus.

1808

1. 1. Kassel. Im Königreich Westphalen – einem kurz zuvor von Napoleon gegründeten und von dessen Bruder Jérôme regierten französischen Satellitenstaat auf deutschem Boden – tritt der „Code Civil" (auch „Code Napoléon") in Kraft. Das Gesetzbuch, das auch in den französisch besetzten Rheinlanden gültig ist, garantiert bürgerliche Freiheitsrechte, etwa die Gleichheit vor dem Gesetz und den Schutz des Eigentums.
Dezember, Dresden. Im Atelier des Künstlers Caspar David Friedrich aus Greifswald ist für einige Tage das Gemälde „Kreuz im Gebirge" zu sehen. Das für einen Hausaltar vorgesehene Bild zeigt ein Kruzifix auf einem von Tannen umwachsenen Felsgipfel. Die ungewöhnliche Verbindung von Landschaftsmalerei und religiöser Thematik löst schon bald eine kontrovers geführte Diskussion über Friedrichs Werk aus. In den folgenden Jahren wird der Künstler zum bedeutendsten Maler der deutschen Romantik, deren Ideen von Naturverbundenheit, religiöser Innigkeit und radikaler Subjektivität sich in seinen Gemälden niederschlagen.

1809

31. 5. Stralsund. In den Straßen der Ostseestadt fällt der preußische Major Ferdinand von Schill im Kampf gegen die Verbündete Napoleons. In den Wochen zuvor hat der Befehlshaber eines Husarenregiments vergebens versucht, in Norddeutschland eine Volkserhebung gegen die französischen Besatzer auszulösen. Trotz seines Misserfolges verehren viele Deutsche Schill als patriotischen Freiheitshelden.
16. 8. Königsberg. Der preußische König Fried-

rich Wilhelm III. begründet durch einen Stiftungsakt die Berliner Universität. Entsprechend den Vorstellungen des einflussreichen Sprachwissenschaftlers und Bildungspolitikers Wilhelm von Humboldt sollen dort Forschung und Lehre verbunden werden. Zudem regelt die Universität ihre inneren Angelegenheiten selbst, während der preußische Staat für die Finanzierung und die Ernennung der Professoren zuständig ist.

1810

20. 2. Mantua. In der französisch beherrschten norditalienischen Festungsstadt erschießt ein Exekutionskommando den Gastwirt Andreas Hofer, der im Vorjahr einen Volksaufstand gegen die bayerischen Herrscher Tirols und deren napoleonische Verbündete angeführt hat. Hofer und den von ihm geführten Landsturm- und Schützentruppen ist es gelungen, den Besatzern mehrere Niederlagen zuzufügen und zeitweilig die Herrschaft über die Alpengrafschaft zu erringen. Angesichts der gegnerischen Übermacht und des Ausbleibens österreichischer Hilfe mussten die Aufständischen sich jedoch im November 1809 geschlagen geben.

19. 7. Hohenzieritz. Mit 34 Jahren erliegt die preußische Königin Luise in einem Mecklenburger Schloss einer Lungenentzündung. Die aufgrund ihres sanftmütigen Wesens im Volk außergewöhnlich beliebte Monarchin gilt vielen Deutschen als Symbol des Widerstands gegen Napoleon, dem gegenüber sie sich im Juli 1807 in Tilsit für mildere Friedensbedingungen für Preußen eingesetzt hat, wenn auch vergebens. Nach ihrem frühen Tod wird die Monarchin zur Verkörperung von weiblicher Tugend und Vaterlandsliebe verklärt.

13. 12. Norddeutschland. Um die deutsche Küste zu kontrollieren und so die bereits 1806 verfügte Kontinentalsperre durchzusetzen – die Unterbindung jeden Handels mit Großbritannien –, annektiert Napoleon große Teile der Region. Die bereits seit 1806 französisch besetzten Mündungsgebiete von Ems, Weser und Elbe einschließlich der Hansestädte Bremen, Hamburg und Lübeck, über die große Mengen an Schmuggelware nach England gelangt waren, gehören nun zu französischen Departements und gelten als Teil Frankreichs.

1811

19. 6. Berlin. Der Lehrer Friedrich Ludwig Jahn richtet in der Hasenheide, einer Grünfläche vor den Toren der preußischen Hauptstadt, den ersten „Turntag" aus. Der national und antisemitisch gesinnte „Turnvater" will dem Staat körperlich starke Soldaten stellen, die gegen Napoleon kämpfen können. Später entstehen im Deutschen Bund in etwa 150 Orten Turnvereine mit rund 12 000 Mitgliedern.

1812

20. 12. Kassel. Die Philologen Jacob und Wilhelm Grimm veröffentlichen den ersten Band ihrer „Kinder- und Hausmärchen". Das Brüderpaar hat zuvor zahlreiche mündliche und schriftliche Quellen ausgewertet, um die in seinen Augen besten Versionen der alten Volkserzählungen zu finden. Mit ihren übernatürlich-zauberhaften Schilderungen und der klaren Moral ihrer Märchen, die fortan in immer wieder neu bearbeiteten Fassungen erscheinen, treffen sie den Geschmack des deutschen Bürgertums.

1813

17. 3. Breslau. Mit der Proklamation „An mein Volk" fordert der preußische König Friedrich Wilhelm III., der kurz zuvor ein Militärbündnis mit Zar Alexander geschlossen und Frankreich den Krieg erklärt hat, seine Untertanen zum Kampf gegen Napoleon auf. Auch außerhalb Preußens wird Deutschland nun von einer Welle der nationalen Begeisterung erfasst. Vielerorts bilden patriotische Bürger Freiwilligenverbände, um am Freiheitskrieg mitzuwirken. Doch erst als sich im August auch Österreich der Koalition anschließt und die Allianz über 500 000 Mann verfügt, kann Napoleon in die Enge getrieben werden.

19. 10. Leipzig. Mit dem Sieg einer Koalition aus Russen, Preußen, Österreichern und Schweden endet die dreitägige „Völkerschlacht", das bis dahin größte Feldgefecht der europäischen Geschichte. Der geschlagene Napoleon muss fliehen, der Rheinbund löst sich auf, das Königreich Westphalen zerfällt. Am Neujahrstag 1814 überqueren die Truppen der Verbündeten den Rhein, drei Monate später ziehen sie in Paris ein. Napoleon dankt im April ab und muss sich nach Elba zurückziehen.

1815

9. 6. Wien. Hochrangige Gesandte aus sieben Staaten Europas unterzeichnen das Abschlussdokument des Wiener Kongresses. Seit September 1814 haben Fürsten und Diplomaten unter dem Vorsitz des österreichischen Außenministers Klemens Wenzel Fürst von Metternich in der Donaumetropole getagt, um die territorialen und politischen Verhältnisse in Europa nach dem Sieg über Napoleon neu zu ordnen.

Die Teilnehmer der Konferenz beschließen auch eine Neuregelung für Deutschland, berücksichtigen dabei jedoch nicht die Forderungen der deutschen Nationalbewegung: An die Stelle des erloschenen Heiligen Römischen Reichs deutscher Nation tritt kein Einheitsstaat, wie von den Patrioten gefordert, sondern ein „Deutscher Bund" von zunächst 34 souveränen Fürstentümern sowie vier Freien Städten. Das zentrale gemeinsame Organ der Bundesmitglieder, der Bundestag in Frankfurt am Main, ist kein gewähltes Parlament, sondern ein von den Fürsten der Einzelstaaten beschickter Gesandtenkongress.

Preußen kann bei den Wiener Verhandlungen seine alte Machtposition wiederherstellen; es muss zwar erhebliche Teile der in den polnischen Teilungen gewonnenen Territorien an Russland abgeben, erhält dafür aber unter anderem ausgedehnte Gebiete am Rhein und in Westfalen. Die bedeutendste Macht innerhalb des Deutschen Bundes ist jedoch Österreich, dessen Vertreter auch den Vorsitz im Bundestag führt.

12. 6. Jena. Unter dem Motto „Dem Biederen Ehre und Achtung" (später „Ehre, Freiheit, Vaterland") schließen sich in Jena patriotisch gesinnte Studenten zur ersten Burschenschaft zusammen. Schon bald gründen sich an zahlreichen anderen deutschen Hochschulen ähnliche Organisationen. Die Farben der neuen Verbindung – Schwarz, Rot und Gold, in Anlehnung an die Uniformfarben eines Freikorps in den antinapoleonischen Befreiungskriegen – werden zum Kennzeichen der deutschen Nationalbewegung, die für die Abschaffung der Kleinstaaterei und die Gründung eines gesamtdeutschen Reiches eintritt.

26. 9. Paris. Auf Betreiben von Zar Alexander I. wandeln die konservativen Mächte Russland, Österreich und Preußen ihre Koalition aus den Kriegen gegen Napoleon in ein dauerhaftes Bündnis zur Wahrung des politischen und sozialen Status quo in Europa um. Dieser „Heiligen Allianz" schließen sich bald darauf nahezu alle europäischen Staaten an.

1817

18. 10. Wartburg. Etwa 500 Studenten aus ganz

NEUE ALTE ORDNUNG

Nach dem Sieg über Napoleon ordnen die europäischen Großmächte den Kontinent neu. Auf dem Wiener Kongress stellen sie alte Dynastien wieder her, ziehen neue Grenzen und ersetzen vor allem das Heilige Römische Reich: An seine Stelle tritt der »Deutsche Bund«, der ab 1816 aus 36 Fürstentümern und vier freien Städten besteht (rote Grenzlinie). Auch das dänische Holstein und das niederländische Luxemburg sind Mitglied

Deutschland kommen zusammen, um ein Fest zum Gedenken an die Reformation 300 Jahre zuvor und die Völkerschlacht bei Leipzig zu feiern. Am Abend der Veranstaltung verbrennen radikale Burschenschafter symbolisch Bücher, die sie als „undeutsch" und reaktionär empfinden (etwa den „Code Civil") sowie Uniformstücke als Zeichen der Fürstenherrschaft. Die preußische Regierung empfindet diesen ersten Höhepunkt einer nationalen Bewegung in Deutschland als Bedrohung von Ruhe und Ordnung und verbietet die studentischen Burschenschaften in Preußen. Gelassener reagiert der Hausherr der Wartburg, der Großherzog von Sachsen-Weimar-Eisenach: Er lässt zu, dass sich 1818 am Jahrestag des Wartburgfestes in Jena die „Allgemeine Deutsche Burschenschaft" gründet, ein Zusammenschluss aller verbliebenen studentischen Verbindungen.

1818

26. 5. München. Der König von Bayern gewährt seinem Volk eine Verfassung und kommt damit einer vage formulierten Regelung in der „Bundesakte" nach, dem während des Wiener Kongresses verabschiedeten Gründungsdokument des Deutschen Bundes. Demnach sollen in allen Bundesstaaten „landständische Verfassungen" verabschiedet werden. Die bayerische Konstitution enthält einen Katalog von Grundrechten und sieht eine nach ständischen Kriterien zusammengesetzte Volksvertretung vor, schränkt aber die Machtposition des Monarchen nicht entscheidend ein. Andere ehemalige Rheinbundstaaten wie Nassau (1814) und Sachsen-Weimar (1816) haben bereits ähnliche Grundgesetze, es folgen Baden (1818), Württemberg (1819) und Hessen-Darmstadt (1820). Die Herrscher Österreichs und Preußens weigern sich dagegen, ihren Untertanen eine Verfassung zu gewähren.

1819

23. 3. Mannheim. Der national gesinnte Theologiestudent und Burschenschafter Karl Ludwig Sand verübt ein Attentat auf den Schriftsteller August von Kotzebue, den er für einen russischen Agenten hält und der zuvor die Burschenschaften verspottet hat. Ein anschließender Suizidversuch des Täters scheitert. Wenige Wochen später misslingt der Versuch eines radikalnationalen Apothekers, den nassauischen Staatsrat Karl von Ibell zu ermorden. Die Attentate dienen dem Deutschen Bund unter Führung Metternichs als Anlass, die Bewegung für ein geeintes, freiheitliches Deutschland polizeilich zu unterdrücken.

2. 8. Würzburg. Eine antisemitische Volksmenge bedrängt einen Hochschullehrer, der sich für die Gleichberechtigung der Juden eingesetzt hat, stürmt dann das jüdische Wohnviertel der Stadt, zerstört Geschäfte und tötet mehrere Anwohner. Die antisemitischen Krawalle breiten sich schnell in zahlreichen deutschen Städten aus, können von den Behörden aber nach kurzer Zeit unter Kontrolle gebracht werden.

20. 9. Frankfurt am Main. Der Bundestag bestätigt einstimmig drei Gesetze, die Vertreter einiger deutscher Staaten zuvor ausgearbeitet haben. Die nach dem Tagungsort der Gesandten als „Karlsbader Beschlüsse" bezeichneten Bestimmungen sollen die studentische Bewegung und mit ihr alle nationalen und liberalen Bestrebungen unterdrücken, die vor allem Metternich als eine Gefahr für die herrschende Ordnung sieht.

Die neuen Gesetze sehen eine Pressezensur und ein Verbot der studentischen Burschenschaften vor. Zudem werden die Universitäten überwacht und politisch missliebige Universitätslehrer des Amtes enthoben oder verhaftet, erhalten Studenten, die weiterhin Mitglied der nunmehr verbotenen Verbindungen sind, künftig keine Anstellung im Staatsdienst mehr. Eine Zentral-Untersuchungskommission soll „revolutionäre Umtriebe und demagogische Verbindungen" verfolgen.

1820

15. 5. Wien. Eine seit November 1819 tagende Ministerialkonferenz beschließt eine Reihe von Artikeln, die die Bundesakte von 1815 konkret ausgestalten sollen. Die „Wiener Schlussakte", die der Bundestag in Frankfurt bald darauf einstimmig annimmt, wird zum tatsächlichen Grundgesetz des Deutschen Bundes. Das Dokument bestätigt das monarchische Prinzip und betont die Unantastbarkeit der Herrschermacht. Die bereits in einigen deutschen Staaten bestehenden Verfassungen erkennt es zwar prinzipiell an, doch dürften die Fürsten lediglich „in der Ausübung bestimmter Rechte" gebunden werden – nicht jedoch in ihrer Gesamtstellung. Die maßgeblich von Österreich und Preußen geprägte Schlussakte schiebt so der Entwicklung zur parlamentarischen Monarchie in den deutschen Einzelstaaten einen Riegel vor.

Mit den Karlsbader Beschlüssen und der Wiener Schlussakte beginnt eine Epoche der deutschen Geschichte, die schon bald „Restaurationszeit" oder „Biedermeier" genannt wird. Angesichts der massiven Zensur vor allem in Preußen und Österreich kommt die im Kampf gegen Napoleon erstarkte nationale und freiheitliche Bewegung nahezu zum Erliegen. Die Bürger ziehen sich in ihr Privat- und Familienleben zurück. Erst mit der Revolution von 1848/49 werden die Themen nationale Einheit und demokratische Verfassung wieder ins Zentrum der deutschen Politik gelangen. ●

Andreas Sedlmair, *Jg. 1965, ist Textredakteur,* **Stefanie Peters,** *Jg. 1963, Kartographin im Team von GEOEPOCHE.*

GEO WISSEN ERNÄHRUNG

GESUNDES ESSEN

Was ist gut für mich – und was nicht?

Bio-Kost gilt vielen Menschen als besonders wertvoll, doch ist sie das wirklich? Und halten exotische „Superfoods" wie Chia-Samen das, was ihre Produzenten versprechen? Und warum gelingt es oft trotz bester Vorsätze nicht, ungerührt an einer Imbissbude vorbeizugehen?

Diese und andere Fragen beantwortet die erste Ausgabe von GEO WISSEN ERNÄHRUNG, einer neuen monothematischen Heftreihe, die in Zukunft zweimal pro Jahr erscheinen und neben Grundlageninformationen konkrete Hilfe für den Alltag bieten wird.

Die Startausgabe nimmt sich unter anderem etliche Mythen vor, um deren Wahrheitsgehalt zu prüfen. Zum Heft gehört auch die Beilage „Abnehmen nach Plan", in der die Redaktion 34 Diätprogramme vorstellt und bewertet.

Viele Bauern setzen auf ökologischen Landbau

GEO WISSEN ERNÄHRUNG »Gesundes Essen« kostet 9,50 Euro, mit DVD (»Was macht uns fit? Was macht uns fett?«) 16,50 Euro

GEOkompakt

Von klein auf wollen Kinder die Welt entdecken

KINDHEIT HEUTE

Wie sich Mädchen und Jungen am besten entwickeln

Mit der Geburt eines Kindes beginnt für Eltern eine Zeit des Staunens. Denn ständig lernt ihr Baby etwas Neues dazu: Es lächelt erstmals, greift nach Gegenständen, lernt zu essen, dreht sich auf den Bauch, beginnt zu krabbeln. Unglaublich schnell reift es zu einer Persönlichkeit – zu einem Menschen, der Temperament entwickelt, der Neigungen hat, der teilt und täuscht. Und der die Welt begreifen möchte.

Was geht in einem Kind vor, wenn es zum ersten Mal das Gesicht seiner Mutter wahrnimmt? Wie entwickeln sich Sinne, Körper, Intelligenz? Welche Rolle spielen Geschwister, und wie motiviert man Kinder, in der Schule fleißig zu sein?

Die ersten zehn Jahre des Lebens: jetzt in GEOkompakt.

GEOkompakt „Was Kinder stark macht" kostet 9,50 Euro, mit DVD (»Babyjahre«) 16,50 Euro. Weitere Themen: Bindung – Die wichtigste Erfahrung im Leben / Digitale Medien – Regeln für Internet und Smartphone / Geschwister – Liebe unter Rivalen

GEO*EPOCHE* KOLLEKTION

LEBEN IM ALTEN ROM

Die besten Geschichten über den Alltag im Imperium Romanum

Wie lebten eigentlich die normalen Menschen im antiken Rom? Wie sah der Alltag von Senatoren und Sklavinnen, Gladiatoren und Händlern aus; wie arbeiteten, feierten, wohnten die Römer und wie die Bewohner der Provinzen? All diesen Fragen widmet sich die neue Ausgabe von GEO*EPOCHE* KOLLEKTION: Das Heft folgt einem Triumphzug durch die Straßen Roms, ist dabei, wenn das Volk auf dem Forum den Reden des berühmten Politikers Cicero lauscht oder im Kolosseum Kämpfe auf Leben und Tod bejubelt. Weitere Schauplätze der Geschichten sind die Märkte im nordafrikanischen Leptis Magna sowie die mosaikgeschmückten Bordelle in der von einem Vulkanausbruch bedrohten Stadt Pompeji.

Spektakel: eine Seeschlacht mitten in Rom

GEO*EPOCHE* KOLLEKTION »Das Leben im Alten Rom« hat 188 Seiten Umfang und kostet 12,50 Euro. Weitere Themen: Geniale Konstruktionen: Die Wasserversorgung Roms / Gefährliche Kulte / Jahrtausendfeier in der Ewigen Stadt

GEO WISSEN

WEGE ZU INNERER STÄRKE

Wie wir besser mit Ängsten und Sorgen umgehen können

Eine wirksame Therapie: sich seiner Furcht stellen

Die Angst ist im Grunde eine sehr nützliche Emotion, denn sie hilft uns, Gefahren zu meiden. Doch für viele Menschen prägt sie heutzutage das Lebensgefühl: Sie haben Angst vor Einsamkeit und Alter, vor Verlust von Wohlstand und Sicherheit. Sorgen verwandeln sich mitunter in stete Anspannung, und so zählen Angststörungen zu den am weitesten verbreiteten psychischen Krankheiten. GEO WISSEN erläutert, wie sich normale Angst von einer behandlungsbedürftigen unterscheidet, mit welchen Therapien sich Phobien überwinden lassen – und vor allem: wie Menschen wieder innere Stärke gewinnen. Die neue Ausgabe gibt es auch mit DVD; diese präsentiert Übungen, mit denen man Wohlbefinden und Zuversicht fördert.

GEO WISSEN »Angst und innere Stärke« kostet 9,50 Euro, mit DVD (»Yoga & Meditation«) 16,50 Euro. Weitere Themen: Therapie mit Hypnose / Resilienz – Was stabilisiert die Psyche?

DER VIETNAMKRIEG

Ab 1954 verstricken sich die USA in Südostasien in einen langjährigen Konflikt, der ein Land verheert – und eine Supermacht taumeln lässt

Am Morgen des 8. März 1965 springen 3500 US-Soldaten aus ihren Landungsbooten auf den feinen Sand des Strandes in der Nähe der Hafenstadt Da Nang. Lächelnde vietnamesische Mädchen hängen ihnen Blumengirlanden um den Hals und halten ein Schild hoch, auf dem in Englisch steht: „Willkommen den ritterlichen Marines".

In diesem vermeintlich friedlichen Idyll vollzieht sich der Schicksalsmoment eines Jahrhundertkonflikts: Die Vereinigten Staaten entsenden die ersten offiziellen Kampftruppen nach Vietnam. Wenig später schlagen sie die erste Schlacht gegen kommunistische Einheiten – und siegen. Amerikanische Militärs wie Politiker sind geradezu euphorisch. Binnen Kurzem, so meinen sie, werden sie diesen Krieg gewinnen.

Es ist ein für alle Seiten fataler Trugschluss. Denn dieser Krieg ist nicht zu gewinnen.

Begonnen hat die Tragödie schon viel früher, als Teil einer globalen Kontroverse, des Kalten Krieges. Im Glauben, in Südostasien den weltweiten Vormarsch des Kommunismus stoppen zu müssen, protegiert Washington ab 1954 in Südvietnam ein korruptes Regime als Bollwerk gegen den von dem Kommunisten Ho Chi Minh geführten Norden des Landes. Und steht dem Regime im Süden auch bei, als sich dort eine linke Volksbewegung erhebt.

Präsident John F. Kennedy schickt Geld, Waffen und Militärberater, doch der Schützling der USA taumelt weiter dem Untergang entgegen – auch weil der Norden inzwischen die im Süden kämpfenden Rebellen unterstützt.

Kennedys Nachfolger Lyndon B. Johnson entscheidet sich daher nach langem Zögern für einen verhängnisvollen Schritt: den direkten Waffengang. Bereits Ende 1965 sind fast 200 000 GIs in Vietnam, bald werden es mehr als eine halbe Million sein.

Der Krieg wird von beiden Seiten äußerst brutal geführt. Piloten der Air Force bombardieren Nordvietnam mit kaum gekannter Wucht, werfen auch das teuflische Brandmittel Napalm ab. In den Dschungeln kämpfen GIs gegen einen so gut wie unsichtbaren Feind, die Guerilleros des Vietcong. Die Kommunisten bereiten den Gegnern tödliche Hinterhalte, legen Sprengfallen. Die Amerikaner setzen stattdessen rücksichtslos auf ihre überlegene Feuerkraft. In einem Krieg ohne klare Fronten erklären sie ganze Landstriche zu *free fire zones*, in denen auf alles geschossen wird, was sich bewegt.

Doch spätestens nach einer Offensive der nordvietnamesischen Streitkräfte und des Vietcong im Frühjahr 1968 wird deutlich, dass ein Sieg für die Amerikaner nicht zu erreichen ist.

Daheim in den USA, wo erstmals Kämpfe im Fernsehen übertragen werden, kippt die Stimmung zugunsten der Kriegsgegner. Wütende Proteste erschüttern das Land, Demonstranten werden erschossen. Weltweit brandet Empörung gegen Washington auf. Unterdessen flüchten sich immer mehr US-Soldaten in Drogen, die Moral der Truppe verfällt.

Und so beschließt der neue US-Präsident Richard Nixon den Abzug. 1973 verlassen die GIs Vietnam, 1975 verleibt sich der Norden den allein gelassenen Süden ein. Der Krieg hinterlässt ein verheertes Land mit Millionen Opfern – und eine zutiefst verunsicherte Supermacht.

Die nächste Ausgabe von GEO*EPOCHE* handelt vom Vietnamkrieg, einem der folgenreichsten asymmetrischen Kriege der Neuzeit.